Risk Finance Theory

风险财政论

刘尚希 等著

商务印书馆
创于1897 The Commercial Press

图书在版编目（CIP）数据

风险财政论 / 刘尚希等著．—北京：商务印书馆，2024
ISBN 978-7-100-23304-0

Ⅰ．①风…　Ⅱ．①刘…　Ⅲ．①财政管理—风险管理—研究　Ⅳ．① F811.2

中国国家版本馆 CIP 数据核字（2024）第 003803 号

风险财政论

刘尚希　等著

商　务　印　书　馆　出　版
（北京王府井大街 36 号　邮政编码 100710）
商　务　印　书　馆　发　行
北京市艺辉印刷有限公司印刷
ISBN 978 - 7 - 100 - 23304 - 0

2024 年 9 月第 1 版　　开本 880 × 1240　1/32
2024 年 9 月北京第 1 次印刷　　印张 8 7/8

定价：58.00 元

参与本书撰写人员

刘尚希　中国财政科学研究院研究员

程　瑜　中国财政科学研究院研究员

李成威　中国财政科学研究院研究员

陈　龙　中国财政科学研究院研究员

武靖州　中国财政科学研究院研究员

代序

构建财政学科自主知识体系的底层逻辑

自主知识体系是一个生态，就像现在的数字生态一样，必须从底层入手才能构建。如果从应用层面入手，那是基于别人的定义和概念，无法构建起自主知识体系，虽然可能有一些自创的自主知识，但肯定成不了体系。怎么构建底层架构，并在此基础上打造一个自主知识体系呢？

自主知识体系是相对的。放在人类知识体系中看，没有哪一个国家的知识体系是完全自主的，都是相互学习借鉴和融合的结果。对尚未实现现代化的国家而言，学习先进国家的知识仍是第一位的。当然，学习人类共有的知识体系，不等于说不要创新。创造新的知识，为人类知识体系添砖加瓦、做出贡献，就可以说具备了自主知识体系。特别是哲学社会科学，在已经全球化且越来越开放的新时代，像过去那样完全自搞一套，封闭起来，是不可能的。放在这样一个大背景下来看，建设自主知识体系的核心要义是本土化创新，不照搬照抄。社会科学都有其产生和发展的土壤，与各国的历史、文化和价值理念，尤其是物质技术发展水平有内在的关联，往往是先有社会实践基础上的思想，然后才有理论原理和分析方法。世界各国有共性的一面，也有特色的一面，如财政学，美国偏向于经济财政学，欧洲偏向于社会财政学。这与美欧财政学的底层逻辑差异有关。

要形成中国特色的财政学自主知识体系，必须从财政学的底层逻辑入手，有三个基本问题是不能回避的。或者说，必须从基本问题入手来创新财政学的底层逻辑，那就是世界观、发展观和国家观。

一、世界观

世界观是指对世界的基本看法，这个世界究竟是确定的还是不确定的？其答案就是对世界的基本看法。这个问题应是由自然科学来回答，因为自然科学一直在研究这个世界，现在已经有了答案。自然科学的三大突破为：牛顿经典力学，爱因斯坦相对论，量子力学。相对论突破了绝对时空观，量子力学则颠覆了自牛顿经典力学以来对世界的基本看法，即世界是确定的，打破了爱因斯坦“上帝不会掷骰子”的断言。1986年在英国皇家学会纪念牛顿《自然哲学之数学原理》一书出版300周年大会上，著名流体力学权威学者詹姆士·莱特希尔发表了一份“道歉宣言”。他说：“今天，我们深刻意识到，前辈们对牛顿力学惊人成就的崇拜，促使我们认为世界具有可预见性。的确，我们在1960年以前大多倾向于相信这种说法，但现在我们知道这是错误的。我们曾经误导了公众，向他们宣称，满足牛顿运动定律的系统是决定论的，可在1960年之后这已经被证明不是真的，为此我们愿意向公众道歉。”原来以为世界是确定的，实际上是不确定的。这说明自然科学的研究已经远远跑到前头了。

现在，不确定性成了全球流行的一个热词。“不确定性”到底是什么？是偶然性吗？不是，实际上，它是世界的一种基本性质，那么我们就要重新思考，从宇宙到人类社会，再到历史，到经济活动、财政活动等各个方面都需要反思。如果不确定性是世界的基本性质，那么，从过去到现在常讲的“规律”是什么意思？我们常说的“必然性”是什么意思？“主观”“客观”的意蕴及其相互关系是什么？诸如此类，都需要从哲学层面深入思考。

这是构建自主知识体系和创新财政学科的基本问题，如果这些基本问题都没有根据自然科学的新发现进行反思，还是基于牛顿经典力学的哲学观，以确定性作为对世界的基本看法来构建哲学社会科学体系，构建我们的财政学，是很难有新突破的。若这个底层架构没有变，就像AI一样，只是在先行者AI基础上编应用程序，那就如同在既定地基上盖房子，地基一变，建在之上的房子也就立不住了。

自然科学对世界的新发现和新认识，是人类共同的一个进步，是共同的财富。在这个基础上，我们需要思考社会科学的底层逻辑变化，尤其是财政学。“世界是不确定的”这一基本性质，给我们提出了什么新问题？如果解释世界的底层逻辑变了，那么，改造世界的逻辑是不是也需要随之变化调整？答案是肯定的。

人类要解决的问题，归根结底就是“不确定性”，以及如何构建人类生存发展所需的“确定性”，其基本的逻辑路径是“不确定性→各类风险→防范和化解→构建确定性”。因不确定性引发的各类风险无非就是两类：威胁社会个体的风险和威胁社会共同体的风险，前者是个体风险，表现在经济社会生活之中；后者是公共风险，或者说集体风险，反映在经济、社会、环境和国防军事等方面。那么，我们怎么防范、化解上述风险，从而构建社会个体和社会共同体的确定性？尤其是国家发展的确定性，如何让确定性变得更大、更可持续？这就需要新的知识体系、新的理论和底层逻辑的创新。

二、发展观

2003年7月，胡锦涛同志提出“科学发展观”，强调以人为本和全面、协调、可持续；2015年，习近平同志提出“以人民为中心的发展思想”，强调把增进人民福祉、促进人的全面发展作为发展的出发点和落脚点。科学发展观侧重于发展的方法论，人民发展观侧重于发展的价值依归，两者既一脉相承，又递进拓展。先后提出的发展观，都有一个共同的逻辑：人本逻辑。这就是物的发展和人的发展的关系，或说物的发展与人的发展，哪一个是目的，哪一个是手段？在过去追求经济高速增长的阶段，有时候会不由自主地把经济增长作为社会目标，甚至视为发展的最终目的。由此导致人的异化，人的主体性弱化甚至丧失。这里可能有一个默认的逻辑，认为只要经济增长了，物质财富增加了，人自然就发展了。有没有这种必然因果关联？其实，经济增长只是人发展的一个必要条件，其必然性并不存在。不确定性作为世界的基本性质，意味着事物的普遍联系具有不确定性特征，可能是随机的、模糊的或不确知的。所谓的必然性、因果性，都是人类作为群居物种以公共风险理性构建的，并非先天存在，就像公共秩序是人类构建的一样。

那么，物质财富增长了，是不是就能自发地实现人的自由全面平等的发展？答案是否定的。所以，物的发展和人的发展之间的关系，成为我们当前面临的一个重大理论问题，也是一个理论上的重大挑战。马克思提出共产主义社会这一远大理想，是因为看到当时资本主义社会中人的严重异化，人被物（资本）所支配，资本也异化为一种人格，成为社会的主宰。发展问题若不是在人本逻辑主导下，若不是以人作为发展的出发点和落脚点，人随时都有被异化的风险。就此而言，经济学仅仅是解决物的发展问题，一旦它膨胀到可以称之为“经济学帝国主义”，就可能从一种工具性的学问变异为主导社会意识形态，产生被马克思批判的“拜物教”。如何彰显人的主体性，始终将人置于发展的中心不偏离，这是当今发展观的核心问题，也是人类面临的顶级难题和挑战。从“增长的极限”到“寂静的春天”，再到对物质主义和消费主义的批判，都反映出物质现代化先行国家学界对人异化状况的反思。物质现代化后行国家，尤其是社会主义国家，更应当借鉴反思，时刻警惕物质现代化进程中人被异化的风险，始终坚持以人为中心的现代化发展观。这也是建构人类发展确定性的前提条件。

具体到当下的财政问题，当个人消费差距变大，从而导致能力差距变大的时候，财政怎么发挥作用？是从收入差距入手来实行再分配，以此缩小消费差距，还是从公共消费入手来缩小个体消费差距并落脚到缩小能力差距，尤其是体制导致的群体性能力差距上？如何按照人本逻辑来补能力的短板，促进不同群体、阶层发展机会的平等和人的能力普遍提升呢？这是需要我们研究的问题。财政的基本功能不是分配资金和配置资源——这只是物本逻辑所衍生的功能，而是分配风险，改变不同群体和阶层的风险处境，让其都拥有平等的发展机会。促进共同富裕，当我们在分蛋糕、做蛋糕上很纠结的时候，若是落到人的能力普遍提升上，这个问题就会迎刃而解，效率与公平也能融为一体、相互促进，二者就不会变成一种对立的关系。

所以，发展观至关重要。发展观不同，财政学科的定位、财政学科的底层逻辑也就不同。经济发展、社会发展和人的发展是一个有机整体，是层层递进的，物的现代化最终要落到人的现代化上来。未来发展的确定性，也只有通过人的现代化才能真正构建。

三、国家观

国家到底是阶级专政工具，还是为老百姓遮风挡雨的平台，或者是其他什么？不同的视角，会有不同的答案。从计划经济、计划社会到市场经济、市场社会，国家职能和作用方式发生了很大变化。这与经济的货币化、金融化以及社会财富的资本化是紧密联系在一起的。财政、金融与国家的演化是内在关联的，不同的国家观，就有不同的财政金融观。这从欧美国家的差异就能看出来。现代社会的国家形态差异很大，制度结构各不相同，但国家观有趋同的迹象，如在国家与人民的关系上，都强调“公权民授”、人民是主人、政府是公仆，都强调宪法的最高法律地位和依宪依法治国，都强调自由、平等、民主等价值观念。

人的解放，一直是国家演化的主题，历史上的国家形态变化，都与人的“解放”直接相关。从人身依附的奴隶制国家，到土地依附的封建制国家，再到资本依附的资本主义国家，都是历史的进步，虽然没有实现人的彻底解放，但实现了人更大程度的自由。理想中的社会主义、共产主义是没有市场交易的，货币只是计量工具，人对资本的依附也就不存在了，在理论上，可实现人的彻底解放。然而现实却告诉我们，人的彻底解放，实现自由全面发展，终究是离不开生产力水平这个现实基础的，何况人的发展与生产力的发展处于同一个过程之中。所以，现实的社会主义、中国特色社会主义只是社会主义的初级阶段，物质技术的发展和现代化仍是首要任务。劳动是谋生的手段，财富是生活的基础，实现人的彻底解放和自由全面发展，仍是一个长期愿景。不言而喻，现代国家的首要任务没有改变，特别是对我国这样的发展中大国来说，仍是解放和发展生产力，并在此基础上不断推进人的发展。社会主义国家的初心使命应当是人的发展，发展生产力只是路径、手段和不可避免的过程，而不是最终目的。这是我们应当秉持的国家观。

从学术思想史上看，学者们曾把国家称为暴力国家（暴力工具）、税收国家，后又提出预算国家。在不同时期和不同语境下，这些提法都有其学术意义和现实价值，尤其是放在“财政是国家治理的基础”这个视角来分析，财政是国家的经济基础、社会基础和治理基础，也是权利约束公权的基本实现方式。征税的授权，预算的完整性、透明度、参与度，地方的财政自主性等等，既是国家治理的表征，也是国家治理的核心内容。财政集中体现了国家治理效能，或者说国家治理效能最终都会综合反映到财政上来。国家与人民的财政关系、国家与市场的财政关系、国家与社会的财政关系以及中央与地方的财政关系，都会映射为具有现代性特征的“税收国家”或“预算国家”。但这种国家观并没有超越物质利益关系这个范畴，人的主体性或人的发展被嵌入其中而难以彰显。“靠钱摆平”的物本逻辑依然是现代财政的主导形态，为不同部门、地区、阶层和群体“分钱”，成为现代财政的主要形式。可以看出，“以物为尺度"的国家观仍是物质文明阶段的主流观念。

在不确定性的风险社会，人的主体性被动地显现出来。因为不同阶层和群体的风险处境"暴露"了人的主体性，在金融危机、疫情危机、能源危机、环境危机等等各种各样的危机水落石出之后，"露出"的是关于"人"的各种问题，贫穷、疾病、知识、能力、权利的不平等、机会的不公平等，诸如此类都是基于"人"这个主体的存在而显现出来的。繁荣之后的衰落，更能感受到人才是万物的尺度。在风险社会这个大背景中，人的问题被凸显出来，各种不确定性和风险衬托出人的脆弱性，以及不同群体、阶层的不平等性，社会成员与社会共同体之间的关系产生了越来越大的张力。走向风险社会，国家应扮演什么样的角色？或者说，工业化之后的国家应是什么？简单地说，在风险社会背景下，国家的主导形态在转向"风险国家"。什么叫风险国家？其含义是什么？其实就是为老百姓遮风挡雨，为其安居乐业提供更大的确定性。我们常说的是提供公共服务或者公共产品，其目标不是社会福利最大化，而是公共风险最小化，让人人过得安心，让未来可预期。这就是风险社会中财政要干的，也是风险社会的国家职能。

从这点来看，国家财政在一定意义上类似于保险公司，提供"保险"服务——老百姓交税交费，国家拿了这些钱给老百姓保平安，从两个层面提供免于风险的确定性保障：一是为社会共同体的生存发展，提供公共安全、基础设施、社会保险和公共服务等；二是为陷于风险处境难以生存的社会成员，提供如社会救助、救济等。国家为社会共同体提供确定性，为社会成员分散、转移生存风险。保险公司按照市场规则运作，自愿、平等，为社会个体提供保险服务，而国家财政是社会共同体的"保险公司"，遵循的是社会规则，需要体现共同意志的法律强制，以避免“搭便车”的个体行为，本质上是一种基于公共选择的社会共同契约。面对不同层次的风险——个体风险和社会共同体风险（即公共风险），需要不同的风险防范化解机制。从自愿的商业保险，到准强制的社会保险，再到完全强制性的国家财政，都是基于风险的制度安排，其区别在于防范化解的风险不同而已。

放在风险社会这个参照系来观察，国家职能在向“风险国家”加速演化构建、不断拓展，但其实只是国家本质的外显。“暴力国家”“税收国家”“预算国家”等这些概念描述的国家形态，其实都隐含了“风险国家”的部分功能，仅仅是因为风险社会的来临，让国家防范化解风险的功能更加凸显出来，国家的本质得以被人们看得更为清楚。基于风险国家观，“财政究竟是什么？”的问题也就更加清晰了：即如何为老百姓这个共同体防范化解风险，促进公共风险最小化。除此之外的其他事情，都是老百姓之间的事，是社会个体的事。公共风险防范化解做到位了，趋于最小化了，老百姓幸福生活也就有了。这与传统的社会福利最大化的逻辑不同。转向公共风险最小化，这样就知道财政应该干什么、不应当干什么，与市场、社会的关系以及央地关系就可以用新的底层逻辑来构建。

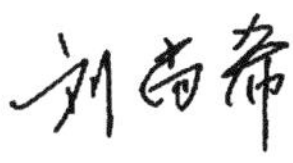

2023年8月

目　录

第一章　从公共风险看经济财政学：观点述评及理论思考

本章导读

传统经济财政学发展至今已经几百年了，细究每个时期、每个学派的理论观点，几乎都是围绕政府与市场关系打转转。透过表面的观点，传统经济财政学已经隐含着诸多不确定性元素和公共风险理念，如传统经济财政学讨论的政府与市场实质都是化解公共风险的手段，传统经济财政学中的财富分配的背后实际是风险分配，传统经济财政学关注的制度实质上是防范化解公共风险的产物，甚至其中的行为经济学和现代货币理论等已经触及公共风险理论的边缘。然而，在传统经济财政学当中，确定性思维的影响是根深蒂固的，虽然这些学说隐含了大量的不确定性元素，但因其本身存在重大的理论与逻辑缺陷，过于机械和二元对立地看待政府和市场关系，对公共风险认知也非常局限，最终都陷入理论与现实脱节的僵局。适应风险社会的要求，经济财政学要走向现代化之路。构建现代经济财政学，要以风险社会为背景，以公共风险为逻辑起点，立足于整体观，转向和坚持“以人为本”，基于行为主义分析公共风险的产生和治理机制，这样才能构筑起新经济财政学大厦。

纵观经济学发展，“经济学帝国主义”的色彩非常明显。从斯密到马歇尔，从凯恩斯到萨缪尔森，经济学一路攻城略地，横扫社会学、法学、政治学等领域。财政学也未能幸免，在现代学科分类中被直接置于经济学下，屈身为经济学的一个分支。在“经济学帝国主义”的“统治”下，财政学的研究对象、内容、方法等都只局限于经济学的范式当中，财政学也就成为经济财政学，或者被称为“公共经济学”。

在传统经济财政学当中，财政被视为经济活动中的政府经济活动的一部分，因此如何看待政府经济活动的规模、边界以及其所带来的影响，就成为传统经济财政学的重要内容，一部传统经济财政学说史，就是一部政府与市场关系观的变化史。

从本质上来说，世界是不确定性的，经济学家也是生活在一个不确定性的世界当中，虽然经济学家没有意识到这一点，但纵观传统经济财政学的学说和思想体系，会发现其中隐含了大量的不确定性和风险因素。这说明，在不确定的世界中，经济学家会不由自主地涉及不确定性和公共风险问题。但是在传统的经济财政学当中，确定性思维对经济学家的影响是根深蒂固的，虽然其学说中隐含了大量的不确定性要素，但传统经济学家不能给出合理的解释，最终都会陷入理论与现实脱节的僵局。从这个角度看，以确定性为基础的传统经济财政学，都是残缺的经济财政学，无法真正和有效地认识财政的作用和地位。只有摆脱确定性的世界观，以不确定性为基础，才能构筑起牢固的新经济财政学大厦。

一、传统经济财政学说以讨论政府与市场关系为主线

从表现形式看，财政活动体现为政府的收支活动，政府的收支活动必然涉及政府与其他主体的关系，其中主要是政府与市场的关系。因此，观察经济财政学说史，主要观察这些经济学流派是如何看待政府与市场的。

从亚当·斯密所倡导的“廉价政府”（即“小政府”）到凯恩斯及新古典综合学派所力推的“大政府”，再回归到新古典学派之后对政府作用局限性的重新认识和重新缩小政府活动的范围。纵观几个世纪以来的流派演变，经济财政学始终在围绕市场万能还是市场失灵问题打转转。

在早期，市场通常代表了一种私人资本的力量，而政府代表的则是一种传统的阶级统治。掌握资本的新兴资产阶级力量在反抗传统阶级统治的过程中，理所当然就认为私人资本的力量是无所不能的，因此，在早期的经济财政学中，理所当然地蕴含着市场万能的假设。

1929年，西方资本主义世界发生了波及全球的经济大危机，在此背景下，凯恩斯撰写了惊世之作《就业、利息和货币通论》。他改变了传统西方经济学对于政府职能的看法，指出在明显的经济危机和萧条时期，政府干预经济活动十分合理且必要。凯恩斯之后，长期占据西方财政学说主流地位的是以萨缪尔森为代表的新古典综合学派。新古典综合学派在继承和发扬凯恩斯思想的同时更进一步，它认为追求全民利益最大化是资本主义国家政府的自觉和首要目标，从宏观的角度来看，就是政府的财政政策能够自动逆经济风

向进行适时调整。

新古典综合学派的有关政策主张自20世纪70年代起受到了巨大挑战，滞胀局面的出现就是对此的最好注解。正是由于新古典综合学派之政府干预观受到重大挫折，一些经济学流派纷纷向其发起挑战，这些挑战大致有两种情形：一是仍然从宏观视角探究政府应有的作用，如以弗里德曼为代表的货币主义、以卢卡斯和巴罗等为代表的理性预期学派等，这些学派的分析侧重点虽有所不同，但结论基本指向一个方向，即政府进行宏观干预的能力是非常有限的；二是深入到政府制度内部，探讨政府制度的局限性，主要包括以布坎南和阿罗为代表的公共选择学派、以科斯为代表的新制度经济学派。这些学派的侧重点也有所差异，但都提出了同一个问题，即“政府失灵”。

（一）古典经济学自由放任的市场观与新古典经济学派的摇摆

18世纪，重商主义逐渐瓦解。现代西方经济学在反对重商主义和封建专制主义的过程中，逐渐形成了一个以亚当·斯密为代表人物的经典的经济学派，这就是古典经济学派。亚当·斯密认为，“按照自然自由的制度，君主只有三个应尽的义务——这三个义务虽很重要，但都是一般人所能理解的。第一，保护社会不受外国的侵略。第二，尽可能保护社会上各个人，使不受社会上任何其他人的侵害或压迫，这就是说，要设立严正的司法机关。第三，建设并维持某些公共事业及某些公共设施……”。[①]这就是所谓的“廉价政

① 亚当·斯密：《国民财富的性质和原因的研究》下卷，商务印书馆1974年版，第252—253页。

府”理论。古典经济学派目睹了新兴资产阶级给英国经济带来的勃勃生机，他们认为封建君主制度将农民束缚在土地上，这严重阻碍了经济的正常发展，因此把经济自由主义作为他们理论的核心。他们提出“自由放任”的口号，主张听任“看不见的手”自发调节经济运行，反对封建国家对私人经济活动进行干预。古典经济学派的观点有其政治根源。恩格斯指出：“财产的统治必然要先向国家进攻，并摧毁它，或者，既然财产没有国家不行，那么至少也要把它挖空。产业革命时亚当·斯密就着手进行这种挖空工作，他在1776年发表了自己关于国民财富的本质和成因的著作，从而创立了财政学。在这以前，全部财政学纯粹是国家的；国家经济被认为从属于国家本身，它只是全部国家事务中的一个非常普通的部门；亚当·斯密改观了这种看法，他把国家经济提升为国家的本质和目的并使得世界主义遵从于这种国家目的。”①

伴随着资本主义经济进一步发展，资本主义的内在矛盾导致了其社会的政治经济矛盾开始激化。市场机制的不足不断暴露，经济高度发展和财富日益丰富之后，财富分配不均现象也渐趋突出，极端贫困与巨额财富相伴，经济危机也频繁发生，资本主义阶级矛盾、经济矛盾作为社会核心问题引人关注。此时，新古典经济学家开始关注社会经济福利问题，并在此基础上，提出了一套政府从微观方面驾驭市场机制的理论。新古典经济学家利用边际效用论，论证了政府利用累进税进行收入再分配的合理性，从而第一次塑造了一种公平机制，他们不认为现有的自由竞争的市场机制可以实现政

① 恩格斯：“英国状况——18世纪”，《马克思恩格斯选集》（第一卷），人民出版社1995年版，第35页。

府的目标，带来社会福利的最大化。相反，政府干预可以增进社会经济福利。政府可以通过补贴、赋税和法规，促使边际私人利益与边际社会利益边际私人成本与边际社会成本相一致，从而促进社会经济福利一步步逼近极大化的水平。新古典学派虽然对政府寄予希望，但总体上看，新古典学派毕竟是建立在古典经济学的基础上，以自由经济为前提，以古典经济学的全部理论分析为出发点。因此，从根本上来说，他们怀疑政府机制的效果，对政治家的才能与意愿心存疑虑。新古典经济学家怀疑政府的思想为公共选择学派的产生埋下了伏笔。[①]这说明，新古典学派在政府与市场关系上是摇摆的。

（二）从凯恩斯主义到新古典综合学派：政府干预论的兴盛

到了20世纪二三十年代，追求自由竞争的资本主义逐渐转向帝国主义，一般垄断资本主义走向国家垄断资本主义。资产阶级国家所拥有的政权力量逐渐开始同资本主义垄断组织的力量相结合以追求更高的利益。终于在1929–1933年爆发了世界性的经济大危机，这次危机在深度上超过了以往任何一次，表现为生产大幅度下降、贸易空前萎缩和失业人数猛增。古典经济学既不能令人信服地解释经济衰退和萧条，也无法提出解决经济危机的对策，经济财政学陷入了第一次理论危机。在此背景下，凯恩斯主义应运而生。凯恩斯认为，持续的、大规模的经济危机证明了在自由放任的条件下，总供给与总需求并不能总是保持平衡，其原因无非是有效需求

① 甘行琼、赵兴罗：《西方财税思想》，高等教育出版社2014年版，第86—88页。

的不足。解决有效需求不足的办法就是政府的干预。凯恩斯认为，“有几件事情，现在操之于私人之手者，将由国家集中管理；但是还有许多活动不受影响。国家必须用改变租税体系、限定利率，以及其他方法，指导消费倾向，还有，仅仅依赖银行政策对利率之影响，似乎很难达到一个很合适的投资规模，因此依我之见，要想社会达到一个接近充分就业的水平，其唯一办法，乃是把投资这件事情，由社会来总揽”。[①]凯恩斯的经济财政学拓宽了政府的经济职能，首次赋予政府宏观经济稳定的职能，即让政府承担保持较高就业水平，熨平经济周期，促进经济增长的责任。凯恩斯对政府与市场的作用领域进行了分工，界定了它们各自的职能范围：政府负责宏观经济稳定，市场负责微观效率；政府负责宏观经济总量水平，市场负责总量的具体构成；政府负责宏观调节，市场负责微观调节。在凯恩斯提出这一思想之前，西方国家已经开始政府干预经济，这一思想恰好为其提供了完美的理论基础，并指导着西方国家进一步实行政府干预经济的政策。凯恩斯之后，传统的自由经营论由盛而衰，开始长期处于弱小地位，而凯恩斯的政府干预论由兴起而至鼎盛，从20世纪30年代初到60年代前期，长期成为西方各国制定经济政策的主要依据。[②]

之后，新古典综合学派涌现而出，该学派以萨缪尔森为代表，其继承了凯恩斯“政府干预经济”的思想，主张政府应该利用财政政策和货币政策来干预经济活动，以保证私人经济得到充分的发展。他们认为，从20世纪开始，由于生产手段社会化和收入消费

① 凯恩斯：《就业利息和货币通论》，商务印书馆1983年版，第325—326页。
② 刘涤源、谭崇台：《当代西方经济学说》，武汉大学出版社1983年版，第207页。

社会化的倾向日趋明显，国家对经济的影响也日益显著，因而公私混合的经济制度有可能取代自由资本主义制度。这是因为“看不见的手有时会引导经济走上错误的道路。如前所述，市场经济有时出现市场失灵的情况，例如垄断和外部效果；它们易于遭受重复出现的通货膨胀和失业。最后，市场经济中的收入分配对选民来说可以是不能接受的”。[①]萨缪尔森又说：“为了对付看不见的手的机制中的这些缺陷，现代经济是市场和政府二者结合的混合体。”那么，政府具体应该履行哪些职责呢？在萨缪尔森看来，政府对外防御敌国入侵，对内维持社会治安是当然的职能，此外，政府还具有经济方面的职能。他简单地概括为三个方面，即效率、平等和稳定。“有关效率的政府行为试图矫正垄断一类的市场失灵。政府促进平等的方案使用诸如收入再分配等工具来反映社会对穷人和残疾人的关心。稳定化政策试图削平经济周期的高峰和低谷，减少失业和通货膨胀，并且促进经济增长。”[②]萨缪尔森说：“今天，由于凯恩斯和他的追随者以及他的批评者在思想上的贡献，我们对于如何控制经济周期的起伏波动有了更好的理解。”[③]萨缪尔森在总结时又说：“市场机制在许多领域决定价格和产量，而政府却通过税收、支出方案和规章制度来调节，市场和政府这两个部分都是必不可缺的。缺少政府和市场的任何一方，经济都将一个巴掌拍不响。”[④]新古典综合学派的确是概括了微观经济领域的市场缺陷和宏观经济领域的市场缺陷，以更为细致的分析试图说明，政府的三大经济职能对现代混

① 萨缪尔森、诺德豪斯：《经济学》（上），中国发展出版社1995年版，第78页。
② 同上书，第79页。
③ 同上书，第86页。
④ 同上书，第86—87页。

合经济是必不可少的。与此同时，新古典综合学派还主张政府利用财政政策和货币政策来干预经济。萨缪尔森等虽然也认为货币政策的作用不可忽视，但财政政策是更为重要的，因此，还有人认为新古典综合学派是“财政主义者”。

（三）新自由主义的反击

进入20世纪六七十年代，以美国为首的西方资本主义国家出现了较为严重的“滞胀”现象，失业人数大量增加，通货膨胀也日益加剧。这种“停滞膨胀”的局面是凯恩斯主义无法解释并进行医治的。此时，以弗里德曼为代表人物的一众经济学家形成了以“现代货币数量论”为基础的货币学派。货币学派反对凯恩斯主义的赤字财政政策，尤其不主张实行在衰退时期扩大政府开支的办法。他们认为，在社会经济发展过程中，市场机制的作用是最重要的。坚持自由市场和竞争是资源和收入合理分配的最有效方法，是导致个人和社会最大福利的最佳途径，如果政府干预经济，就将破坏市场机制的作用，阻碍经济发展，甚至造成或加剧经济的动乱。货币学派从现代货币数量论出发，提出“单一规则”货币政策，反对任何形式的国家干预，特别是反对战后凯恩斯主义的理论和政策主张。

在“滞胀”的背景下，货币学派和凯恩斯学派开始争论短期的宏观需求管理政策是否有效，二者谁也无法说服对方，此时从现代货币主义学派中分离出一个反对凯恩斯主义的经济学流派——理性预期学派。该学派的理论观点和政策主张与货币主义学派有着密切联系或者相近，甚至说是货币学派的引申，因此，这一学派也被认为是激进的货币主义学派。它被认为是能够解决双方争论并能为解决滞胀困境寻求一条出路而受到了普遍重视。对于资本主义市场经济，理性预期学派秉持两个最基本的信条：一是私人经济制度具有良好的自我调节功能，如果没有外在干预，这种经济具有内在稳定性。二是政府不比理性的个人更聪明，政府试图通过实施某种政策来达到预定的目标通常是不可能的。根据理性预期假说，由于经济当事人在评价经济状况时不会犯系统性的错误或人们的预测是无偏差的，因而政府无法“愚弄”老百姓使他们的政策有效。因此，“理性预期学派的一个主要原则就是：经济如果不反复遭受政府的冲击，就会基本上是稳定的”。[①]他们认为，凯恩斯主义所主张的干预经济生活的财政政策和货币政策即“积极行动主义的宏观经济政策”能够生效暗含的前提是：政府可以出其不意地实行某种政策以影响经济生活，即政府总是比公众高明。但在理性预期的条件下，人们对政府的经济政策及其实施后果早已充分预计到了，并基于此制定相应对策，使得政府的经济政策不能有任何效果。卢卡斯认为：“人们认识到真理，就不再犯同样的错误。当人们实施这种行为时，政策就很难达到预期的效果”。[②]既然政策的干预总是无效，甚至会使经济变得更糟，理性预期学派自然会主张政府要尽可能少地对经济进行干预，充分发挥市场的自发调节作用，这样经济效率就越高。因此，政府制定“货币政策和财政政策的主要任务，就是为私营经济活动提供稳定的可以预测的环境”。为了实现这一点，“我们需要政府提供稳定的政策，而不是积极行动主义政策”。[③]

20世纪70年代中期，美国又兴起一个信奉“自由主义”的学

① 小沃尔特·格萨迪：“切合实际的经济学”，载《世界经济译丛》，1979年第4期，第5页。

② 卢卡斯：“预期与货币中性”，载《经济理论杂志》，1972年4月。

③ 小沃尔特·格萨迪：“切合实际的经济学”，载《世界经济译丛》，1979年第5期。

派——供给学派，该学派是作为凯恩斯主义对立面和批判者而出现的。供给学派主张西方世界出现“滞胀”的根本原因在于凯恩斯主义的需求管理政策，主张通过大规模减税来促进生产或总供给增加，以扭转美国生产率和经济增长率下降的局面。供给学派重视市场机制的作用，认为资本主义市场经济具有自我调节、自我稳定的能力，人为干预则会破坏经济的固有稳定性。与凯恩斯主义者不同，供给学派同时认为，刺激供给并不意味着要减少政府干预，供给决定需求的一个重要前提就是经济自由。他们认为，一个社会内从事经济活动的基本单位个人、家庭、企业的积极性和创造性越大，经济上的发展就越迅速、繁荣，反之这个社会就趋于衰落灭亡。他们认为，美国推行凯恩斯学派的理论和政策，过多强调国家干预经济，挫伤了人们储蓄、投资、工作的积极性，从而造成了美国生产效率降低和经济地位的衰落。因此，他们主张减少政府干预经济，充分发挥市场自发调节经济的功能，刺激个人和企业的积极性。供给学派认为，社会福利过高会导致人们产生懒惰心理，降低生产率和资本形成率，阻碍经济的长期增长。如果政府长期干预经济的运行，长期刺激需求的同时忽视了供给——劳动、储蓄和生产，导致市场经济严重不平衡。因此，政府不应该过多地干预经济，应减少社会福利，仅在市场失灵的领域采取政策措施，使经济能够在市场自发调节下更好地运转下去，达到均衡增长的目的。

20世纪60年代中期以后，在凯恩斯经济学面临危机之际，为了解决西方面临的经济困境，一个引人注目的新的经济学派在西方经济学派兴起。其主要代表人物有科斯、加尔布雷思等，他们对西方正统经济理论尤其是新古典经济学深入研究，试图以此来分析制度的构成、运行和演化，揭示制度在经济运行中的地位和作用，分析制度对经济的影响，这学派被称为新制度学派。该学派用他们的新理论来分析公共经济问题，发起了一场分析公共经济问题的真正的概念革命。他们的这种经济思想“以一种全新的自由主义的角度来看待公共经济学问题”。[①]在新制度经济学家看来，国家是一种类似于市场、企业的制度安排，是一种在暴力方面具有比较优势的垄断权组织。这种新国家观念在当时是闻所未闻的，它为新制度经济学家们进一步利用新古典经济学的原理与方法分析当时存在的公共经济问题提供了基础。诺思的国家理论塑造了一个崭新的国家目标模型，进而可以完美地使用经济人范例来对国家现象和政府行为等进行分析，这一范例纷纷被拿来分析公共经济问题，成为一种行之有效的分析模式。产权与国家之间存在紧密的联系。一般来说，国家在暴力方面具有较高的比较优势，相比于民间组织，它确定和行使产权的成本较为低廉。因此，从一方面来说，要想有效安排产权并促进经济发展，国家权力是一个必要保证条件；另一方面，国家权力又是个人权力最大、最危险的侵害者，导致产权的残缺和无效率。国家作用的两面性决定了国家权力需要宪法约束。

在20世纪60年代的新自由主义思潮中，还产生了一个新的另类创新——公共选择学派，它是主张通过分析非市场的集体决策过程来探讨国家干预失误的原因，以经济学方法研究非市场决策问题的一个重要学派。公共选择学派认为，以市场机制来选择，即在公共部门与私人部门、公共机构与私人机构之间，当然也在公共机构之间开展竞争，就像顾客通过对私益物品的选择来决定企业的命运一样，单个公共机构能否存活也将取决于公民是否选择该服务机构。

---

① 亨利·勒帕日：《美国新自由主义经济学》，北京大学出版社1985年版，第27页。

在公共选择学派出现之前，传统经济学在研究时一般会将政治市场和经济市场分开看待，公共选择学派并不赞同这种研究方法，认为人类社会由两个市场组成，一个是经济市场，一个是政治市场；在经济市场和政治市场活动的是同一个人，没有理由认为一个人在经济市场是自利的，而在政治市场是利他的，政治市场和经济市场的“善恶二元论”是无法成立的。他们主张：尽管经济市场中的主体标签是消费者和厂商，而政治市场中的主体标签是政治家、政客、选民和利益集团，但他们的行为目标并无差别，区别仅在于，在经济市场交易的是私人物品，而在政治市场交易的是公共物品；前者的最大化目标表现为效用和利润的最大化，后者的最大化目标表现为公共物品利益和政治支持的最大化。在公共选择理论家眼中，政府不过是个无意识、无偏好的“稻草人”，公共行为和公共目标在很大程度上受政治家和官员的动机支配。此外，由于政治市场上，政治家和官员之间的双边垄断，他们在预算规模上的目标一致性，必然导致政府规模的不断膨胀。由于民主制度下，没有一种选择机制可以称得上是最优选择机制（直接民主面临高成本，而间接民主面临机会主义），公共选择学派为此提供了两种改革思路：一是市场化改革，二是宪法制度改革。公共选择学派的市场化改革，是指通过政治市场开始效仿经济市场的竞争机制，以此来提高政治的效率。

（四）新凯恩斯主义经济学派的“和稀泥”

20世纪七八十年代，西方经济陷入滞胀，各种反对政府干预的学派纷纷登场，凯恩斯主义陷入理论危机。斯蒂格利茨等新凯恩斯主义经济学家对政府干预的思想作了重新表述，对自由主义的政策无效论进行了批判，它不认可新古典综合派将经济学一分为二的理论体系，试图利用微观经济学的相关理论来分析解释宏观经济现象，为宏观经济学寻找微观经济基础，借此实现宏观经济学与微观经济学合二为一。斯蒂格利茨将新古典综合派之后的新自由主义各学派加以整合，也吸收了新古典宏观经济学的分析方法和观点，大大推进和包容了凯恩斯经济学和新古典综合的理论体系。对于斯蒂格利茨的贡献，后人称为“对后凯恩斯主义的革命”。斯蒂格利茨综合吸收了历史上有关各学派的财政理论的合理成分，形成了一种新的政府–市场观。斯蒂格利茨认为，现代经济是一种混合经济，是由私人部门经济和公共部门经济共同组成的。在一个民主国家，私人部门和公共部门有两个重要的区别：首先，公共部门的负责人是被选举出来的，或是由某个被选举的人任命的，因而公共部门负责人的职务的合法性来自选举过程。二是政府拥有宪法赋予的强制性权力，包括强制征税权、征用权、处罚权等。私人部门的负责人是依据财产所有权决定的，负责人职位的合法性来自于财产所有权，而且，私人部门不具有强制性权力，私人部门的交易都是自愿的。政府部门使用强制的能力意味着一方面它可以做私人部门不能做的事，另一方面，私人部门相对于政府也有独到的好处，比如政府部门制定有详尽的雇佣程序，而私人部门的所有者可以自行灵活决定人才的雇佣，自负其责。政府部门严格的雇佣程序对于避免用人不当有一定的帮助，但也可能造成缺乏灵活性的弊端，使政府部门在用人方面难以与私人部门竞争。

在混合经济模式下，既要承认市场机制的作用，又要承认政府的作用，既要承认市场失灵，又要承认政府失灵。在多数时间和场合，私人部门的市场提供了维持经济效率的最好方式，即保证产品以最低成本生产，同时可以根据消费者的需要进行针对性的生产。

虽然如此，由于竞争不充分、市场不完全信息不对称等原因，市场在公共产品、外部性、宏观经济波动、收入分配不均等方面存在失灵，需要政府进行适当的干预。政府的经济作用表现在资源配置、收入再分配和宏观经济稳定三个方面。政府与市场之间是一种互补关系，而非替代关系。斯蒂格利茨认为，应该在政府干预与市场调节之间寻求一种新的平衡来将二者结合起来。①

二、传统经济财政学隐含着诸多公共风险理念

世界的本质是不确定性，由不确定性带来的风险难以预测。从古至今，没有人能够准确预测危机和灾难何时何地会发生。我们处于充满不确定性的世界之中，每个人都无法回避风险问题。这意味着，我们只能在不确定性中构建确定性，在风险中规避风险。经济学家也生活在一个不确定性的世界中，虽然早期的传统经济财政学没有意识到世界的不确定，但仔细研究会发现，经济财政学的理论和思想中隐含着诸多公共风险理念。也就是说，在不确定的世界中，传统经济财政学无法回避公共风险问题，即便经济学家没有认知不确定性，但是潜意识里已经在努力地构建现实的确定性。

（一）危机问题是传统经济财政学关注的一个焦点

纵观传统经济财政学思想史上有关危机问题的发展，从萨伊和李嘉图否定资本主义经济危机存在的理论，到西斯蒙第指出生产和

① 斯蒂格利茨：《经济学》，中国人民大学出版社1997年版，第79—91页。

消费存在矛盾，再到提出有效需求而承认危机的马尔萨斯和凯恩斯，危机问题一直是经济财政学关注的一个焦点。

萨伊定律的核心思想是供给可以自动创造需求，包括三个要点：第一，交易的实质是商品交换，产品总是以产品来购买，买和卖是统一的；第二，货币是流通媒介，仅在交易的一瞬间起作用；第三，人们的消费是无限的，只要商品生产出来就一定会被消费。根据萨伊定律，在完全竞争市场中，供给会自动创造需求，即便有局部供求不平衡，市场会自我调节而达到均衡，因此，总供给与总需求必然相等。李嘉图赞同萨伊的观点，他指出，“萨伊先生曾经非常令人满意地说明：由于需求只受生产限制，所以不论一个国家有多少资本都不会不能得到使用”。[①]在这种理论的支持下，萨伊否定资本主义经济危机存在的可能性，进而反对政府干预。

西斯蒙第批判了萨伊和李嘉图否定经济危机的观点，指出“人们所受的各种灾难是我们社会制度不良的必然结果”[②]，在收入决定生产理论基础上论证了资本主义必然产生经济危机。根据收入决定生产理论，西斯蒙第认为：“如果年收入不能购买全部年生产，那么一部分产品就要卖不出去，不得不堆在生产者的仓库里，挤压生产者的资本，甚至使生产陷入停顿”。[③]在西斯蒙第看来，收入决定了消费，收入不足导致消费不足，消费不足必然导致经济危机，而消费不足是由于资本主义不公平的收入分配制度，因此，西斯蒙第意识到资本主义经济体系是经济危机的根源。然而，西斯蒙第提出

① 李嘉图：《政治经济学及税赋原理》，彼罗·斯拉法主编：《李嘉图著作和通信集》第一卷，商务印书馆1962年版，第247页。

② 西斯蒙第：《政治经济学新原理》，商务印书馆1964年版，第530页。

③ 西斯蒙第：《政治经济学新原理》，商务印书馆1977年版，第47页。

社会改良政策是通过政府干预，是从现代化大机器生产回到手工生产，逃离资本主义经济便可避免经济危机。

在因生产过剩导致危机的问题上，马尔萨斯与西斯蒙第持相似观点。但是在关于经济危机根源以及解决办法上，马尔萨斯和西斯蒙第有很大的分歧。马尔萨斯认为供给与需求的平衡是生产发展的必要条件，如果出现有效需求不足，便会出现生产普遍过剩的危机。为了避免经济危机，马尔萨斯认为必须维持足够的有效需求，使消费者有足够的购买力，然而仅仅依靠资本家阶级和工人阶级的收入难以对全部商品提供足够的有效需求。他指出，“必须存在一个人数相当可观的阶层，这个阶层的人们既有意愿也有能力消费比他们自己创造出的物质财富更多的产品，否则商人阶层就不可能持续盈利地生产比他们的消费多得多的产品。在这一阶层，地主无疑占据着显著地位”。[①]马尔萨斯认为，是通过地主阶级的非生产性消费，为社会提供足够的有效需求。

一百多年之后，马尔萨斯的思想成为凯恩斯主义经济危机理论的重要思想来源。早期的凯恩斯也是萨伊定律的信奉者，但是在1929—1933年资本主义大萧条的背景下，萨伊定律无法对危机作出解释，这场危机动摇了凯恩斯的信念，并提出了一个与萨伊定律相反的理论，即扩大需求以刺激供给。凯恩斯将危机产生的原因归结为有效需求不足，认为社会的就业水平取决于社会总需求，失业和不充分就业是因为国民收入不能全部转化为有效需求，而有效需求不足是由三个基本心理因素造成的，即边际消费倾向递减，资本边际率递减和流动性偏好影响着需求。凯恩斯认为经济危机的表面

① Thomas Malthus, *Principles of Political Economy*, New York: A. M. Kelley, 1986, p.400.

原因是有效需求不足，而根本原因在于人们的心理隐私，因此，经济机制是无能为力的，实行国家干预经济是唯一可行的方法。国家干预的重点是通过财政政策和货币政策的手段进行需求管理。

（二）传统经济财政学讨论的政府与市场实质都是化解公共风险的手段

政府与市场的关系是传统经济财政学思想史上长期争论不休的问题。实际上，从柏拉图开始，哲学家已经开始讨论政府的职能，不过主要关注政府的政治职能非经济职能。在古典经济学时期，就有了经济自由主义和国家干预的两种理论分歧及其不同的政策主张，整个20世纪西方经济学理论演进的重大事件就是30年代凯恩斯革命和60年代以后新自由主义的兴起。虽然各流派的理论观点和政策主张各有不同，但所有政策的最终目标都是为了构建经济秩序的确定性。

最早提倡政府干预经济的是重商主义学派，重商主义认为金银即财富，提倡政府积极干预经济，进而促进对外贸易，增加出口减少进口，以增加国内的货币量。18世纪中后期，亚当·斯密给出了政府和市场的关系的经典表述，斯密对政府职能的定位是“守夜人”政府，具体职能被限定在三个领域：“第一，保护社会，使不受其他独立社会的侵犯；第二，尽可能保护社会上各个人，使不受社会上任何其他人的侵害或压迫；第三，建设并维持某些公共事业及某些公共设施”。[①]即国防、司法和公共物品与公共服务三个领域，

① 亚当·斯密：《国民财富的性质与原因的研究》（下卷），商务印书馆1983年版，第252—253页。

其他领域均交由市场负责。在斯密的经济自由主义的体系下，“看不见的手”的市场和“守夜人”的政府，是带来国家财富增长的完美组合。

整个19世纪，自由放任的思想盛行，即便1929年大萧条爆发，各国政府也坚信市场能够自发调整，政府不需要采取措施应对大萧条。弗里德曼研究表明，美联储没有及时充当最后贷款人是导致大萧条的根本原因。[①]实践呼唤着新的理论的产生，凯恩斯在1936年出版的《就业、利息和货币通论》顺应了实践的需求。凯恩斯认为政府除了承担斯密所说的三大职能外，还需要承担促进就业、防止通货膨胀、减轻经济波动和实现经济稳定增长的职能，因此政府需要对经济进行宏观调控。在经历了大萧条和二战之后，西方国家对政府和市场的关系有了改变，从经济自由主义转向信奉凯恩斯主义，提倡对宏观经济进行积极干预。

第二次世界大战后的二十多年时间里，凯恩斯主义一直是传统经济财政学的主流，但是到了20世纪60年代末，以弗里德曼为首的货币学派重新主张自由放任，认为社会不稳定的原因是政府干预经济过多造成的，而资本主义体系本身是稳定的，因此只要充分发挥市场的调节作用，便会自动趋于稳定。尤其到了20世纪70年代末，西方发达国家出现了滞胀现象，凯恩斯理论无法对此作出解释，在反对凯恩斯主义的思潮中，新自由主义的各个学派应运而生。凯恩斯主义受到了理性预期学派、供给学派、公共选择学派的挑战。理性预期学派认为人具有理性预期，能够根据过去价格的变

---

① 米尔顿·弗里德曼、安娜·J. 施瓦茨：《美国货币史：1867—1960》，北京大学出版社2009年版，第212—248页。

化，在进入市场之前就对价格做出预期，因此他们的决策是有根据的。由于政府对经济信息的反应及做出决策不如个人灵活和及时，因此政府的任何一项稳定经济的措施，都会被公众合理的预期所抵消，因此政府干预经济的政策都是无效的。供给学派强调供给，认为政府应该刺激供给而非需求，并且政府应减少对经济的干预。公共选择理论将经济人假设运用在政治活动领域，提出政府失效论，反对国家的过度干预。虽然凯恩斯主义受到挑战，但是政府与市场是不会重回二战前的关系了。

从公共风险的角度考虑，政府是否需要干预，需要看风险是否能被市场化解。政府和市场之间并非对立的关系，不是非此即彼，而是合作的关系。市场之所以能够化解风险是源于人们对确定性的追求，进而形成的应对各种风险的行动能力，一旦人们追求确定性的意愿付诸实践，市场便可以通过价格机制化解风险。然而，市场并非万能，在面对市场化解不了的风险时，政府作为风险的最后承担者，采取非市场的手段来应对风险。因此，不论是经济自由主义还是国家干预，其目的都是为了化解风险，构建经济秩序的确定性。

（三）传统经济财政学中的财富分配背后实际是风险分配

财富分配问题一直是传统经济财政学理论中备受关注的问题，经济学家们就此问题进行了不断的探索。

亚当·斯密、大卫·李嘉图和马克思等学者都对财富分配问题进行了研究。由于经济学家们所处的时代背景不同，对财富分配的理解也有所不同。亚当·斯密通过对国民财富的研究，认为劳动是一切财富的源泉，并且斯密认为分工能提高劳动生产率，“第一，劳动者的技巧因业专而日进；第二，由一种工作转到另一种工作，通常须损失不少时间，有了分工，就可以免除这种损失；第三，许多简化劳动和缩减劳动的机械发明，使一个人能够做许多人的工作”。[①]在斯密看来，商品具有使用价值和交换价值，此时并没有认识到价值本身的概念。一方面，斯密认为价值是由劳动创造的，另一方面，他认为商品是按自然价格出售的，自然价格包括工资、利润和地租，也就是商品出售的金额在工人、资本家和地主之间分配。在大卫·李嘉图所处时代，社会财富总量已经发展到较高的水平，但是面临着财富分配不合理的问题。李嘉图也赞同价值是劳动创造的，但是他认为商品应该按价值出售，价值再在资本家和工人之间分配。马克思在古典经济学分配理论的基础之上进一步完善了分配理论，揭示了财富分配不公的根源是私有制。

人类要不断增加财富积累才能满足生存和发展的需要。尤其在经济学家所处的世界，稀缺性占据主导，经济发展中资源、产品供给难以满足人们的需求，是一种短缺经济。因此，为了解决物质短缺问题，财富生产和财富分配是社会发展的动力机制。财富分配是生产成果的分配，能够使社会财富重新进行排序。从公共风险的角度看，“在发达现代性中，财富的社会化生产与风险的社会化生产系统相伴。风险和财富一样是要分配的东西，两者都构成地位，分别是风险地位和阶级地位”。[②]也就是说，财富作为人类社会存在与发展的前提和基础，其从一开始便与风险相伴而生，财富分配的过

① 亚当·斯密：《国民财富的性质与原因的研究》（上卷），商务印书馆1983年版，第8页。

② 乌尔里希·贝克：《风险社会》，译林出版社2014年7月第1版，第15页和第25页。

程也是风险分配的过程，只是角度不同。风险分配是生产成本的分配，成本的大小决定成果的多寡。财富分配实质上是一种风险转嫁的过程，分配原则和分配方式的不公终将导致社会整体财富不能平均分配到各个社会成员，享受过多“分配红利”的群体抵御社会风险的能力较强，当风险来临之时会将风险转嫁给那些最小受惠的群体。因此，整个财富分配过程实质上是一种制度成本转嫁的过程，也是一种风险分配的过程。

（四）传统经济财政学中的预期理论体现了着眼于未来的公共风险思维

世界的本质是不确定性，各种不确定性的叠加和扩散，是预期不好的根源。经济和社会发展是难以预测的，甚至是不可预测的，对未来的看法，决定了当下的行为和选择。在这样的环境下，稳预期、改善预期、引导预期是政策的重要目标，其目的都在于构建确定性。在经济财政学中，许多经济学家的理论中包含着预期思想，并运用预期理论解决经济问题。

正如马歇尔所说：“经济学是一门研究财富的学问，同时是一门研究人的学问。”[①]他的需求理论和供给理论是基于心理预期之上的分析。在需求理论中，马歇尔明确提出效用的概念，效用是指对于消费者通过消费或者享受闲暇等使自己的需求、欲望等得到的满足的一个度量。效用是由人们的心理因素加上预期而得到的，是心理预期。正因为效用是由于人们的心理预期衡量的，所以同一个商品对不同的人来说可以存在不同的效用。在供给理论中，马歇尔将

① 马歇尔：《经济学原理》（上卷），商务印书馆1981年，第11页。

劳动和资本两种生产要素看作一种牺牲，劳动是工人的“反效用”，资本是资本家等待或“节欲”的结果，这种牺牲也受到人们心理预期的左右。

凯恩斯的三大心理规律是边际消费倾向递减、资本边际效率递减和流动性偏好，同样是从心理方面来解释预期的，强调了预期的不确定性对经济主体经济行为的影响。“我们的一般心理规律宣称：当整个社会的实际收入增加或减少时，该社会的消费也会增加或减少，但后者的增加或减少不会像前者那样快”。[①]边际消费倾向递减受到人们的心理预期和意愿的影响。凯恩斯认为资本边际效率在实际中是资本的预期收益率，当人们预期未来收益高时，就会增加投资，因此未来投资取决于对未来投资收益的预期。流动性偏好受到人们的交易动机、谨慎动机和投机动机影响，这三类动机都受到人们心理预期的影响。凯恩斯认为危机的原因是有效需求不足，有效需求不足源于三大心理规律，产生三大规律的根源是不确定的心理预期。在这样的理论基础上，为解决有效需求不足而提出的宏观政策的关键在于改善预期。由于凯恩斯受确定性思维的影响，只意识到了宏观调控的作用是为了扩大需求。从公共风险的角度来说，稳定预期和引导预期也是宏观调控的重要作用。从稳定预期的思路出发，才能更好地向不确定的环境中注入确定性，最终实现公共风险最小化。

弗里德曼的适应性预期理论体现在永久性收入假说、货币需求理论和附加预期的菲利普斯曲线。永久性收入假说认为消费者在某个时期的消费不仅取决于当前的收入，还取决于未来的收入，消费

① 凯恩斯：《就业、利息和货币通论》，商务印书馆2007年，第118页。

者是根据当前可支配收入和未来可预期收入安排消费支出的。弗里德曼认为货币供给是由货币当局决定的，所以分析货币现象就是对货币需求进行分析，货币数量论就是货币需求理论。在弗里德曼的货币需求函数中，影响社会实际货币需求的四个因素是永久性收入、非人力财富在总财富中所占比重、各种非人力财富的预期报酬率，以及其他影响货币需求的因素，例如对未来经济稳定程度的预期，其中三个因素与预期相关。弗里德曼指出菲利普斯曲线忽略了工人对通货膨胀的预期，实际上工人关注的不是名义工资，而是实际工资，因此弗里德曼在菲利普斯曲线中加入了预期通货膨胀率，提出了附加预期的菲利普斯曲线，并指出，在短期内人们还没有形成通货膨胀的预期，菲利普斯曲线所表示的通货膨胀和失业率之间的替代关系是存在的，但是在长期内，人们会预期到通货膨胀率，失业率会维持在自然失业率水平。

“理性预期假定单个经济单位在形成预期时使用了一切有关的、可以获得的信息，并且对这些信息进行理智的整理。”[①]理性预期理论有两个显著的特点，第一，理性预期总是尽可能最有效地利用现在全部可以被利用的信息，而不是仅依靠过去的经验和经济变化。“在用理性预期来代替适应性预期的结构里，模型中的经济主体会注意到政策的变化。经济主体将改变他们的决策，以便充分利用一项新的政策产生出来的任何有利机会。”[②]第二，理性预期理论并不排除现实经济生活中的不确定因素，也不排斥不确定因素的随机变

① 贝尔特·T.麦卡勒姆：“合理预期理论的意义”，载《现代国外经济学论文选)第7辑，商务印书馆1983年版，第40页。

② 马克·威尔斯：“‘理性预期’：反凯恩斯革命的革命”，载丹尼尔·贝尔等主编《经济理论的危机》，上海译文出版社1985年版，第120页。

化会干扰人们预期的形成，使人们的预期值偏离其预测变量的实际值。它只是强调，人们一旦发现错误就会立即做出正确的反应，对预期中的失误加以纠正。所以，人们在预测未来时绝不会犯系统性错误。在理性预期的基础上，“理性预期学派的一个主要原则就是：经济如果不反复遭受政府的冲击，就会基本上是稳定的”。[①]因此，理性预期学派认为凯恩斯主义所主张的干预经济生活的财政政策和货币政策能够生效的前提是：政府可以出其不意地实行某种政策以影响经济生活。但是，政府要取得社会的支持，就不能在经济政策上对社会搞突然袭击，而要按照既定的规则和程序办事。这样一来，在理性预期条件下，政府的经济政策就是无效的。为保持经济繁荣，唯一有效的办法就是尽量减少政府对经济生活的干预，充分发挥市场的调节作用，因为市场比任何模型都聪明。政府的作用只是为私人经济活动提供一个稳定的可以使人们充分了解的良好环境。为此，“我们需要的是稳定的政策，而不是积极行动主义政策”。[②]理性预期学派提出的理性预期与凯恩斯学派提出的是心理预期不一样，理性预期考虑了未来的不确定性，但是又通过精确的模型将不确定性从模型中彻底排除了出去。也就是说，理性预期理论考虑了不确定性，但并非彻底的不确定性，这也对应着理性预期理论的一个局限性，即缺乏现实性。理性预期学派否定政府干预的逻辑在于，人们能够做到理性预期，当政策没有超出人们预期时是没有效果的，但是理性预期学派并没有完全否定政府干预的作用，只

① 小沃尔特·格萨迪：“切合实际的经济学”，《世界经济译丛》，1979年第4期。

② 马克·威尔斯：“‘理性预期’：反凯恩斯革命的革命”，载丹尼尔·贝尔等主编《经济理论的危机》，上海译文出版社1985年版，第131—132页。

是要在政策出其不意地实行，超出并改善人们的预期的情况下，因此，理性预期学派也从侧面告诉我们政策的可预期性很重要，能够引导预期的政策是向未来注入确定性。但是由于理性预期学派的理论是基于确定性世界观之下的，由于世界是确定的，人们能够及时掌握信息，及时知晓政策的变化并做出调整，因此市场机制能够化解一切风险。但现实中世界是不确定的，当不确定性超出了市场时，公共风险在不断扩大的情况下，毫无疑问就需要政府来化解公共风险，要政府来注入确定性。

（五）传统财政学中关注的制度实质是防范化解公共风险的产物

制度的作用在于规制人们之间的相互关系，使复杂的人际交往过程变得更易理解和更可预见，降低信息成本和不确定性，从而使不同个人之间的协调和合作更容易进行。然而，在无制度和无政府的状态下，由于信息不对称、难以监督等问题存在，可靠的约定无法执行，社会分工无法有效进行，人们纷纷沦为机会主义的囚徒，社会和经济是混乱和低效率的。

关于制度的起源，新制度经济学是从博弈论、交易成本和外部性三个角度进行分析的。从博弈论的角度，正如诺斯所说：“制度是一个社会的游戏规则”。[①]经济学家将制度看做博弈的规则和博弈的均衡；从交易成本的角度，科斯论证了交易成本是制度产生的原因；从外部性的角度，制度能够使外部性内部化，从而增加具有正外部性的行为，减少具有负外部性的行为。但从公共风险的角度来

① 诺斯：《制度、制度变迁与经济绩效》，上海三联书店1994年版，第3页。

看，对公共风险的起源可以提供一个更一般的解释。制度是一种有形或无形的规定，能够降低世界的不确定性和复杂性，制度的稳定性使得对未来的可预期性更高，是防范化解风险的一种机制。

制度会随着时间、技术等因素的变化而变化，制度的替代和转化过程被称为制度变迁。马克思主义者认为生产力发展和阶级斗争是制度变迁的推动力。生产力发展的不同阶段，有不同的生产关系与之对应，而不同生产关系之间的变更，取决于生产力的发展。例如，“分工发展的各个不同阶段，同时也就是所有制的各种不同形式”。[①]在马克思看来，“社会生产力是经济制度即生产关系和财产关系，以及与之相适应的政治和文化制度形成的前提。撇开这个前提，就谈不上社会发展和制度变迁”。[②]同时，马克思认为在阶级社会里，阶级斗争推动着社会的进步，其中包括制度的变迁。而诺斯的制度变迁动力理论是从制度变迁的预期成本和预期收益进行分析的，只有在预期收益大于预期成本时，制度变迁才会启动。诺斯认为相对价格和偏好的改变是影响预期成本和收益的重要因素，“相对价格的变化改变了个人在人类互动中的激励，而制度变迁仅有的另一来源，是偏好的改变”。[③]然而，从公共风险的角度看，每一项制度都是为了规避公共风险而达成的某种协议，例如氏族部落组织演变为国家的过程，制度变迁是追求确定性的一个过程。同时，在制度变迁过程中，一些制度可能存在缺陷，缺乏整体性和系统性，会衍生出新的风险。

综上，可以看出制度与公共风险存在一种互动博弈的关系，一

① 《马克思恩格斯选集》第1卷，人民出版社1995年版，第67页。

② 同上书，第32—33页。

③ 诺斯：《制度、制度变迁与经济绩效》，上海三联书店2008年版，第115页。

方面，公共风险的存在是制度的起源，并推动着制度的变迁，另一方面，新的制度创新可能会由于存在缺陷而衍生出新的公共风险，而新的公共风险需要新的制度创新来化解，制度创新对于化解公共风险来说非常重要。

（六）行为经济学和现代货币理论等已经触摸到公共风险理论的边缘

作为西方主流经济学的新古典经济学，以经济人假设为基础，通过完美的数理形式来表达经济学。然而，2008年的全球金融危机冲击了处于主流地位的新古典经济学，事实证明过度脱离现实的数学模型存在弊端。在此背景下，非主流经济学迅速发展。非主流经济学基于现实中的社会人，在研究经济现象时考虑了社会经济和政治等多方面的因素，使理论更加贴近现实。在非主流经济学迅速发展的过程中，一些经济学派和经济理论已经触摸到公共风险理论的边缘，例如行为经济学和现代货币理论。

行为经济学将经济学和心理学相结合，实验和修正主流经济学的基本假设。在行为经济学中，著名的理论有前景理论和禀赋效应。1979年，卡尼曼和特维斯基创立了前景理论，以解释人们在不确定性条件下的决策行为。他们认为在不确定的情况下，个体进行决策实际上是在遵循特殊的心理规律上对前景的选择，而前景则代表各种风险的结果。前景理论的价值函数表明，个人在确定性收益和非确定性收益中偏好前者，决策个体风险规避的，而在确定性损失和不确定性损失时偏好后者，决策个体是风险偏好的。这说明了，实际上人们厌恶的不是风险，而是损失。1980年，理查德·塞勒提出禀赋效应的概念，当人们拥有一件商品时，对商品的估价要比没有拥有时高。禀赋效应和前景理论说明了同一个道理，即人们是损失厌恶的，损失带来的负效应要比同样大收益带来的正效用大。心理学家蒂利[①]指出，人们对威胁的反应通常比对机会的反应更为激烈，因为人们宁愿花更多精力保持已经得到的东西，而不是去追求可能得到的东西。这也说明人是损失厌恶的。受理性经济人假设的影响，主流经济学一直认为理性的人是主动追求效用最大化的，但是从公共风险的角度看，很多行为不是追求性的，而是规避性的；不是追求效用最大化的，而是追求风险最小化和损失最小化的。虽然一定程度上，规避风险和损失也是在追求效用，但是两者的根本差别在于，风险和损失最小化旨在保持既有利益，是保守性的，而效用最大化是追求利益的，是进取性的。

现代货币理论作为非主流经济学的一部分，隐含了风险权衡的理念。现代货币理论主张财政赤字货币化，政府部门借债是没有限制的，在20世纪90年代，主流经济学家完全不赞成这种政策主张。然而在今天，现代货币理论已经成为一些政客的政策主张，日本和美国均采取过财政赤字货币化政策。货币国定论是现代货币理论的理论基础，货币是一种债权债务关系，社会债权债务关系可以分为政府借据、银行借据和非银行借据，其中能够被普遍接受和认可的政府借据就是货币。财政赤字货币化是现代货币理论的手段，认为政府可以无约束地负债，政府支出也不受任何融资约束。最后雇佣者计划是现代货币理论的目标，旨在同时达到充分就业和价格稳定的目标。现代货币理论最受争议的一点是，有观点认为现代货币理

① Tilly, Charles, *From Mobilization to Revolution.Reading*, Mass.: Addison-Wesley Pub. Co, 1978.

论主张无限制地印钱来增加政府支出，这将造成严重的通货膨胀。然而，实际上，现代货币理论是一个权衡了各种风险的理论，虽然政府支出不受融资的约束，但仍然会受到资源、生产能力和通货膨胀的约束，不代表政府可以无限制地支出。主流经济学的货币数量论认为，在其他条件不变的情况下，货币数量的变化决定了价格水平的变化，但是它的前提是完全充分就业且不存在过剩产能。对于失业和产能过剩已经是常态的今天，新增需求不一定会带来更高的价格。与以往大水漫灌的总需求刺激政策不同，现代货币理论更加关注结构，根据不同行业和地区的具体情况，来决定政府财政支出的结构。正如明斯基所说："总需求是有结构的，它形成了特定的（包括地区性的）对产品和生产要素的需求。政府对总需求的影响同样是有结构的。"[①] 没有一项政策是完美的，从公共风险的角度看，政策的目的是降低整体的风险，如果一项政策在化解较大风险的同时引发了一些小风险，那么这项政策仍是可取的。与主流经济学主张的政策相比，现代货币理论政策的风险可能更大，但是在一些特殊情况下，有必要运用现代货币理论的政策，能够有效置换风险，也更有针对性。

三、传统经济财政学的逻辑和思维缺陷

传统经济财政学是在工业社会背景下逐渐发展起来的，其基本

① Hyman P. Minsky, "Effects of Shifts of Aggregate Demand Upon Income Distribution", *American Journal of Agricultural Economics*, Vol.50, No.2, 1968, p.328.

立场天然就带有着工业社会的确定性思维色彩，同时它习惯用边界思维来看待经济世界，这使得传统经济财政学的逻辑从根本上就存在着重大缺陷。

（一）传统经济财政学的二元对立思维

传统经济财政学总是从政府与市场二元对立的角度看待两者关系的。不管是古典经济学，还是新古典经济学、凯恩斯学派、公共选择学派等，都是从政府与市场二元对立的角度看待政府与市场关系。传统经济财政学总是把政府看成是与市场没有关联的外在主体，这一逻辑从根本上就存在错误。实际上，政府与市场并非对立，二者实际上是一种分工与合作的关系，并不存在由于市场失灵引出政府提供公共产品的逻辑，它们融为一体，谁也离不开对方。

（二）传统经济财政学的机械式思维

传统经济财政学从机械唯物论来理解社会共同体，而且其认为政府和市场仅是一种机制，并非内在逻辑。传统经济财政学认为整个社会仅仅包括两个方面：政府和市场。因此社会中也只有两个主体或者两个机制：不是市场就是政府。但是从共同体的角度来看，一个共同体社会（广义的社会概念）包括政府、市场和社会（狭义），它除了政府活动和市场活动以外，还有社会活动（例如社保、教育和就业等）。传统经济财政学不是从整个社会共同体出发来考虑的，而仅仅从政府与市场关系出发，无法说明整个社会的活动，这意味着该逻辑存在严重的缺陷。这表明传统经济财政学缺乏整体观，要有整体观就要考虑社会共同体。从社会共同体来看，其基本的逻辑是个体与集体的关系。结合社会整体来看，个体和集体的关系就是每个社会成员和整个社会的关系，或者简化为集体与个体关系的模型，这是经济财政学要回答的基本问题。回到哲学的层面来看，传统经济财政学理论对社会共同体的理解是以机械唯物论为前提的。他把这个社会理解成一台原子化的机器，由各个零部件组成的，个人的偏好加起来等于集体的偏好。这反映了传统经济财政学的哲学基础，从个体权利本位出发，认为集体就是一个个体的拼凑；认为一切都要还原到个体才有价值、才有意义；集体没有独立存在的价值，集体仅仅是为个体服务的。这种哲学观是一个悖论。由于个体的偏好不能形成集体的偏好，集体就无法决策，社会就不可能存在，政府也就不存在了。

（三）传统经济财政学关于公共风险认知的局限性

传统经济财政学关于公共风险的认知是基于确定性世界观基础上，是一种经验理论，在确定性世界中可以有效解释现实问题。但在不确定性世界中，风险是不确定性带来的，如果没有不确定性思维就看不到风险，即使风险在身旁也看不到。如果沿用老一套的确定性思维和分析方法，观察到的经济现象可能会失真，会忽视很多东西，尤其是对风险的观察。简单来说，基于确定性世界观基础上的公共风险理论有三大局限性。第一，基于确定性世界观的公共风险理论是基于过去，认为未来是在过去的延长线上，因此能够根据过去应对风险的经验来预测未来可能的风险。但是，所有的经验都是在特定时空条件下存在的，忽略条件的经验等于没有经验。更严重的是，基于过去的公共风险理论会忽视未来的多种可能性，一旦面临新的风险，可能毫无察觉，自动陷入风险之中。第二，基于确定性世界观的公共风险理论认为风险是有规律可循的，只要掌握过去防范和化解公共风险的方法，并将之形成制度，只要严格地按照制度做出行动，就可以解决公共风险问题。然而，现实世界是不确定性的，完全遵循制度行事的制度主义已经失效，难以应对复杂的不确定性。第三，基于确定性世界观的公共风险理论下的风险思维并非彻底的风险思维，而是一定程度上的风险思维。虽然认识到公共风险的重要性，但没有认识到公共风险的本质在于不确定性，只有基于不确定性世界观的风险思维，才能更有效地解决公共风险问题。

（四）按照传统经济财政学的思路不可避免地陷入福利陷阱

从市场失灵推导出来的公共产品，对公共产品的定义尽管不一样，但都是从福利的角度来解释公共产品的。西方福利国家，如搞社会保障的是德国，搞工会医疗的英国，它们所提供这些所谓的公共产品也都是以此来作为理论支撑的。福利经济学中的社会福利最大化理论也来源于此。

对社会成员来讲，这种社会福利的最大化是没有止境的，这必然会导致社会成员缺少激励，养懒人，最终不可避免就会落入到福利陷阱当中，财政也将不可持续。因此，按照福利的角度来定义公共产品，存在着严重的缺陷。

不管是广义的公共产品（布坎南从政府的职责角度定义的公共产品）理论，还是狭义的公共产品（萨缪尔森从非竞争性和非排他性角度定义的公共产品）理论，都认为市场做不了的、需要政府来做的都是属于公共产品。如果按这一逻辑出发，从政府与市场关系的角度来看，很多公共产品诸如社会秩序、制度、规则等都是市场的前提。如果把前提看作是市场失灵的结果，逻辑上将陷入“循环悖论”。

再一个就是公共产品的供给与需求，传统经济财政学把政府当成一个公司，用模仿市场的方法进行分析，如布坎南将其变成一个政治市场，选票代表钞票，来决定这个公共产品的供给，这变成一个政治程序。按照阿罗不可能定理，社会个体的偏好无法整合成集体的偏好。所以，这本身也是不合逻辑的。从这点来看，社会福利函数以及福利经济学的体系在逻辑上就不成立，他们被自己打败了。实际上布坎南自己也很清楚这个道理，在公共选择里研究过这个问题，以选票代表钞票的办法来决定公共产品，就会形成投票悖论，最终不可能形成结果。

四、构建现代经济财政学的几点思考

传统经济财政学已经进入了死胡同，适应风险社会的要求，经济财政学要体现走向现代化之路，体现现代性，构建现代经济财政学。

（一）现代经济财政学应以风险社会为背景，以公共风险作为逻辑起点

当前，社会共同体发展到了风险社会的时期，这是人类文明的一个新阶段，其基本特征是不确定性，不确定性就引发了风险，这个风险是基于个体与集体的，分为个体风险和集体风险，集体风险就是公共风险。个体风险交给个体去承担的，公共风险则必须由集

体来承担，也就是由政府、社会共同体来承担。

以公共风险作为经济财政学的逻辑前提，财政的基本职能必然是防范化解公共风险。在化解公共风险的过程中，形成了一系列的制度、法律、规则，这些都可以称之为（基于公共风险的）公共产品。由此可见，公共产品是由公共风险导致的，这与基于福利的理念形成的公共产品完全不同。基于福利的公共产品是越多越好，而基于公共风险的公共产品则是风险最小化，应当是风险越小越好。所以，公共产品不是一个供求关系，而是防范化解风险的一种结果，而防范化解风险是一个形成共识的过程，这个过程里可能有政治、有法律、有文化，甚至有各种舆论渗透其中。可以说，制度的变迁都是由公共风险推动的。同理，公共产品的变迁，也是由公共风险来决定的。当公共产品背后的公共风险不复存在的时候，这个公共产品就变成了个体产品。从这个角度来说，公共产品都是以公共风险来决定的，公共风险越大，提供公共产品就越多，而不同类型的公共风险就会形成不同类型的公共产品。直接由公共风险来推出公共产品，就避开了个体偏好形成共同偏好的逻辑陷阱。

（二）现代经济财政学要转向和坚持“以人为本”

现代化和现代性并不只是物质的现代化，而是人的现代化，是“以人为本”的发展方式。过去很长一段时期，经济财政学研究经常围绕如何促进经济发展、如何做大蛋糕做文章。在短缺年代，遵循物本逻辑是一个明智的选择，当时把财富增长作为目标毫无疑问是非常正确的。但从物质到了相对充裕的时候，依然遵循物本逻辑显然行不通了。这个时候财政要真正成为现代财政，必须从物本逻辑中摆脱出来，转向人本逻辑，要落到人的发展上来。转向人本逻辑追求机会公平，促进人自身的发展。比如说消费，经济学是从物的角度来定义消费，扩大消费就是扩大对物的购买，增加支出。而从人的角度来看，消费是人的生产和再生产的过程，是人自身发展的过程。贫困的本质不是物质财富匮乏，而是人的发展不充分，是能力的贫困。社会主义市场经济中社会主义的价值观就是追求平等，促进人的自由全面发展。

（三）现代经济财政学应建立在集体基础之上，体现整体观

与传统经济财政学一开始就建立在个体基础之上不同，现代经济财政学是建立在集体基础之上。个体和集体是并存的，二者关系构成一个社会的整体。单纯强调个体本位和个体权力本位，而不强调集体，这个社会是不可持续的。如果说传统经济财政学的起点是一个圆，那么它只有一个圆心，就是一切围绕个体，从个体出发来考虑圆心问题。而现代经济财政学起点应该是个椭圆，应当是围绕集体与个体这两个中心，从个体与集体的关系来认识这个社会。它既不能以个体来否定集体，也不能以集体来否定个体；既不能以个体的权利来否定集体的权利，也不能以集体的权利来否定个体的权利。

（四）现代经济财政学应基于行为主义分析公共风险的产生和治理机制

财政基本的职能是防范化解公共风险，这涉及公共风险的来源，从本质上来说，公共风险是内生的。社会的分工，知识的分工，个体不同层次之间的冲突，都会导致不确定性，从而导致形成

公共风险。要防范化解这种公共风险的结果就形成了公共产品。

从个体风险到公共风险的转化与市场有关，也与狭义的社会有关，比如市场出现危机可能引发公共风险，金融危机也会引发公共风险，而狭义的社会里讲的教育、医疗、贫富差距，与人们的生活密切相关联的各种各样的风险，生活中的各种风险，包括就业、养老，还有生态、环境等等，也可能转化成公共风险。所以，从个体的角度来看，这种风险的转换都是外部化造成的，即个体行为的外部化。经济中的个体行为外部化，社会行为中个体行为的外部化，都会转化成公共风险。整个经济、社会从整体来说，内生的不确定性极易扩大风险。因为产业的分工、社会的分工、知识的分工等所形成的相互依赖使这种风险从个体出发不断地传递，就变成了所有人的风险。最终，风险成为一种网状的状态，每一个人都是这个风险网上的一个点，任何一个点产生风险都会相互传递。

所有政府的行为，包括财政的行为，实际上都是为了防止公共风险的积聚扩散，这些行为有的通过法律、制度或道德来体现，即有的依靠的是显性的规则，有的依靠的是隐性的规则，目标都是实现对公共风险的有效治理。

第二章　从公共风险看社会财政学：观点述评及理论的重新审视

本章导读

财政学是一门具有交叉学科属性的综合社会科学，迄今的研究范式和研究视角也有多个维度，如经济财政学、社会财政学、政治财政学、法财政学等。其中，社会财政学是从整个社会的角度而来观察和研究财政现象，注重研究财政与整个社会内部各个子系统的相互关系，并在此基础上建立探求财政发展规律的学科门类。本章主要述评社会财政学的产生、发展、理论内核、研究范式及其缺陷，并从公共风险视角对其进行重新审视。我们认为，应该借鉴社会财政学合理理论内核，比如运用更宏大视野和历史观，注重社会视角，研究财政与国家、财政与社会的关系等等，更为重要的是从一个更综合学科的视角去看待，从国家作为共同体这个根基出发去研究，放在风险社会这个大背景下来观察，循着如何防范和化解公共风险，进而重新定位财政以及社会财政学。

一、引言

财政学，曾一度被认为是政治经济学的分支甚至是核心，且涉及的研究领域范围较为综合，从19世纪时期的财政学相关文献可以看出，包含有我们今天的很多学科领域，如经济学、政治学、社会学、公共管理学、历史学、法学、政策学等内容。20世纪之后，各个学科发展进行了分化，财政学逐渐成为一门“技术性”的学科，并将其理论建立在一些学科的既有理论之上，比如经济学、政治学和法学，而对于财政与社会经济结构之间的有机联系却较少关注或说是缺乏及忽视的。

在对财政学这种“技术化”研究范式进行批判，并试图恢复财政学的古典色彩的努力之中，葛德雪（Goldscheid）、熊彼特（Schumpeter）、帕累托（Pareto）、巴塔格和圣西尼等人开创了社会财政学[①]的“春天”，他们也因此被冠以社会财政学“创始人”“始祖”“之父”等称谓。葛德雪和熊彼特因为同在奥地利，所以称之为社会财政学的“奥地利传统”；帕累托、巴塔格和圣西尼等则被称为社会财政学的“意大利传统”。社会财政学在20世纪早期，尤其是二三十年代，在德语世界中曾繁荣一时，甚至被认为是能够与马克思主义、韦伯主义和斯宾塞主义相抗衡的社会科学研究思想体系。但随后其研究变得断断续续，也有人认为是在学术界消失了近40年，直到20世纪70年代，社会财政学研究才在美国又逐渐兴

① 也有研究称之为财政社会学。本书如无特殊说明，皆用社会财政学这一名称，以强调是以社会的视角研究财政学这一学科之意。

起。我国目前对于这一理论的研究则相对处于初级阶段。

二、社会财政学的源起与发展

（一）早期产生

在第一次世界大战中战败的奥匈帝国，进入了破产时刻，彼时的财政可谓是负债累累，为解决这样的现状，葛德雪在其1917年的著作《是国家社会主义还是国家资本主义》中，对当时的主流财政学提出了批评，认为其一直未能考察和解释国家与财政的关系，并对其技术化倾向进行了批判，提出建立社会财政学。他其后的著作《财政学与社会学》《经济社会化还是国家破产》等对此进行了系列的阐述。

葛德雪认为，过去所谓主流的财政学，以非现实的虚拟概念或观念为前提，没有进行严谨的社会学研究和分析，没有对财政与国家、财政与社会、财政与政治的关系进行准确阐释，更多的是一种为政治利益服务的“技术化”工具，换句话说，过去的财政学没有建立在以对社会科学的总体认识和准确把握的基础之上。

而社会财政学，以研究和阐释财政与社会以及社会各个子系统的相互关系为出发点，重点研究和考察财政应如何受到整个社会的节制，以及财政对社会发展应当具有何种节制机能的问题。葛德雪在其一系列的著作中，对国家与财政的关系进行了深刻阐释，他认为，共同体是产生于国家之前的，共同体能够升格成为国家的重要途径是基于财政需求，因此，财政也就成为历史上一切国家层面改革的核心议题。

（二）奠定地位

葛德雪因提出并定义了社会财政学而被称为社会财政学“始祖”，而进一步奠定社会财政学地位并将其发扬光大的是熊彼特。熊彼特彼时正在担任奥地利的财政大臣，利用这层身份，其本身也较容易推行财政改革，他也因为发表了著名的“税收国家的危机”这篇经典文献，被称为社会财政学“之父”。

他认为，分析社会的最佳出发点是社会财政学，特别是当现存体制开始崩溃、新体制开始产生时，对财政问题展开分析是认识社会最有效的方法。原因是在这种情况下，财政总是陷入危机。这种危机会蕴藏和表现在包括政治体系、经济体系和社会体系三大社会子系统的全过程之中，当社会陷入危机、人们普遍要求进行改革时，就不能把财政问题仅仅看作是财政的问题，而是要把它视为整个社会的大问题来对待和处理。在政治及经济体制发生重大变化的社会转型期，必然会发生某种严重的财政危机，对其进行分析是展开社会分析的最佳出发点。

熊彼特在对“国家”进行阐释时，是从“公共目的”的角度使其代表集体利益，以与“个人目的”相对，强调集团和利益对塑造国家行为的影响。他认为，社会财政学研究的核心是税收国家，因为税收有助于国家的诞生和发展。社会结构决定了税收的种类和水平。然而，“一旦税收成为事实，它就好像一柄把手，社会力量就可以握住它，从而成为变革社会结构的力量”。[①]

① Joseph A. Schumpeter, “The Crisis of the Tax State”, *International Economic Papers*, New York: Macmillan, 1958, p.4; pp.17–19.

（三）拓宽视野

与社会财政学的奥地利传统开创时间大致相同但研究着眼点和研究范式有所不同，意大利的经济学家对社会财政学的研究，是从均衡的角度（包括经济均衡和社会均衡），对公债和增税之间的“李嘉图等价”的确实性进行研究。帕累托从这个角度提出了著名的资源配置最优标准，即帕累托标准，同时也对财政学的发展做出了贡献。他认为，先讨论清楚财政决策与社会均衡之间的依存性，再讨论财政制度的影响。这种社会均衡包括社会本身以及与之相伴而生的经济、政治和行为平衡。以往的纯市场均衡理论只关注对市场这一单方力量的考察，但经济是否均衡、社会是否均衡，却要受到诸多非市场因素的影响，如财政参与再分配，就可以改变私人所有权和对资本的控制，从而导致与投资决策相对应的风险配置水平的改变。财政改变以及财政所处的环境的改变，都可能会改变财政收入、财政支出和公共债务之间的联系，孤立地考虑这些变量或因素都是失之偏颇的。

除上述学者之外，20世纪30年代之前，社会财政学较为知名的研究者还有耶希特（Horst Jecht）、兹尔坦（Herbert Sultan）。耶希特的社会财政学分析是建立在其主张对财政学进行分类研究的基础之上，他认为财政应该有两类，分别是传统财政和合理财政。真正意义上的赋税国家是在市场社会形成后才出现，而赋税国家的财政应被归于合理财政的范畴。在其“财政经济本质与形态”一文中，提出了“议会政治因税收而产生”的主张，进一步指出“赋税与近代国家之间的内在联系的思想，开始表现为近代国家的思想”[①]。

① 神野直彦：《财政学——财政现象的实体化分析》，南京大学出版社2012年版，第47页，第4页。

兹尔坦更是将社会财政学的研究领域进一步深化，在其《国家收入论》中提出了“所有的财政学，都应该是社会财政学”的主张。他认为，财政与政治、经济、社会具有高度的相关性，应当对财政现象中的政治社会因素高度关注。他主张摒弃“纯理论性财政学”，将“社会和政治参数”引进到财政学理论体系中，并分析了“后资本主义”过渡时期财政与整体社会之间的相互关系，可以说将社会财政学的研究领域和研究视野都大大拓宽了。

（四）再度复兴

然而，在20世纪二三十年代盛极一时的社会财政学，在二战之后迅速衰落，彼时最后出现在人们视野中的社会财政学著作是卡尔·曼索所著的《财政学理论与财政社会学》，也被称为社会财政学的“挽歌”。此后，社会财政学几乎无人再提起或研究，“销声匿迹”了几十年直到70年代之后才又重新出现。

20世纪70年代，社会财政学得以重生源于奥康纳和马斯格雷夫关于美国财政危机的辩论。二人将财政以“宏观视角和历史叙事”的方式进行研究，使得社会财政学迎来了新一轮“春天”，开启了再度“复兴”之路。在此之后，社会财政学开始作为一门“显学”，对国家形态、社会规则、政府预算和税收制度等领域进行社会视角的研究并展示出强劲的解释力。

社会财政学之所以在20世纪70年代及后期能够再度复兴，主要是源于以往财政学研究范式始于经济学范式，且强调技术化倾向，导致其研究视角较单一和狭窄，对现实的关注考察和解释力跟不上现实发展的需要。尤其是当面对发达国家的高福利、高债务、贫富差距、环境恶化，以及种族歧视等社会问题，仅靠传统财政学中的经济因素和解释变量，而不考虑政治和社会等影响因素，显然已经难以为继。社会财政学因其所强调的从政治、经济、制度和历史等方面来综合研究国家财政和收支行为，整体把握财政和财政的本质，将其进行一种历史性、综合性和全面性的统合分析，因此也更具有对现实社会的解释力。

奥康纳富有影响力的著作《国家的财政危机》从马克思主义的知识传统发展而来，他观察了非生产性社会支出，认为发达国家的税收体制设计，应将垄断资本从非生产性的国家支出中有效隔离。他主张削减非生产性社会支出，用一些社会主义的体制来代替发达资本主义。马斯格雷夫的《财政危机理论：财政社会学视角》，主要遵循了熊彼特的研究范式和分析方法，认为预算结构的不平衡导致了财政危机的总体趋势。其《财政理论与实践》一书中提出税收是现代民主制度兴起的先决条件，这个观点在一定意义上带有社会财政学倾向。

除上述学者之外，还有一些学者也都从不同的视角对社会财政学进行了研究和拓展。贝尔认为，社会财政学可以解释当今和未来社会规则的形成。巴克豪斯对社会财政学的产生、发展及其主要内容进行了系统阐述。瓦格纳将经济学中的一些原则和方法引入到社会财政学中进行研究。社会财政学者的研究大多集中于发达国家，莫尔则将其运用到了对发展中国家的研究之中，拓展了社会财政学的应用场景和范围。

此外，日本学者也对社会财政学的研究有所贡献，神野直彦的《财政学——财政现象的实体化分析》《体制改革的政治经济学》等著作，都是以社会财政学的方法和研究范式来解释财政现象。他认为，财政是以统合整个社会为目的的政治主体，处于经济现象和非经济现象的联结点上，如果只将财政学局限于经济学中进行研究，是短视的，也是致命的。另一位日本学者山下觉太郎，其在《财政社会学研究》中强调，或许只有社会财政学才是真正的财政学，它不是社会学的一个分支或财政学的增补部分，更不是财政学与社会学之间的边缘科学，而是具有自身独特的研究对象与研究方法，是一门独立的学科。可以说，对社会财政学赋予了相当高的学科地位。

三、社会财政学的理论内核及研究贡献

从学科发展史的角度来看，社会财政学之所以会在19世纪与20世纪之交出现，主要是与当时经济学的“纯粹化”和财政学的“技术化”倾向及其所引发的问题息息相关。从19世纪70年代开始，“边际革命”使经济学的主要关注点逐渐从过去的经济现象的社会基础转向了“如何在稀缺条件下在各个目标中做出选择”①，社会与文化或制度与历史的角度被排除在了主流经济学学科之外，从而实现了经济学的“纯粹化”。受此影响，原本作为政治经济学核心的财政学研究，也随即开始出现了“技术化”的倾向，逐渐演变成了一门技术性的学科，从而在认识上切断了财政与社会制度的有机联系。然而，日益“纯粹化”的经济学和“技术化”的财政学尽管在分析微观问题上具有很强的针对性，但在19世纪与20世纪之

① 刘志广：《新财政社会学研究》，上海人民出版社2012年版，第35页，第36—45页。

交那个全球政治经济和社会体系发生结构性变革的大时代，上述学科对于重大宏观问题既不能提供理论解释，也不能提供应对之策的弊病也日益凸显出来。由此，社会财政学应运而生。与主流经济学和财政学不同，社会财政学具有典型的综合性特征和历史学偏好，其理论内核及研究贡献可总结为以下几个方面。

（一）以“社会”视角构建财政学理论体系

从社会财政学的源起和发展脉络及研究逻辑来看，无论早期产生时期，还是繁荣时期，以及后来的再度复兴时期，其理论内核和研究方法研究范式主要是源自于葛德雪和熊彼特，这两位“始祖”和“之父”打破了主流财政学在经济学研究范式之下过于狭义的处境，以“社会”视角构建财政学理论体系，矫正和拓展了财政学的研究范式和研究领域，促进了相关理论内容和研究问题的深化。社会财政学的独特优势是，将财政因素引入对政治和社会现实问题的分析，强调了财政制度及其实践对于政治经济和社会变迁的决定性影响或关键性作用，这不仅具有方法意义，而且具有理论意义。

社会财政学将研究“触角”深入现实的社会生活，将社会公众的意愿诉求、承担赋税的能力，以及对企业家创业创新的保护等与社会相关的问题都纳入财政学的研究范畴。尤其是在发展后期，社会财政学已经不是仅局限于解释根植于社会的经济行为的学科，而是更为重视解释在不同的社会背景下，财政制度如何型构出不同的社会制度这样更为复杂但是更为接近现实的问题。发展到今天，社会财政学更是与经济学、政治学、历史学及法学等学科之间发生了或多或少的“融合”和“整合”，以“社会”的视角来解构社会转型、制度变迁、经济发展、政府和财政行为，并逐步形成了“新社会财政学”的解释框架体系。

（二）注重从国家与社会的关系赋予财政学新的解释力

社会财政学对国家与社会的关系研究与传统意义的研究有所不同，所得出的结论也更有创见性。财政社会学学者莫尔曾指出，财政社会学非常接近于一种宏大的历史叙述，一种观察和理解社会的方式，而不仅仅是一种理论。熊彼特也强调，要从财政角度来观察国家、国家的性质、国家的形式，以及国家的命运，并认为按照这样一个宏大的视野和思路，财政社会学从研究国家转型出发，来研究国家与社会关系的变化，对于在不同财政体制下国家的政治形态，以及不同的政治形态下国家在财政制度变迁中的社会变化，提供了更有深度的解释。从这个研究视角中，可以得出这样的逻辑，重新构建国家与社会的关系，是国家类型发生转型的必要条件，这最终也将导致社会结构的变化和国家政治制度的变迁。这也成为理解和分析国家形态、社会制度、政治制度三维关系的基础。

（三）强调财政史在研究中的重要地位

社会财政学重视和强调对财政史的研究，“始祖”葛德雪认为，只有正确掌握了财政学相关理论并通晓与之相应的财政历史，才能真正找到认识国家性质的“钥匙”。“之父”熊彼特也指出，通过对一个国家财政历史的研究，能使人们“洞悉社会存在和社会变化的规律，洞悉国家命运的推动力量，同时也能洞悉具体的条件，特别是组织形式发展和消失的方式……归根到底，一个民族的精神、文化水平、社会结构以及其政策所预备的行为等——所有这一切以及其他更多的东西都反映在它的财政史当中”。[①]“从国家财政入手的这种研究方法，在用于研究社会发展的转折点时，效果尤为显著……社会的转折点总是包含着原有的财政政策的危机”。[②]可见，社会财政学特别强调通过历史的方法来研究制度的变迁过程，以及经济、文化和社会生活等各个领域的现象。

（四）研究范式更体现出财政学综合属性特征

社会财政学所倡导或强调的宏大研究视角、历史性的研究视野和综合性的研究范式，赋予了它强大的解释力，使得其不局限于一些技术性细节性的研究领域，而是对很多重大问题尤其是关联性综合性问题的研究更为得心应手。譬如，社会财政学认为，现代社会的转型既不是单纯技术创新的结果，也不是市场化的结果，而是公共经济制度变迁的结果。这种研究视角和分析范式更彰显了综合的学科属性。

总之，社会财政学提倡从宏观、制度、历史和结构的角度分析问题，特别强调政治、经济、社会和历史等宏观因素的作用，提倡制度主义和历史主义的方法。近30年来，经过该领域诸多学者的不懈努力，新时期的社会财政学理论及其方法日渐成型，即以国家与社会的关系作为基本框架，以比较历史作为基本研究方法，以“各种社会变量如何通过互动作用影响财政现象”和“财政现象如何影响社会其他领域”这两大类问题作为基本内容，综合地考察财

① Jeseph A. Schumpeter, "Crisis of the Tax State: An Essay in Fiscal Sociology.", *Journal of Evolutionary Economics*, 1992, p.2; pp.89–113.

② Joseph A. Schumpeter, "The Crisis of the Tax State", *International Economic Papers*, New York: Macmillan, 1958, p.4; pp.17–19.

政制度与经济变迁、政治发展和社会结构变革的复杂关系。社会财政学对传统财政学偏经济学的研究范式和重技术化的研究方法进行了批判，力图将财政学建成包含研究经济、政治、社会多领域的综合性学科，这是其自诞生之日起几代财政社会学人一直在为之努力的方向，并日益朝着更能体现财政学综合学科属性之路在不断前行。

四、社会财政学在中国的研究与发展

总的来说，社会财政学所具有的宽视域研究范式和不唯技术化的分析方法，为财政学研究开辟了一个新方向和新范式。我国也已经有不少学者在关注和研究这个新方向新范式，并将其与中国的财政制度研究相对照。但相对而言，我国在这方面的研究还刚刚起步，主要是在借鉴西方财政社会学与中国相关财政改革的实践中结合开展研究。

一是结合社会财政学对国家形态与国家构建的分析。王绍光、马骏的研究《走向“预算国家”财政转型与国家建设》指出，随着中国从自产国家走向税收国家的转型，国家与社会关系开始被重构，纳税人意识的成长和财政民主观念的形成要求国家治理予以回应。刘守刚在“财政类型与现代国家构建——一项基于文献的研究”一文中，围绕财政类型对现代国家构建的影响进行探讨，并进而对财政转型在国家转型中的作用展开研究，他认为，财政转型与国家转型是紧密相连的。李炜光的“从维克塞尔到布坎南：公共财政理论的蹊径演进”“财政社会学源流与我国当代财政学的发展”

先后对财政社会学进行了研究，他认为，“财政社会学从对国家与社会关系的研究得出了与传统财政学不同的解释和结论。作为一门融合了多学科的大学科，财政社会学具有广阔发展前景。中国更需要财政社会学。因为中国的社会转型更具有复杂性，并与西方社会的制度演进路径迥然不同，或许财政社会学的复兴之地正是在中国”[①]。

二是结合社会财政学对财政制度与国家兴衰的关系进行研究。刘志广探讨了中国社会经济转型的实质以及现代国家构建等问题，试图以财政制度、分工与经济增长之间的内在逻辑为基础构建财政社会学的理论框架。他认为，国家兴衰应该成为社会财政学最重要的研究议题甚至是主题，他在“财政社会学研究述评”中，对西方财政社会学的源起和发展历程，以及观点主张和研究方法进行了梳理和综述。他的另一篇“财政社会学视野下的财政制度变迁与社会经济转型——兼论20世纪末社会经济转型的实质及其发展趋势”认为，“社会经济转型是财政压力下财政制度变迁及产权结构调整的必然结果。20世纪末的经济社会转型是原计划经济国家的财政制度从利润型财政制度向税收型财政制度变迁所导致的”。[②]其后，他又在“中国改革顶层设计的具体指向、着眼点与主要任务——基于财政社会学的研究”中，认为“中国改革应以公共财政制度建设作为改革顶层设计的具体指向，并将提升现代国家能力作为改革顶层

① 李炜光、任晓兰：“财政社会学源流与我国当代财政学的发展”，《财政研究》，2013年第7期，第36页。

② 刘志广：“财政社会学视野下的财政制度变迁与社会经济转型——兼论20世纪末社会经济转型的实质及其发展趋势”，《经济与管理研究》，2007年第2期，第27页。

设计的着眼点”。[①]

三是结合社会税收学与国家治理的研究。史锦华在其“基于财政社会学中“中国困惑”的深度思考——兼论中国财政学的构建”一文中认为，“财政社会学强调‘税收讨价还价—政治民主模式’的政治价值取向，并由此将税收国家与政治民主相对应。面对这种制度变迁路径下所产生的‘中国困惑’，财政社会学提出税收制度改革和‘国退民进’的解决方案。在构建中国财政学理论框架的过程中，有必要借鉴财政社会学的研究范式”。[②]

四是从财政制度社会治理功能角度进行研究。这突出表现在党的十八届三中全会召开之后，学者们认识到以往对财政与社会治理关系的研究不足，并对财税制度的社会功能予以了倚重。吕冰洋提出了财政社会治理的“两功能说”，认为“财政应该在传统的经济治理目标之外更多地考虑社会治理问题”。[③]尹音频提出了财政治理“三功能说”理论，认为“从社会经济学的角度考察，公共财政具有社会利益协调功能、社会提高功能、社会保护功能等三个社会职能。随着中国经济改革的推进与更深层地融入经济全球化，必须强化国家对社会矛盾的处理与调控能力。通过构建财税社会政策体系，充分发挥公共财政的社会职能，协调社会利益，维护社会稳定，促进社会提高与发展，全面建设小康社会”。[④]

① 刘志广：“中国改革顶层设计的具体指向、着眼点与主要任务——基于财政社会学的研究”，《上海行政学院学报》，2014年第5期，第90页。

② 史锦华：“基于财政社会学中‘中国困惑’的深度思考——兼论中国财政学的构建”，《地方财政研究》，2016年第3期，第45页。

③ 吕冰洋：“大国财政与社会治理”，《财政监督》，2015年第10期，第8页。

④ 尹音频：“公共财政的社会职能探讨”，《云南财贸学院学报》，2004年第20卷第5期，第75页。

综上所述，国内不少学者在借鉴社会财政学进行研究的过程中，已经跳出了单一的经济学研究、政治学研究和法学研究视角，注重结合社会财政学理论解释财政对于国家构建和社会变迁的影响，并已尝试与中国改革实践相结合，这是对社会财政学的有益探索。

五、从公共风险视角下重新审视社会财政学

通过上面的文献研究，我们不难发现，国外的大多数学者，无论是奥地利的学者们还是意大利的学者们，都是以各自一个领域的不同视角来看待社会财政学。比如葛德雪通过建立在二元阶级的基础上进行社会财政学的分析，而熊彼特则是更多地从税收学和政治学的角度研究社会财政学，帕累托则是对财政决策与社会均衡之间的相互依存性进行检验，耶希特则是通过合理赋税的角度进行阐述等等。通过梳理这些社会财政学的理论知识，我们会发现，传统学者研究财政问题，往往是基于自身的学派和单一的学科视角对财政就行阐述和研究，或者拘泥于国家税收，或者拘泥于阶级民主，或者拘泥于效率等等。这些研究的角度都很有代表性，但是不够综合。国内学者基本还处于对国外社会财政学的引入分析阶段。

因此，新时期我们研究和重新审视社会财政学，应当借鉴其已有的合理理论内核，比如运用更宏大视野和历史观，注重社会视角，研究财政与国家、财政与社会的关系等。更为重要的是从一个更综合学科视角去看待，从社会共同体这个根基出发去审视，放在风险社会这个大背景下来研究，循着如何防范和化解社会共同体的

公共风险，进而重新定位财政以及社会财政学。尤其是随着各种矛盾的日益凸显以及各类规则的调整重构，人类社会进入了一个风险社会，其基本特征是基于高度不确定性的网络化与风险的公共化。如果按照传统的实体思维，很难准确识别和有效应对各类风险，也难以充分发挥财政对冲公共风险的职能。党的十八届三中全会提出“财政是国家治理的基础和重要支柱”，为新时代财政职能赋予了新的丰富内涵。立足新发展阶段，我们必须跳出财政看财政，进一步增强整体观念，基于不确定性的风险社会背景来考虑财政政策的转型与变革。具体来说，应注重从世界经济全局和人类社会整体的角度，基于人的现代化来统筹推进财政政策改革。

（一）人类社会已进入“风险社会”

20世纪八九十年代，德国社会科学家贝克就提出了“风险社会”的概念，用以描述后工业社会的巨大变迁，并描述了风险社会的两个突出特征：一是具有不断扩散的人为不确定性逻辑；二是导致了现有社会结构、制度以及关系向更加复杂、偶然和分裂状态转变。经过近几十年的发展，风险社会的特征更为多元，至少包括多样性、关联性、不确定性和难以预测性、阶级性和全球性。不管是否承认与接受，这都是一个无可回避的事实，人类社会已经进入了这样一个新的阶段，即风险社会。人类尚处于农业社会时，所面临的风险主要是各种无法预料的自然灾害风险，这一类风险往往人们无能为力，更多的是“听天由命”。到了工业社会，这时的风险主要是内生风险，这种内生风险是因为有了产业、劳动等的分工而使得人们之间成为了一种相互依存的关系。到了后工业社会，即信息社会，其实就是风险社会，因为不确定性在各种技术进步、劳动分工以及财富虚拟化的过程中扩大化了，这个过程也是一个人类发展“自组织”的过程，这些都成为构成风险的要素，在这个自组织的过程中，不确定性越来越大，个体之间互为“风险源”，自我迭代，快速扩散。可见，对社会财政学的研究，应从这样一个风险社会的背景下来进行。

（二）风险社会的基本特征

风险社会的基本特征是基于高度不确定性的网络化与风险的公共化。具体而言，其特征主要表现在以下四个方面：

一是规则“破”的速度快于“立”的速度。一般而言，我们是靠各种规则来构建确定性。然而，越来越多的风险逐渐由个体风险转为网络化、公共化，其深层次原因在于风险社会下各种确定性的规则变得不相适应而被迅速打破，既有的规则边际失效，而新规则体系尚未形成，也就是规则“破”的速度快于“立”的速度，就会出现不确定性。如新型就业形态，在工作时间、工作场所和工作内容上，打破了传统就业形态下的物理时空限制和固定的工作内容，导致传统的劳动法规已难以适用。

二是实体逻辑在虚拟空间被打破。传统经济运行模式都是实体化的，机构是实体化的，人员是在场的，产品和价值都是当下的，存在于实体的物理时间空间当中。然而，随着实体与虚拟的加速融合，传统经济运行的实体逻辑已经被打破，而是按照一种新的逻辑在虚拟空间中运行。譬如，以互联网、大数据和云计算为基础的系统集成为交易搭建了虚拟的数字平台，这就打破了传统交易对时间和空间的限制，供给与需求之间的匹配超越了实体的时空，原来需要实体机构的销售活动可以转移到虚拟空间进行，这就是经济运行模式的虚拟化。尤其是经济的金融化、财富的金融化和定价的风险化，基于实体逻辑的经济理论也变得难以解释现实和指导实践，如负利率、负价格。存在于实体时空中的经济是有界的，但存在于虚拟时空中的经济是无界的。这为风险传播提供了新的条件。

三是监管跟不上创新。在风险社会的高度不确定性下，政府的监管分寸不易拿捏，若不加强监管，可能引发无序发展，导致风险的产生，但如果强化监管，又有可能抑制创新，给未来带来更大的风险。监管力度一旦把握不好，监管模式与力度不能和创新相协调，就可能导致要么眼前风险扩大，要么未来风险扩大，容易陷入一种风险困境。

四是政策既对冲风险，也可能制造风险。政策出台的目的是对冲风险，但在这一过程中，也可能制造新的风险。比如保市场主体的相关政策，如果拿捏不好度，就可能冲减市场在资源配置中的决定性作用，导致市场优胜劣汰功能无法实现。所以，政策既有可能对冲风险，也有可能制造风险，这也是风险社会的基本特征之一。

（三）风险与社会“相伴而生”

现代社会已经进入风险社会，无论是作为个人，还是企业，还是政府及政府中的每个部门，风险无处不在、无时不有。当前我们面临着几大风险挑战，如逆全球化风险、经济风险、社会风险和生态环境风险。其中，社会风险主要表现为在社会领域中的各种分配不公、贫富差距、同工不同酬、同城不同待、机会不均等，等等，这在社会学中被称为“社会排斥”。这些都需要我们用公共风险思维结合社会发展去解释和解决。

一是风险全球化。在信息时代，互联网、智能手机等新媒体的广泛应用导致风险一旦产生，便会以前所未有的速度在全球扩散，并在传播过程中被不断放大。因此，风险的网络化和公共化使得风险可以超越国界交叉蔓延，甚至引发全球风险，换句话说，风险社会就意味着风险的全球化，2008年美国金融危机就是一个很好的案例。

二是风险公共化、宏观化、长期化。传统理论与实践更多关注市场风险、微观风险、局部风险。但现在这些风险越来越公共化、宏观化、长期化，形成了公共风险。世界本来就是不确定的，且既定的规则在迅速地被打破，而新的规则又难以快速构建起来，所以宏观确定性也在不断下降。风险社会既体现在微观，也体现在宏观，既体现在眼前，也体现在长远。

三是风险无界、无形、无感。风险无处不在，但又很难讲清具体在哪里、是什么。换句话说，风险已经超出实体的逻辑，它不是真与假的问题，也不是是与非的问题。譬如金融领域出现风险，会迅速蔓延到财政领域，乃至扩散到整个社会。在风险社会中，财政承受的压力越来越大，越来越被动，因此更需要提高对风险的分析判断能力。

四是重构政府与市场、政府与社会、中央与地方关系。政府与市场关系，目前还是按照传统实体思维与划界思维来简单区分，这在风险社会中其实有待商榷。比如传统经济学认为竞争性领域是财政禁区，财政进入竞争性领域，可能干扰市场公平竞争。而按照风险社会的逻辑，判定财政支出正当性的唯一标准，不是公共领域和市场领域，也不是竞争领域和非竞争领域，而是看是否产生了公共风险。政府与市场的关系，应该是基于规则的行为合作，就像左右手一样，基于各自功能，按照既定的规则去协同一致、形成合力。

政府与社会的关系、中央与地方的关系也是如此，并没有固定边界，因此需要破除划界思维。

五是融合公平与效率。从经济学角度来看，公平与效率是有冲突的，但如果从整个社会来看，公平与效率并不矛盾。关键是如何站在更宽广的视野、更大的格局上来看待财政或经济问题，这恰恰是财政应当具备的思维。公平与效率融合其实是可以通过财政实现的。财政就像一根扁担，一头挑着效率，一头挑着公平，扁担不偏不倚，社会才能健康发展。

六是协同人与物的发展关系。我国发展过程中有三个层次的现代化，首先是物的现代化，即解放发展生产力；之后是国家治理的现代化，本质是制度的现代化；现在实际上转为以人为核心的现代化。尽管物质的现代化、制度的现代化也在推进，但二者均应围绕人的现代化展开。人的发展离不开物的发展，但物的发展又不等同于人的发展，这就涉及人的发展与物的发展之间的关系如何协同。比如现实工作中财政如何合理安排资金，如何优化支出结构，怎么让资金、转移支付跟着人走，这都属于人与物的协同问题，这也是风险社会带来的挑战。

（四）财政是防范化解社会共同体公共风险的制度安排

一个社会之所以不仅能生存，而且还能不断发展，其关键就在于社会制度结构或者也可称之为社会治理结构。而一定的制度结构，需要有能够与之相对应的对冲公共风险的机制或能力。社会的发展需要通过其制度结构和治理结构，削减或化解公共风险所造成的阻力而实现。社会的制度结构是一个系统，由多种制度组合而成。各种制度从不同的层面来防范和化解公共风险，起着保护社会稳定和发展的作用。在整个制度结构和治理结构中，财政是防范公共风险的最后一道防线，即最后兜底或称之为最终承担者。财政改革的目的就是应对各种不确定性，化解公共风险。可以说，社会之所以称之为社会，财政是纽带。财政以集体行动的方式，通过动员、集中和使用全社会的资源，调整不同社会阶层、社会群体的利益关系，以应对包括政治风险、经济风险和社会风险等在内公共风险的社会机制。这种机制往往隐含于整个社会体系当中，并决定着整个社会的运行和发展状况。我们须从广义的社会层面来理解财政更为一般、更为本质的内涵和特征。

一是树立整体观。财政看问题要有全局视野，不只是财政的收支，不能局限于做一个“账房先生”，否则就不能充分发挥其作为国家治理基础的木桶“底板”作用。财政是经济社会风险的最后一道防线，所以要跳出财政看财政，不能有自己“一亩三分地”的观念。防范化解公共风险的过程中要有全局意识，从整体上考虑问题。

二是构建确定性。财政要改革，制度要创新，都应基于公共风险导向，有什么样的公共风险，就要进行怎么样的改革，以此对冲公共风险，构建新的确定性。以预算编制为例，哪个领域的公共风险大，预算就应向哪方面倾斜，比如新冠疫情肆虐时，资金迅速向疫情防控方面倾斜，实际上就是公共风险导向；从公共风险角度进行绩效评价也是如此，如果能够有效对冲风险，那么绩效就会显著。财政作为国家治理的基础和重要支柱，就应该通过收支调节去对冲风险，给整个社会注入更大的确定性，才能让公共风险最小化。

三是以风险对冲风险。制定财政政策，目的是对冲风险，实际上是以财政风险作为一种工具去对冲公共风险，比如疫情的风险、外部的风险。因此，风险社会中政策的制定、调整，最基本的原理就是权衡风险，然后对风险进行排序，将首要风险摆在最重要的位置，最终在整个社会形成动态的“风险地图”，并根据风险地图去调整财政政策。

四是做好公共风险、财政风险的综合权衡。公共风险是以社会共同体为主体的风险，属于整体性风险；而财政风险是以政府为主体的风险。政府作为公共主体承担公共责任，所以对公共风险负有兜底责任。因此，在财政政策制定过程中，需要综合权衡，并根据风险状况实时调整变化。公共风险扩大了，就需要增大财政风险以对冲公共风险；公共风险下降，财政风险自然也应该控制在合理区间。

（五）新时代财政如何防范化解社会共同体公共风险

历史上，财政作为连接社会的纽带，通过动员、集中和使用全社会资源，调整各个时期不同社会阶层群体的利益关系，以财政变革推动社会变迁，从而实现社会共同利益最大化，公共风险最小化。在新时代，财政的新使命是解决经济社会发展中不平衡、不充分的问题，其实就是解决新时代社会共同体面临的公共风险。

一是要把财政制度和政策制定嵌入到整个世界来认识。要跳出一国一域，放眼全球，结合世界经济财政形势来整体分析研判，制定财政制度和政策。

二是要把财政制度和政策制定嵌入到社会整体来分析。要树立整体观念，不能就经济论经济，要“跳出财政看财政”，将财政工作放到经济社会运行的全过程来整体分析，才能形成全局视野。

三是基于人的现代化来制定和完善财政制度与财政政策。财政制度与政策的制定完善、资金的转移支付、公共服务的机制建设等，都要“跟着人走”。当前是一个动态社会，也是一个人口、家庭大量迁徙的社会，在这一条件下，制定财政政策一定要考虑人口的分布变化。也就是说，财政政策既是经济政策，也是社会政策。这些问题只有基于社会体系的层面，才能认识得更加清晰深刻，这也恰恰是财政应该解决的问题。

第三章　从公共风险看政治财政学：研究主线、基本问题及趋向发展

本章导读

由于财政事关公共风险的防范和化解、公共资源汲取和使用，涉及个体利益、群体利益和公共利益等诸多利益的分配和调节，财政必然要以国家权力为支撑，天然带有“政治”特质。从财政的政治属性出发，逐渐产生了“政治财政学”。本章在梳理政治财政学产生和发展脉络的基础上，提出国家所有权力当中，支配财政资源的权力是核心的和实质的权力，政治财政学研究以财政权力和利益分配作为研究主线。本文分析了财政的政治道德基础、征税权的性质和边界、财政权的规范与制约等政治财政学的基本问题。同时，提出亟需从公共风险视角，重新思考并深入研究政治财政学的基本范畴、研究方法和基本问题，构建适合风险社会需要、符合我国制度特点的政治财政学体系。

财政具备政治、经济、社会等多种属性，因此，在财政理论的研究上，从不同的属性出发，与相关领域的学科研究相结合，形成了具有交叉学科属性的财政理论。政治财政学是起源于西方政治学

研究的一门新兴边缘学科。在“财政是国家治理的基础和重要支柱”的论断下，需要从公共风险视角，围绕财权，以政治分析为主要分析框架，以国家财政活动的制度框架和政治过程为着眼点和切入点，构建政治财政学的基本理论体系。

一、引言

国家的一切行为，必然需要财政提供支撑，并在财政中得到反映。财政通过公共资源的汲取和使用，协调个体需要、群体需要和社会公共需要之间的矛盾，成为防范和化解公共风险的基本机制。由于事关公共风险的防范和化解、公共资源汲取和使用，涉及个体利益、群体利益和公共利益等诸多利益的分配和调节，财政必然要以国家权力为支撑，天然带有“政治”特质。马克思不仅做出“国家存在的经济体现就是捐税①”的论断，而且在《哥达纲领批判》中明确指出：“赋税是政府机器的经济的基础，而不是其他任何东西的经济的基础”。②毛泽东也曾指出：“国家的预算是一个重大的问题，里面反映着整个国家的政策，因为它规定政府活动的范围和方向。③”

从财政的政治属性出发，一些学者从政治学和经济学结合的视角研究财政问题，逐渐出现了“政治财政学”，尤其是在西方理论界得到较为迅速的发展，形成了较为丰富的理论，日益引起人们的

① 《马克思恩格斯全集》第4卷，人民出版社1995年版，第342页。
② 《马克思恩格斯选集》第3卷，人民出版社1995年版，第22页。
③ 《毛泽东文集》第6卷，人民出版社1999年版，第24页。

关注，并在实践中取得了积极成果，推动了一些国家财政改革和实践的发展。近些年来，我国学者也开始关注政治财政学的研究，并且做出了积极探索。但我国的政治财政学研究相对薄弱，一些成果相对零散、不系统，更多的是针对某个问题的讨论，在研究方法和研究对象等诸多方面，缺乏较为深入的探讨，更没有形成系统的理论体系。

推进国家治理体系和治理能力的现代化，对政府治理提出了新的更高层次的要求。一个有效的行政运行机制和防腐机制，就是要把权力关进财政制度这个最重要的笼子。如果权力不能关进财政制度的笼子，不能有效约束公权，那么政府治理就不可能有效。当今社会是一个风险社会，国家治理的现代化，就是公共风险的最小化。为此，从公共风险视角出发，加快研究政治财政理论，构建符合我国制度特点的政治财政学，具有重要而紧迫的理论意义和现实价值。

二、政治财政学产生和发展的脉络

由于财政活动天生具有政治特质，因此，基于政治视角研究财政理论，尤其是对于征税权和预算权的研究，本质上属于对核心公共权力的研究。虽然财政学发轫和脱胎于"政治经济学"，并随着政治经济学的发展而发展，直至逐渐成为一门独立的学科，但在财政理论研究的初始，就注入了"政治"的因子。

1662年，威廉·配第出版了涉及财政问题的第一本专著——《赋税论》，主要讨论公共支出和税收问题。此后，他于1672年出版了《政治算术》和《爱尔兰的政治解剖》，讨论财政问题，进一步发挥了其在《赋税论》中的思想。其中，《政治算术》被马克思称为“政治经济学作为一门独立科学分离出来的最初形式”[①]。1767年，詹姆斯·斯图亚特出版了《政治经济学原理研究》，并将财政问题纳入政治经济学的分析框架。可以说，在政治经济学理论框架构建之初，财政就是其重要的研究内容。1776年，亚当·斯密出版了《国富论》。该书的出版，在第五篇“论君主和国家的收入”和“关于司法、警察、岁入和军备”中，第一次将财政理论作为经济理论的一个部分加以系统归纳，为财政奠定了理论基石，这标志着财政学作为一门独立学科的创立。

需要强调的是，虽然财政学发轫和脱胎于政治经济学，但思考财政问题的并非只是政治经济学家，一些思想家、学者从政治视角研究和评论财政问题。例如，法国著名的启蒙思想家孟德斯鸠在其1748年的《论法的精神》一书中，强调了财政与政治的关系问题，提出赋税与政治体制密切相关，并间接分析了赋税权的性质问题。

注重财政的政治分析，则是德国财政理论研究的一个传统。17和18世纪的官方学派，在财政研究中注入了更多的政治因素，将财政视为公共事务的重要组成部分。例如，其代表人物尤斯蒂提出“国家的目的在于求得共同福利”，并认为国家和财政联系在一起，财政不是纯经济理论，而是专制君主政治实践的行政技术理论。19世纪的德国历史学派认为，国家是财政的主体问题，围绕国家分析财政。其代表人物史泰因认为财政学是一门政治学说，“税收是公共财政学科和公共财政学科的连接点。每一学科都以另一学科为存

① 《马克思恩格斯全集》第13卷，人民出版社1962年版，第43页。

在条件，且二者都是国家理论的一部分。”[①]历史学派的另一代表人物瓦格纳认为，“财政是独立于私人经济的活动，就国家职能是一个强制性的集体经济来说，与其说是属于一般的经济理论，不如说是属于政治理论和公共管理理论，即财政学应该属于政治学的”。[②]

政治视角下的财政学路径，最初主要是体现在税收层面，后来逐渐在财政支出方面体现出来，尤其是体现在公共产品理论中的政治程序分析上。19世纪80年代，奥意财政学者潘塔莱奥尼、马佐拉、马尔科、萨克斯等人首先将边际效用理论运用到财政领域，提出了较为系统的公共产品理论。潘塔莱奥尼在1883年发表的《公共支出分配理论》中认为，公共支出的分配标准取决于不同公共支出项目的边际效用比较。

此后，财政学者对于公共产品理论的研究，基本上遵循了两条线索：一条是对效率问题的分析，另一条是对政治程序的探讨。在效率研究方面，林达尔在马歇尔价值论和局部均衡分析的基础上，对公共产品最佳供应的效率解问题进行了研究。萨缪尔森在其“公共支出纯论”和“公共支出论图解”两篇论文中，用一般均衡方法分析了公共产品最佳供给问题，对林达尔模型作了发展和完善，建立了单个公共产品的供给模型，即萨缪尔森模型。马斯格雷夫、蒂布特、科斯等学者进一步推动了公共产品理论的发展，使财政理论研究的范围、方法不断变化，形成了以公共产品为核心的一套概念体系。在政治程序研究方面，最初将政治程序引入公共产品研究的是瑞典学派的维克塞尔。他将对财政支出的分析与对税收的分析结

① 张馨、杨志勇等：《当代财政与财政学主流》，东北财经大学出版社2000年版，第49页。

② 同上书，第14页。

合起来，并将财政决策视为政治、集体的选择过程，提出了以“近似一致原则”来确定由预算支出和税收份额组成的选择方案。布坎南进一步发展了这种研究思路，将公共选择理论用于公共支出和公共收入问题的分析，修正并规范了财政学的范围，扩大了财政实证分析的领域。

政治财政学真正的发展，或者说作为一门学科的兴起，则是要起源于20世纪美国的“政治预算学”。阿伦·威尔达夫斯基是西方社会公认的在政府财政和预算问题研究方面的专家，可以称之为政治预算学的创始人。他所撰写的《预算过程中的政治》《预算过程中的新政治学》《预算与治理》以及《预算：比较理论》等著作，围绕预算政治过程、预算权力归属等预算政治问题，分析了财政与政治之间的本质联系，强调预算是权力的体现，提出了“如果你不能制定预算，你怎能治理”的论断。1964年，阿伦·威尔达夫斯基《预算过程中的政治学》一书的出版，标志着政治预算学研究的开端。“以此书的发表为标志，美国公共预算研究进入了理论建构的时期，公共预算研究越来越成为政治学和公共行政学中一个十分重要的研究领域。”①以詹姆斯·布坎南获得诺贝尔经济学奖和维尔达夫斯基开创政治预算学领域为标志，政治财政学在核心问题、分析框架、研究方法和学科平台等方面获得广泛认同和长足发展，从而成为财政学与政治学相互交叉的一个新的学科方向。

随后的几十年间，在阿伦·威尔达夫斯基、爱伦·鲁宾、爱

① 爱伦·鲁宾：《公共预算中的政治：收入与支出，借贷与平衡》，中国人民大学出版社2001年版，第1页。

伦·希克、罗伯特·李、罗纳德·约翰逊、内奥米·凯顿、乔纳森·卡恩、玛格利特·利瓦伊等众多学者的努力下，作为“政治与经济领域中极为复杂的一个分支”①，政治预算学研究取得了长足的进展，其中出现了一系列的著作。例如，罗伯特·李等人的《公共预算系统》，爱德华·费茨帕特雷克的《民主制下的预算对预算的新视野》，霍沃德·舒曼的《预算与政治总统与国会间的斗争》，爱伦·鲁宾的《公共预算中的政治》，海德的《政府预算理论、过程与政治》，乔纳森·卡恩的《预算民主：美国的国家建设和公民权（1890—1928）》，伊普利托的《预算和国家政治》，丹尼尔·帕拉索罗的《议长与预算》，杰克·瑞宾和托马斯·林奇的《国家预算与财政管理》，温德等主编的《国会预算政治、过程和权力》，以及杰斯玛恩·费里尔的《庄家转换国会、预算和赤字》等。

同时，美国公认的研究国会问题的专家理查德·芬诺等学者，对议会财政权的专题性进行了研究，出版了《国家钱袋：美国国会与拨款政治》和《委员会中的议员》，从委员会机制和拨款过程等方面研究议会的财政权力，对政治财政学的形成和发展起到了重要的推动作用。

我国对政治财政学的研究起步较晚，但近些年来发展较为迅速。有的学者从整体层面来研究政治财政学的研究对象、研究内容等。例如，刘守刚、刘雪梅认为，“财政政治学是财政研究的重要组成部分，在学科属性上可归为政治学。在当前，政治财政学研究至少可发展财政运行政治学和财政转型政治学两个分支。财政政治

① 罗伯特·D. 李、罗纳德·约翰逊：《公共预算系统》（第6版），清华大学出版社2002年版，第25页。

学的内容，就是从财政的收支与管理活动中，考察其中的权力来源、权力目标、权力配置与权力运行等多个方面，这涉及财政权力的合法性、公共性、规范性与有效性等多个方面”[①]。靳继东认为，“财政政治学的根本目标是服务于国家或区域社会经济发展对财政体制和财政政策的重大需求，以政治学、经济学交叉研究为本质特征，以国家财政活动的制度框架和政治过程为着眼点和切入点，主要研究预算政治过程、政府间财政关系和财政民主法治等实践和理论问题”[②]。

近些年来，一些学者从预算角度来研究财政与政治的关系，并取得了一些成果。例如，马骏、於莉认为，“预算过程与政治过程之间的关系是非常紧密的。实际上，在很大程度上，预算过程可以看成是政治过程的核心”[③]。谢庆奎、单继友认为，“公共预算既有技术属性的一面，亦有政治属性的一面，在本质上，公共预算是利益之权威分配的政治过程。这一政治过程主要具有三层内涵：从流程来看，公共预算构成政府过程与职能实现的首要环节；从内涵来看，公共预算是民主法治的过程；从利益分配来看，公共预算的核心是利益之权威性分配”[④]。

总的来说，我国的政治财政学还处于起步阶段，研究成果多是

① 刘守刚、刘雪梅：“财政研究的政治学路径探索”，《江苏教育学院学报（社会科学）》，2010年第3期，第68页。

② 靳继东：“财政政治学的缘起、发展与问题”，《中国管理信息化》，2015年第8期，第172页。

③ 马骏、於莉：“公共预算研究：中国政治学和公共行政学亟待加强的研究领域”，《政治学研究》，2005年第2期，第110页。

④ 谢庆奎、单继友：“公共预算的本质：政治过程”，《天津社会科学》，2009年第1期，第56页。

以概念化成果为主，并没有一个系统的政治财政学理论体系，对相关的研究方法、研究内容等基本问题的研究也远未成熟。

三、政治财政学研究的主线及基本假设

在国家所有权力当中，支配财政资源的权力是核心的和实质的权力。政治财政学研究以财政权力和利益分配作为研究主线，主要研究财政的政治道德基础、征税权的性质和边界、财政权的规范与制约等方面。

（一）政治财政学研究的主线：财政权力和利益分配

在当今时代，“国家”是人们非常熟知和使用的一个概念，但对“国家”这一概念的界定，却有很大的分歧。19世纪法国的政治经济学家巴斯夏曾言：“我希望有人愿意提供一笔大奖，不是可怜的500法郎，而是100万法郎，还有十字勋章、花冠、绶带，等等，只要谁能对一个词——国家——给出一个准确、简单而又能够理解的定义，他就可以获得这笔大奖。”列宁在“论国家”中也指出，国家问题是一个最复杂最难弄清楚的问题。在对国家概念不同分析的基础上，衍生出诸多国家学说，但不论源于何种国家学说，权力总是其中的核心问题，国家与权力密切相连、不可分割。

权力是维持一个国家运行的不可或缺的工具。然而，权力总是被人掌握和运用的，如果没有约束，极易产生权力的滥用。法国启蒙思想家孟德斯鸠在其《论法的精神》一书中认为，“一切有权力的人都容易滥用权力，这是万古不易的一条经验。有权力的人们使

用权力一直到遇有界限的地方才休止。……从事物的本质来说，要防止滥用权力，就必须以权力约束权力”。[①]基于限制权力和防止其滥用的需要，产生了分权与制衡理论。

早在亚里士多德的《政治学》一书中就产生了分权思想。亚里士多德将国家权力分为三部分，“一切政体都有三个要素，作为构成的基础，一个优良的立法家在创制时必须考虑到每一要素，这样才能适合于其所构成的政体。倘使三个要素（部分）都有良好的组织，整个政体也将是一个健全的机构。……三者之一为有关城邦一般公务的议事机能（部分）；其二为行政机能部分……；其三为审判（司法）机能”。[②]古罗马哲学家波利比阿在分析希腊、罗马兴衰原因的基础上，提出了权力制衡思想，并认为罗马之所以强盛，是因为其权力体系中的执政官、元老院和人民大会等三种权力相互制衡，“得到精确调整并处于恰好平衡的状态”[③]。后来，洛克和孟德斯鸠等人提出了各自的思想，对分权与制衡理论的发展影响较大。洛克在批判“君权神授论”时，提出了“不可转让的人的自然权力”的观点。他提出以分权来防止人们的权利受到侵害，并将国家权力分为立法权、执行权和对外权，其中“立法权，不论属于一个人或较多的人，不论经常或定期存在，是每一个国家中的最高权力”[④]。孟德斯鸠提出了著名的“三权分立”学说。他将国家权力分为立法权、行政权和司法权，并指出三权必须分立、相互制约。“当立法权和行政权集中在同一个人或同一个机关手中，自由便不复存

① 孟德斯鸠：《论法的精神》（上册），商务印书馆1961年版，第154页。
② 亚里士多德著：《政治学》，商务印书馆1965年版，第214—215页。
③ 乔治·霍兰·萨拜因：《政治学说史》（上册），商务印书馆1986年版，第193页
④ 洛克：《政府论》下篇，商务印书馆1964年版，第83页。

在，因为人们将要害怕这个国王或者议会制定并暴虐地执行这些法律。……如果司法权不同立法权和行政权分立，自由就不存在了。如果司法权同立法权合而为一，则会对公民的生命和自由施行专断的权力，因为法官就是立法者。如果司法权同行政权合而为一，法官便将握有压迫者的力量。如果同一个人或是由重要人物、贵族或平民组成的同一个机关行使三种权力即制定法律权、执行公共决议权和裁判私人犯罪或争讼权，则一切都完了。”①

从实践来看，各国基于本国的政治社会和文化传统，形成了独特的分权与制衡体系。例如，美国的“三权分立”模式、英国的“议会至上”模式以及法国的“中央集权式”的模式。在我国古代，特别是自秦汉以来实行了中央集权式的统治方式，但也形成了丰富的分权和制衡思想，并被一些朝代吸纳，在政治制度的设计中得以实施，维护了国家的统一与运行。

政治学主要是研究权力及其运行和制约。财政通过对公共经济资源的汲取和使用，成为利益分配的基本工具。在国家所有权力当中，支配财政资源的权力是核心的和实质的权力，政治财政学应以财政权力和利益分配作为研究主线。从政治财政学发展的实践可以看出，尽管其研究的角度和内容有所不同，但都是围绕“财政权力”来分析和研究的。

（二）政治财政学基本假设的演变

基本假设是一个学科体系赖以建立和理论分析得以展开的逻辑起点。从政治视角，建立符合财政活动行为的基本假设，成为

① 孟德斯鸠：《论法的精神》（上册），商务印书馆1961年版，第156页。

政治财政学研究的一项重要任务。总体来看，政治财政学的基本假设由“经济人”假设、“道德政治人”假设向“公共领域经济人”假设演变。

自从“经济人”的基本内涵提出后，西方经济学家一般都赞成对个人行为规律采用“经济人”假设。由于“公共财政论”长期被认为是属于西方经济学的一个分支，也暗含以“经济人”假设作为理论假设。但在政治生活中，传统政治学理论认为，个人又是政治人，是以追求公共利益和实现集体利益为己任。由于财政活动本身又属于政治活动，因此“公共财政论”实际上暗含了两个相互矛盾的假设，造成西方财政理论假设中的“二元悖论”。正如缪勒在《公共选择理论》一书中所言，“政治学研究人在公共舞台上的行为，经济学研究人在市场中的行为。政治学通常假设政治人追求公共利益。经济学假设所有的人都追求自己的私利”。[①] 公共选择理论试图解决这一矛盾，但却又偏离了财政活动的本质特点。

“经济人”假设是公认的经济学最重要的理论假设之一，成为西方经济学得以建立的理论基石。B.弗里赫里奥在其1629年的《精明的管家》一书中的使用的“管家”这一概念被当作是“经济人”概念的先驱。亚当·斯密在1776年出版的《国富论》中阐述了“经济人”假设的基本思想，其核心观点在于人类利已性和“看不见的手”。约翰·斯图亚特·穆勒在其1836年发表的“论政治经济学的定义及其适当的研究方法”一文中，把“经济人”与经济学的研究对象联系起来，首次明确提出了“经济人”假设，并提出了

① Mueller, Dennis C., *Public Choice*, Cambridge University Press, 2003, p.1.

“经济人”的两大特征，即自私和完全理性。此后，新制度经济学将“经济人”假设由无限理性修正为有限理性。

在经济学视角下，主流理论将财政的基本假设归结为“经济人”，但在政治学的视角下，财政的基本假设更多地倾向于“道德政治人”。与“经济人”假设中把经济活动中的人看作是自私自利者相反，“道德政治人”假设把政府工作人员看作是完全不计个人得失的利他主义者。如：行政学创始时期的代表人物古德诺认为：私人组织制定的规章制度绝不可能是完美的，政府当局制定的能够保证做到“公正无私”[①]“道德政治人”最重要的特质就是“利他心”，它的价值是道德价值的体现。“道德政治人”以追求公共利益和实现集体利益为己任，在这一假设下，不存在个人利益与集体利益、公共利益的冲突问题。完全追求公共利益的“道德政治人”属于另一种人性的极点论，与现实有很大脱节，无法解释由于“政府失灵”引起的低效率现象，也无法解释现实中官员追逐自身利益所引发的各种腐败现象。以此为假设，在理论和政策制定上，也产生消极的影响，容易使政策脱离实践，无法达到预期的效果。特别是建立在这种理想人格之上的制度，普遍缺少建立与之相应的、具有约束力的制约机制。

公共选择理论试图解决这一矛盾。布坎南等人以亚当·斯密的“经济人”假设为分析前提，以个人主义方法论为基础，把“经济人”假设运用到公共领域，用来分析公共领域各种行动主体的行为。布坎南认为：“如果把参与市场关系的个人当作效用最大化者，那么，当个人在非市场内行动时，似乎没有理由假定个人的动机发

① F. J. 古德诺：《政治与行政》，华夏出版社1987年版，第123页。

生了变化。至少存在一个有用的假定，即当人由市场中的买者或者卖者转变为政治过程中的投票人、纳税人、受益人、政治家或官员时，他的品行不会发生变化。”[①]同时，他还认为，在公共决策中实际上并不存在根据公共利益进行选择的过程，而只存在各种特殊利益之间的“缔约”过程[②]，个人无论是在经济活动中还是在政治活动中，其动机和目标都是相同的，都是具有利己心的，都要追求自身利益最大化。在最基本的理想中，政治是一个完全类似于市场的复杂的交易过程。在政治市场上，个人追求效用最大化是政治活动的动力。通过交换，一个理想的政治市场并非一方的所得就是另一方的所失，而是能够使交易双方都能获益。正如布坎南、塔洛克在公共选择理论的奠基之作《同意的计算》中所言：“经济学的探究方法假定，无论是在市场活动中还是在其政治活动中，人都是追求效用最大化的人，但是这种方法并不要求一个个体的人牺牲其他个人以增加他自己的效用。政治活动表现为某种特殊形式的交换；而且，就像在市场关系中那样，理想上还是希望这种政治关系使各方都互有收获。”[③]

总之，经过公共选择学派将“经济人”假设引入到公共领域，政治财政学虽然没有明确地提出基本假设，但公共选择学派的这一做法，基本被政治财政学研究领域的学者所接受。

---

① 詹姆斯·M. 布坎南：“宪法经济学”，《经济学动态》，1992年第4期，第68—69页。

② 参阅J. Buchanan, “A Contraction Paradigm for Appling Economics”, *American Economic Review*, No.5, 1975, pp.225–230。

③ 詹姆斯·M. 布坎南、戈登·塔洛克：《同意的计算》，中国社会科学出版社2000年版，第25—26页。

四、政治财政学研究的基本问题

政治财政学以“财政权力”为主线和中心，主要研究了以下基本问题：

（一）财政的政治道德基础：公平与正义

人类社会的存在始于合作，而社会合作又是公平与正义存在的前提。公平与正义不仅是人类社会生活必不可少的精神追求和价值理想，也是社会集中分配最基本的道德伦理要求。罗尔斯在《正义论》一书的开篇就宣称：“正义是社会制度的首要价值，正像真理是思想体系的首要价值一样。”[①]公平与正义并非是一个静止不变、不言自明的概念，它具有具体性、历史性和相对性的特点，在不同的语境下有着不同的内涵，并随着人类社会历史发展进程而不断演变。不同社会发展时期、不同的阶级都有着不同的公正观和不同的判断标准。正如马克思所指出：“希腊人和罗马人的公平观认为奴隶制是公平的。1789年资产阶级公平观念则要求废除被宣布为不公平的封建制度。……所以永恒公平的观念，不仅仅是因时因地而变，甚至也因人而异。”[②]

一个社会的公平与正义，通常与公共经济资源的配置和使用密切相关，并最终由其体现出来。桑德尔在《正义》一书里如此定义

① 约翰·罗尔斯：《正义论》，中国社会科学出版社1988年版，第3页。

② 《马克思恩格斯全集》第18卷，人民出版社1995年版，第310页。

正义："要看一个社会是否公正，就要看它如何分配我们所看重的物品——收入与财富、义务与权利、权力与机会、公共职务与荣誉，等等。一个公正的社会以正当的方式分配这些物品，它给予每个人以应得的东西。"①

财政是配置公共经济资源的基本机制，因此，财政不仅体现和践行这个社会体内的基本伦理道德观，而且财政的伦理道德对于整个社会层面的伦理道德具有规范和引导能力。在财政中，公平与正义的演变主要呈现四种形态：

1.原始的公平与正义

这种公平与正义存在于原始社会。原始的公平与正义是建立在氏族社会生产资料公有基础之上的，要求在共同劳动的同时，实现平均分配、共同消费，它体现了氏族成员的权利、利益与义务和责任的统一，并表现为集中分配的起点公平、程序公平、结果的相对均等。这是人类在生产力水平极为低下、物质财富极端贫乏的情况下基于生存的一种必然选择。为了生存，氏族成员必须统一行动、互助协作、共同面对自然界的各种威胁。在这种共同生活、共同生产的基础上，逐渐产生了以族长、酋长等部落首领为核心的集体权力中心。权力中心在处理包括集中分配在内的重大事务方面形成了以民主、平等为基本理念的习俗和制度。在这一习俗和制度下，氏族内成员人人平等，没有尊卑贵贱之分，平等地享受权利和承担义务。此时的财政活动，基本上是基于道德因素而进行的，并非依靠强制性手段进行。

随着生产力的发展，原始社会人类征服自然的能力有了很大的

① 迈克尔·桑德尔：《公正：该如何做是好？》，中信出版社2011年版，第20页。

提高，剩余产品的不断增多、财富的日益增长、不同氏族之间产品交换的扩大、社会大分工的发生，导致了私有制逐渐产生，氏族的集体劳动也过渡到以家庭为单位的个体劳动，社会阶层不断分化。氏族社会内的公共事务不再是全体成员的事情，分配的权力集中在权力中心的少数人手里，原始的平等状态逐渐消失。

2. 等级分明的公平与正义

进入阶级社会以后，社会成员分属不同的阶层和阶级，人与人之间身份平等的状况消失。在权力、地位、身份出现明显的差别之后，等级观念和制度逐渐形成。财政是以社会权力中心（政府）为主体的公共经济资源配置行为，体现了统治阶级、阶层的意志和要求，因而自然形成一种等级分明的公平与正义观。在漫长的奴隶社会和封建社会中，财政基本上体现的是这种公平与正义观。

等级分明的公平与正义观主要有两个特征：一是宣称人在品质上是不平等的，出身高贵的人比出身卑贱的人享有更多的权力，不同阶层和阶级在社会集中分配中的地位也不同，因而所承担的权利与义务也不相等。通常统治阶级和阶层承担的赋税较轻，甚至得到免除，并利用财政制度取得大量的利益，而被统治阶级或阶层恰与之相反。即使是在统治阶级内部，由于阶层的不同，例如国王（皇帝）与大臣，也不可能平起平坐，在财政分配中同样实行区别对待的政策措施。等级分明、区别对待成为这种公平与正义观最突出特征。例如，魏晋南北朝时期，门阀士族不仅不承担赋税徭役，而且还凭借特权侵吞官田、兼并农民土地，致使国家财源减少，为了维持国家的开支，只有加重农民的赋税徭役；在古希腊，社会成员划分为贵族、僧侣、自由民和奴隶四个等级，税收的征收与社会成员的等级有关。二是对于被统治阶级或阶层而言，要求在赋税和受益上体现基于平等的公平与正义。例如，管仲提出“相地而衰征”，按土地肥沃程度决定税赋轻重；东汉章帝建初元年，按肥瘠程度将全国的土地划分为上、中、下三等，制定不同的税率；西晋实行占田制，将劳动力分为正丁和次丁，正丁、次丁还有男女之别，体现了以劳动能力强弱作为课税标准的思想；唐朝的“两税法”规定“户无主客，以见居为簿；人无丁中，以贫富为差”，体现了按负担能力缴纳资产税以及均税的原则。

3.相对均等的公平与正义

这种公平与正义观，其显著特征是强调分配结果的均等。这种观念产生于私有制的土壤，但却在公有制体制下得到实现。进入阶级社会以后，社会分配结果的不平等，不仅使处于社会下层的奴隶阶级和农民阶级对这种不平等的分配深恶痛绝，倡导建立一个有饭同吃、有地同耕的理想社会，而且社会上的一些有识之士和统治阶级上层中的开明人士，基于居安思危、稳固统治的考虑，也提出了一些均等分配的思想。如：在中国历史上，孔子提出了“不患寡而患不均”，老子提出了“损有余而补不足”，庄子提出“共利之之谓悦、共给之之谓安”；在西方，柏拉图、亚里士多德、西塞罗等都曾提出类似的公平与正义观。空想社会主义者更是青睐这种相对均等的公平与正义观，托马斯·莫尔的《乌托邦》、康帕内拉的《太阳城》、罗伯特·欧文的《新道德世界书》、德萨米的《公有法典》都曾论述过平均分配的理想。

相对均等的公平与正义观的实现，需要建立在公有制基础之上。生产资料归劳动者共同占有，劳动者的收入、财产主要靠劳动获得，来源渠道相对单一，社会集中分配也必然呈现一种劳动果实相对均等的状态。这种公平与正义观曾在一些社会主义国家得到一定的体现。此外，在古希腊的斯巴达国家也曾体现过。公元前8世纪，斯巴达国家实行平等份地制度，把土地分成9000份，分给同样数目的斯巴达人。同时，还实行了大锅饭式的公餐制度，带有浓厚的平均主义色彩。

4. 平等空间下的公平与正义

平等空间下的公平与正义观主要是在批判等级分明的公平与正义观基础上建立起来的。这种观念，强调"在法律面前公民人人平等的权利"和公共赋税平等分摊的权利。随着资本主义的发展，这种公平与正义观大体经历了两个阶段的变化：第一阶段，强调起点公平和过程公平。在资本主义上升时期，社会财富分配不公、贫富分化问题还没有成为社会发展的障碍，社会上注重强调起点公平和过程公平在市场经济发展中的作用。亚当·斯密从保障市场自由和个人权利不受侵犯的角度，提出了"按各自能力的比例纳税"的税收平等原则，并认为市场分配的结果不均等、有差别是必然和合理的，强调政府尽可能减少对市场经济的干预。第二阶段，在强调起点公平和过程公平的同时，注重结果公平，强调政府对收入分配的调节。随着资本主义社会矛盾的加深，市场无法解决贫富两极分化问题，需要政府利用税收、支出等社会集中分配手段对市场分配的结果进行调节。早在19世纪70年代，瓦格纳就提出了税收的"社会正义原则"，主张通过立法和行政手段来解决自由经济社会中的分配不公现象。

进入20世纪以来，西方思想家对社会的公平与正义进行了更加深入的探讨，并形成了诸多不同的观点，财政的道德伦理也深受这些观点的影响。约翰·罗尔斯的"基本善"平等原则、罗伯特·诺齐克的权利平等原则、迈克尔·沃尔泽的复合平等原则、哈贝马斯的程序正义原则、阿马蒂亚·森的能力平等原则等分配伦理思想在不同的国家和不同的发展时期，对社会集中分配的道德伦理及其实践产生了重要的影响。其中，影响最为广泛的是罗尔斯的“基本善”平等原则。他主张：“所有的社会基本善——自由和机会、收入和财富及自尊的基础——都应被平等地分配，除非对一些或所有社会基本善的一种不平等分配有利于最不利者”。为此，他提出了正义的两个基本原则：“第一个原则：每个人对与其他人所拥有的最广泛的基本自由体系相容的类似自由体系都应有一种平等的权利。第二个原则：社会的和经济的不平等应这样安排，使它们被合理地期望适合于每一个人的利益；并且依系于地位和职务向所有人开放”。因此，在理论上，基于平等的空间下形成了包括起点公平、程序公平、结果公平、机会平等、资源平等、福利平等、权利平等、可行能力平等在内的一系列公平与正义观，但在实践层面而言，这些公平与正义观大都只停留在形式或程序上的平等。

（二）征税权和预算权的性质

征税权和预算权是财权的核心要素。财权的性质，可以从征税权和预算权两个方面来分析。

西方不同的政治理论流派对征税权的理论来源和性质提出了不同的观点，其中较具代表性的是社会契约论和自由至上主义的观点。社会契约论中的征税权，其核心在征税同意权。社会契约论是西方较有影响的国家学说之一。虽然社会契约观念由来已久，古希腊的伊壁鸠鲁最早系统阐述了社会契约思想，但用于解释国家产生和行为的契约理论，却产生于近代社会。16—18世纪，霍布斯、洛克、卢梭等西方思想家进一步发展并系统阐述了“社会契约论”思想。他们从自然权利出发，提出了人民主权、权力制约等思想，并认为人们为了消除自然状态下自然权利面临的不确定性，将部分权利让渡给君主或国家。例如，洛克认为，为了保障人们的生存和安全，必然要把个人的权利让渡给主权者，“这就是一大群人相互订立信约、每人都对它的行为授权，以便使它能按其认为有利于大家的和平与共同防卫的方式运用全体的力量和手段的一个人格”[①]。税收即属于这种权利的让渡，是人们将自己的部分财产权让渡给国家，国家依据社会契约的约定，向人们提供公共福利和权利保障。因此，他们强调纳税的同意权。自由至上主义强调个人权利，反对政府干预，认为政府应实行自愿的协议，惩罚犯罪，机会平等比收入平等更重要，不应通过累进税制进行收入再分配。自由至上主义认为政府存在的原因在于市场失灵和提供公共产品，征税的目的是为政府提供公共产品筹集资金。

预算权是国家权力的中心。从表现上看，预算是政府对财政资源的配置，具有技术性特征，要求注重财政资源的配置效率，这体现了预算的经济属性。但在预算对财政资源的配置的背后，体现了政府以公共权力对利益的分配，因而它又具有政治属性的一面。实际上，这一政治属性所反映出来的价值导向决定着预算活动的基本内容和形式，因而这一属性又可称为本质属性。阿伦·威尔达夫斯基认为，“预算就是政治，因为它所研究的基本问题是：社会如何进行组织协调以决定政府和私人活动的相对主导地位以及谁获利、谁损失、谁受益、谁支付”。[②]

① 霍布斯：《利维坦》，商务印书馆1985年版，第138页。

② 阿伦·威尔达夫斯基、内奥米·凯顿：《预算过程中的新政治学》（第四版），上海财经大学出版社2006年版，第三版前言第1页。

当今社会，无论何种制度下，预算配置财政资源，实质上都是不同利益主体围绕公共权力，进行利益分配和协调的政治过程。预算涵盖财政资金的筹集、分配与监督的全过程。由于财政资源的稀缺性——政府不能无限汲取财政资源、在分配时又不能满足所有要求，因此，必然围绕公共权力，以预算的形式进行利益分配和协调。从何处筹集财政资金（包括筹集的方式、对象与数量）、如何使用和分配、如何监督管理，反映了利益分配的整个状况，是一个政治过程。每一个环节，都涉及利益的分配和协调。由于在财政资源分配中，涉及诸多利益主体，因此，预算中也表现出多种利益关系。预算实质上就是通过公共权力对复杂的利益行为和关系进行分配和协调，从而维持整个政治、社会秩序的正常运转。预算对财政资源的分配，为各种利益主体提供了一种政治博弈程序。因此，预算的本质是利益之权威分配和协调的政治过程。

（三）财政权配置和运行

财政权的配置，同样可以从税权和预算权两个层面来考虑。在西方“三权分立”的政治制度下，税权的配置，从逻辑上来看，公民拥有税收的最终所有权，通过普选，把治税权授给代议机构。代议机构只拥有立法权而无执法权，要把税收治理权一分两半，把税收法律的决定权和预算的审批、拨款、监督、问责等权力留给自己，而把另一部分——税法的执行权以及预算的编制、执行权授予政府。

预算对利益的分配和协调具体是通过预算权力来实现的。在不同的政治制度下，预算权力的配置并不相同。在西方代议制民主国家，预算一般由行政部门编制，议会具有批准权和监督权，这种权力配置包含多种委托代理关系。但即使在西方代议制民主国家之间，预算的权力配置也是不一样的。例如，最初产生现代预算制度的英国，在1689年通过的《权利法案》规定财政权永远属于议会，预算的编制权在财政部，批准权在下议院，并建立对议会负责的总审计长制度，监督预算执行。而在美国，虽然美国的立法机构也掌管着国家的“钱袋子”，但联邦预算的编制权在美国联邦政府管理与预算局，并且美国的立法机构在预算的批准和决定权上，也不同于英国。在英国，由于立法和行政机构在一个政党的领导下，立法机构的预算权力主要在审批和修改上，无法对预算作大规模改动。但美国与之不同，立法机构可能会提出一个与行政部门不同的预算方案。国际货币基金组织的一项研究发现，世界上有28个国家的立法机构在预算方面拥有比较大的权力，并认为美国是立法机构拥有预算权力最大的国家，远远超过了以大不列颠和澳大利亚为代表的诸多威斯敏斯特国家，也远远超过了德国、墨西哥和西班牙等国家[①]。

（四）财政权的规范与制约

在国家所有权力当中，支配财政资源的权力（即财政权），是国家权力体系中的核心和实质的权力。如果有效约束了财政权，也就基本上等于约束住了国家的基本职权和政府的主要行动。因此，只有通过法律和制度对财政权实行有效的规范与制约，才有可能对国家行为形成有效制约的“制度笼子”。

对于如何通过制度建设，对财政权进行规范和约束，一些学者

① 罗伯特·D. 李等：《公共预算体系》（第八版），中国财政经济出版社2011年版，第176页。

基于不同的理论、从不同的视角，进行了研究，并提出了规范和约束财政权的方案。例如，布坎南认为，“政治决策是一个错综复杂的过程。比市场制度中的非政治决策要复杂得多。在两种场合中限制个人选择的规则必然不同。……个人必须‘决定’政府财政预算的适度规模，以及政府预算组成项目”[①]。然而，个人如果想有效地“决定”政府财政预算的适度规模，就必须在法律的层面对财政权加以规制，为此，他提出了“民主财政”和“立宪财政”的解决方案，将个人选择与征税权的制约结合一起。同时，布坎南还认为财政预算的一切活动及相关程序、过程，都应该受法律的规范和约束，并且要公布于众，接受公众的监督和问责。威尔达夫斯基、爱伦·鲁宾、罗伯特·D．李等学者从预算过程中的监督和控制、财政收支的平衡机制、预算信息处理与反馈机制等方面，对财政权的规范与制约进行了研究，并且认为如果不对财政权进行有效的监督、制约，财政的“公共性”就会削弱。

（五）财政对于人民权利的维护和保障

公共权力制约与平衡，主要来自两个层面：一是以权力制约权力。以权力制约权力，是指拥有公共权力的不同主体，在其职能范围之内形成的相互制约，这主要是强调政府系统内部的制约与平衡。这一层面又可分为两种情况：其一，横向制约，即在同一政府层级、不同权力机关和主体之间的相关制约，既包括党委、人大、政府之间的制约，也包括其内部相关部门之间的制约。其二，纵向制约，即不同层级政府系统的相互制约，不仅包括中央

① 詹姆斯·布坎南：《民主财政论》，商务印书馆1993年版，第14—15页。

对地方的相互制约，也包括地方各级政府之间的相互制约。这种制约一般体现为上级与下级之间的相互制约，制约的相关双方地位和权力一般不对等。二是以权利制约权力。权利制约权力，是指以公众和社会组织的权利限制公共权力，防止其滥用。这一制约一般发生在政府系统外部，是以承认和保护公众的权利为前提，具体表现为公众、社会组织等社会主体对政府主体的制约。公众、社会组织通常采取新闻媒体、来信来访等途径，对公共权力实施监督、制约。

政府的功能和职责最终通过预算得以体现。预算让政府由“看不见”变成“看得见”。“看得见”的最终目的是让政府接受监督，这既有来自政府系统内的监督，也有来自系统外的公众、社会监督。如果预算没有达到预期的目的，或在运行中出现严重的问题，就必然要求接受问责。这种问责，也是委托－代理关系的必然要求。如果缺乏问责机制，委托－代理的效果就会大打折扣，财政资源的使用安全、效率也就会出现问题。因此，为了提高预算执行的效果，必然要求建立预算的问责机制。

五、结论：趋向公共风险的发展

理论界，尤其是西方理论界，以财政权力和利益分配作为研究主线，对政治财政学进行了深入研究，在基本假设、研究方法、研究内容等方面都取得了较大进展，对于财政的政治道德基础、征税权的性质和边界、财政权的规范与制约等基本问题提出了诸多富有价值的思想和观点。但同时，我们也应看到，对于政治财政学的研究是以一定的政治理论和社会制度与实践为前提和基础的。我们既要研究政治财政学的共性问题，也要关注其在不同制度下的特性问题。中国共产党领导的多党合作和政治协商制度是我国的基本政治制度。在这一制度下，人大、政府、政协等国家机关都置于党的领导之下，形成了一个强有力的领导核心。因此，我国财政权力的配置与西方国家以“三权分立”为基础的权力配置有很大的不同。在政治财政学研究上，我们不能照搬西方的政治财政学理论，而应立足我国的制度特点和制度优势，研究符合中国实际需要的政治财政学理论。此外，我们也应看到，尽管西方政治财政学研究取得诸多进展，但在理论上仍存在诸多亟待解决的问题。例如，在政治财政学的基本假设上，公共选择学派将经济人假设引入政治领域，虽然坚持了经济活动分析和政治活动分析在方法论上的逻辑一致性，但却抹杀了不同个人的行为动机和同一个人在不同场合中行为动机的差异性，正如经济人限制条件的减少虽然增强了经济学在某些方面的解释力，但同时在其他方面的解释力却因之下降。

进入现代社会以来，公共风险的产生和性质发生了很大变化，当今社会是一个风险社会。财政作为公共资源配置的基本机制，不仅是化解公共风险的基本手段，而且是最终风险的承担者，因而成为防范和化解公共风险的基本机制。国家治理的现代化，通常意味着公共风险的最小化。从政治运行层面而言，财政就是要为防范政治领域的公共风险，为政权运转和国家稳定注入确定性。因此，我们研究政治财政学的目的是探究公共风险视角下政治领域中的财政行为和特征，为防控政治领域的公共风险、形成稳定的政治秩序、保持国家系统的正常运转，提供有效的理论支撑。这就需要从公共风险视角，加强对政治财政学基本问题的研究。例如，在财政的政治道德基础方面，研究的着力点不能仅强调“物质财富”及其资源、机会、权利等分配的公平与正义，而更应关注风险分配中的公平与正义，从公共风险分配的视角诠释社会公平分配的内涵。总之，我们亟需从公共风险视角，重新思考政治财政学的基本范畴、研究方法和基本问题，构建适合风险社会需要、符合我国制度特点和治理结构的政治财政学体系。

第四章　从公共风险看法财政学：基本逻辑解析

本章导读

“财政是国家治理的基础和重要支柱”论断的提出，意味着传统财政学的基本逻辑发生了变化，构筑在其上的法财政学逻辑亦需调整。从公共风险的视角审视，财政法定主义、财政民主主义、财政健全主义、财政公平主义与财政效率主义作为现代财政法所遵循的基本原则，面临着诸多挑战。法财政学体系构建应融入公共风险逻辑，基于“以人民为中心”的根本原则，满足新时代国家治理的需要。

一、引言

党的十八届三中全会提出了“财政是国家治理的基础与重要支柱”的论断后，学界展开了对财政学科属性和发展方向的深入探讨。作为一级学科“经济学”的二级学科“理论经济学”之中的“财政学（含税收学）”，其学科定位主要是运用经济学的基本方法分析财政问题，带有深刻的“财政经济学”特征，与实践中财政作为国家治理基础和重要支柱的作用不完全匹配[①]。财政学科定位的变化与发展，对于与财政相关的其他学科也具有“牵一发而动全身”的作用。法学界所研究和探讨的“财税法学”或“财政法学”的学科属性和发展方向也值得进一步研究。进一步地，“财政法学”与“法财政学”的定位与内涵也有待进一步厘清。

关于财政法学的学科定位，目前主要有两种不同的观点：一种观点认为，财政法是经济法中宏观调控法的一个分支；另一种观点认为，财政法学是法学的二级学科，与宏观调控法是相对独立的关系。刘剑文认为，中国财税法学是一个涉及众多法律部门的综合法律领域，是宪法、行政法、民法、刑法、经济法、诉讼法、国际法等法律部门中涉及财税问题的法律规范综合体。[②]陈少英探讨了财税法的法律属性问题，认为财税法在调整对象、立论视角与价值取向方面与宏观调控法不同，财税法既要规范公共财政权力的运行，也要有效保护公民财产权利，是公共财产法。[③]靳澜涛也认为，随着财税体制改革的深入，财税法正在突破原有宏观调控法的范畴，显现出公共财产法、权利保障法和分配正义法的特征，现代财税法正在成为以问题为导向的交叉性“领域法学”，其目标是实现理财治国、公共财产保护、纳税人权利保障、收入分配正义等。[④]熊伟、刘剑文认为，财政民主主义、财政法定主义、财政健全主义和财政

① 李成威、武靖州：“‘财政基础理论与学科建设’分论坛观点综述”，《财政科学》2017年第6期。

② 刘剑文：《走向财税法治——信念与追求》，法律出版社2009年版。

③ 陈少英：“财税法的法律属性——以财税法调控功能的演进为视角”，《法学》2016年第7期。

④ 靳澜涛：“财税法定位的视域延展与当代变迁”，《税收经济研究》2017年第3期。

平等主义是财政法的基本原则。[1][2]陈清秀在上述四大基本原则的基础上，又基于比较法角度的研究，增加了社会国家原则、市场经济友善及促进原则等。[3]刘畅认为，财税法学是一个独立的法学学科，不是经济法学下的分支学科，这主要是由“公共需要”的新内涵和财税法的部门属性所决定的。[4]赵文贵和王冠宇认为，作为当代财税法学逻辑起点的税收债务说存在理论缺陷，并没有对宪政国家的税收做出合适的界定，难以成为财税法学的逻辑起点；应以社会契约思想为指导，对税收进行更高的抽象，建立现代财税法学的逻辑起点。[5]吕铖钢提出，公有财产与私有财产的分离，是财税法学科研究的逻辑起点；在厘清财税法学产生的源流与嬗变的基础上，界定公共财产与私有财产的边界，是财税法学研究理论自洽的重要前提。[6]王桦宇认为，财税法的逻辑起点是财产权的概念，立论基础是财产权与西方立宪主义，法律属性是公法上的财产权保护法，财税法的现状与未来则是对公共财产权的限制。[7]

上述研究主要是从法学理论的角度阐释财政法相关问题，属财政法学的范畴。基于财政基础理论发展的需要，我们也需要从财政

---

① 熊伟：“财政法基本原则论纲”，《中国法学》2004年第4期。

② 刘剑文：《财税法专题研究》，北京大学出版社2007年版。

③ 刘清秀：“财政宪法的基本原则——从比较法的观点探讨”，《人大法律评论》2016年第2期。

④ 刘畅：“论财税法学的学科定位”，《辽宁大学学报（哲学社会科学版）》2016年第5期。

⑤ 赵文贵、王冠宇：“论财税法学的逻辑起点”，《重庆理工大学学报（社会科学）》2010年第7期。

⑥ 吕铖钢：“公共财产与私有财产分离下的财税法一体化”，《财政研究》2018年第12期。

⑦ 王桦宇：“论财税法的法律性质——以公共财产权为中心”，载北京大学财经法研究中心：《财税法论丛（第13卷）》，法律出版社2013年版。

理论的角度对法学相关问题进行观察，即构建法财政学的理论体系。刘尚希在《公共风险论》一书中，运用公共风险的思维、理念与方法，对财政理论基本问题、财政改革与发展以及公共债务、财政政策等实践中的重大财政问题进行了深入研究，形成了基于公共风险视角观察财政问题的丰富成果。[①]运用公共风险理论解释和发展法财政学是一个值得研究探讨的主题。法财政学涉及范围甚广，本章从公共风险的视角，对当代“财政法学”的基本逻辑进行解析，以期为法财政学理论发展提供另一种思路。

二、传统“财政法学”的基本逻辑

一般认为，财政法是调整财政关系的法律。财政法学是当代法学领域的重要内容，但与合同与侵权、犯罪与刑罚、诉讼与仲裁等传统法学所涉及的基本元素不同，财政法学所涉及的税收、预算、公债、转移支付等似乎构成了一个相对独特的空间结构。财政法是一种限权法，即对政府的财政权力通过法律进行限制；财政法从某种意义上说又是一种财产法，是关于政府如何获得财产、管理财产、使用财产的法律，是平衡政府与纳税人的纵向财产关系的法律；进一步地，现代财政法可定义为：建立在民主法治和宪政基础之上的，以增进全民福利和社会发展为目标、调整财政关系的法律规范的总称[②]。要更深入地理解财政法学的逻辑，应从财政法学所秉

① 刘尚希：《公共风险论》，人民出版社2018年版。
② 刘剑文、熊伟：《财政法学》，北京大学出版社2009年版。

持的以下几个基本原则入手：

（一）财政法定主义

财政法定主义的基本观点是，财政行为应建立在法律依据基础之上，财政权力行使必须在法律允许范围之内或得到立法机关的授权。财政法定主义所要调整的主要是国家与公民之间的关系，或者说政府与纳税人之间的关系。基于此，财政法定主义的价值取向首先是约束政府的公权力，其次才是公民的私权，税收法定是财政法定主义的最初表现。财政法定原则诞生于中世纪后期的英国，主要与当时不同阶层（国王与议会）面对财政危机时的行为选择有关，一定意义上，财政法定是财政危机出现后社会演化的产物，而不是应对财政危机的有效方案。财政法定原则成为一个国家政治行动中的主导性原则后，对财政法定的破坏有可能导致风险，但并不意味着不破坏财政法定原则，财政风险就不会出现。如今的西方社会，几乎所有的重大财政行为都有代议机构的选票通过作背书，但仍然无法阻挡公共债务的积累和财政风险的爆发。这说明财政法定主要是一种价值主导性原则，而算不上一种财政体制建设的策略。

（二）财政民主主义

财政民主主义的基本观点是，财政权力行使须经立法机关批准，或由立法机关所立法律规范。一般认为，财政民主主义才是财政法定主义的内核所在，财政法定是财政民主的重要实施途径之一。当前，财政民主主义一般被等同于“少数服从多数”的选票式民主，但从公共风险视角观察，“少数服从多数”的原则存在缺陷，特别是个体理性选择可能会导致“风险大锅饭”问题。西方资产阶级革命胜利后所形成的大纳税人决策机制，意味着财政权力分配遵循大纳税人投票权原则。随着投票权从贵族、资产阶级等大纳税人阶层向普通阶层扩展，平民、无产者阶层的抗争以及西方社会的进步运动也逐步演进。尽管现实社会中选票权的大小已经不再与纳税多少直接挂钩，但无论从历史上看还是从逻辑上看，所谓的“财政民主”始终面临着两种迥然不同的观点。一方面，在“宪政”的公共财政体制下，大纳税人与普通阶层之间构成了“智猪博弈”的关系：大纳税人为了更好地创造价值而提供公共产品，平民阶层通过“搭便车”的方式获益，主要风险是无产者及小农的生存危机；另一方面，在“民主”的公共财政体制下，平民阶层可以利用选票优势通过有利于自身的法律，从而获得更大规模的财政蛋糕分红，主要风险是公共财政规模扩张导致市场扭曲，进而出现公共债务危机。

（三）财政健全主义

财政健全主义，又称财政平衡主义，认为财政收支平衡影响国家或政体国库资源的可持续性，进而关系到国家的长治久安。在古代，一个王朝所汲取的财政资源能否足够应对其执政过程中的各种风险，是其生死存亡的决定性因素，因此古代社会政权所追求的是物理性的硬“平衡”，即平时年份财政结余越多越好，只有这样才能应对未来重大公共风险暴发所形成的危机。资本主义社会早期，政府主要追求年度的财政收支平衡，但财政收支的短期平衡极难实现，重大公共风险的暴发需要短时间内大量财政支出时，举债不可避免。既然年度的财政收支平衡难以做到，周期性的动态财政收支平衡便成为不得已的选择，即在一个经济周期内实现财政收支的平衡。当政府应对公共风险的责任越来越大，以至于对所有的公共风险承担兜底责任时，周期性财政收支平衡也难以实现，以致形成这样的观点：为促进经济健康发展和社会稳定运行，长期的财政赤字甚至财政赤字高一些也没有关系。可见，财政健全的标准一直在变化之中，特别是现代市场经济国家，财政预算由立法机构批准，财政赤字也具备了合法性。虽然财政健全主义在历史发展过程中被多次质疑，但其积极意义仍不容忽视。公共债务的存在意味着财政风险，因为公债最终仍然需税收来偿还，其不过是提前征收的税款而已。公共债务在财政收入中的占比越高，未来的风险越大。因此，以法律规范公共主体举债行为，就成为降低财政风险的重要手段，这仍然是对政府权力的约束，当然也是运用法律手段防范财政自身风险的一种尝试。

（四）财政公平主义与财政效率主义

公平与效率是相辅相成又相互矛盾的两个价值原则。公平是社会稳定的基础，财政是实现社会公平的基本手段。但现实生活中，个体或市场主体的先天条件与后天努力千差万别，无论征税还是提供公共服务都需要面对极其差异化的现实。不同社会群体对财政公平的理解不同，形成了不同的公平衡量标准，平均主义追求财富分配的绝对平均，功利主义则追求整个社会利益的最大化。一般情况下，以效率为导向会使个体间的财富差距越来越大，追求公平则会牺牲效率，如何兼顾公平与效率一直是财政理论探讨的重要主题之一。为了追求效率，政府应当用最少的税收提供尽可能多的公共产品；为了促进公平，政府需要提供尽可能多的公共产品承担防范和化解公共风险的责任，这又需要尽可能多地汲取税收。另一方面，提升经济效率要求政府的财政行为不应扭曲市场主体的行为，但现实的公共风险防范职责又要求政府对经济社会发展进行调节，需要通过财政行为影响市场主体的行为。

二、公共风险视角下“财政法学”基本逻辑面临的挑战

财政法学上述四大基本原则，仍是以现有财政学和法学理论为基础形成的。翻开任何一本主流财政学教材，基本上都是“市场失灵—公共选择—公共产品—公共支出—公共收入—政府间财政关系—政府预算—地方债务”的框架，虽然在具体章节上有所区别，但整体上差不太多，基本上都是以市场失灵为起点，引入外部性与公共产品的概念，围绕公共产品供给组织财政收入与支出，为提高公共产品供给效率划分政府间财政关系。这一套理论体系在西方国家已逾百年未变，与现代科学技术迅猛发展情况下各学科推陈出新的状态大相径庭。与百年前的经济社会发展水平、科技发展水平、国家治理水平等相比，现代社会已发生了翻天覆地的变化，财政理论对现实的解释力呈现弱化的倾向。沿袭传统财政理论所形成的财政法学基本逻辑，在诸多问题上面临着挑战。

（一）如何处理个体理性与公共理性的关系问题

市场失灵是微观主体理性选择的结果，作为财政学理论基础的福利经济学与公共选择理论是基于个人主义的方法论进行分析的，财政分权的理论基础“用脚投票”理论也是个人主义分析方法。可

以说，目前主流财政学的分析方法是建立在个人方法论基础之上的，最终体现的也是个体理性。西方经济理论也已经证明，个体理性并不必然地推导出集体理性，甚至会产生“合成谬误”。基于个体理性的财政学，无疑存在公共理性上的缺失。但国家治理现代化要求公共政策与管理须体现出公共理性，这是目前财政学与国家治理要求不相匹配的重要方面。当前一些国家和地区发生的社会动荡问题，是市场失灵、政府失灵还是其他什么失灵？其实是对个体理性过度追求而导致的公共理性的失调。财政法学所坚持的“民主主义”，并不能脱离个体理性的局限，如何在财政法中更多地融入公共理性的价值理念，以财政法约束公共主体和市场主体在追求个体理性的同时形成公共理性的结果，是法财政学理论与实践中的重要主题。

（二）如何避免陷入公平与效率的二元陷阱

目前的主流财政学以市场失灵为逻辑起点，推导出以提供公共产品弥补市场失灵，进而促进社会的帕累托改进，既在没有任何一个人情况变坏的情况下，使至少一个人的情况变好，这也是西方经济学个人主义方法论的体现。如果财政制度的目的是帕累托改进，显然太狭隘了。为了实现帕累托改进，理论与实务界长期陷入公平与效率的争论，在缺少明确标准的情况下，这种争论永远难以达成一致，导致现实中既出现过平均主义的极端，也存在不少贫富差距过大引起社会动荡的案例，似乎没有哪个国家或地区能够在公平与效率间找到最优的平衡点。陷入公平与效率之争的财政势必也会忽左忽右，虽然一定程度上弥补了市场失灵，但财政本身也时常成为经济社会矛盾的聚焦点与危机的引爆点。“财政法学”所倡导的“公平主义”和“效率主义”，乃至基于此所形成的财政法律，在公平与效率的权衡方面有效性是不明显的。

（三）如何解决财政民主、法定与健全的矛盾问题

当代市场经济国家，财政健全已不是传统的财政收支平衡，财政赤字也是由立法机构批准的法定行为，把财政赤字限定在一定范围之内即是健全。由财政赤字引发的财政风险，可以说是一种民主的、法定的风险；而财政赤字往往是政府在既定税收规模下应对公共风险不得已的选择，政府为应对公共风险而举债，实际上是把公共风险转化为财政风险。现代政治制度在西方世界的引领下，已经发展成为典型的选票民主。相应地，财政法学也在一定程度上演变成为“财政民主学”。简言之，当下的财政法就是“少数服从多数”规则下通过的财政法律。这种财政法学逻辑在面对公共风险视角下的财政职能时，存在一个突出问题：基于选票的政治博弈把财政当成一个分红式的“蛋糕”，人人都试图争取切走更大的一份，而不是把财政当成共同面对公共风险时的才运用的必需品。也就是说，当某个群体通过政治博弈或投票获得一份财政支出式的补贴后，这份补贴可能并不是该群体应对潜在公共风险所必须的资源，也可能是该群体运用“会哭的孩子有奶吃”的手段争夺来的一笔公共财富。这种争夺手段形式上是民主的，也符合法定原则，但无论在公平还是效率方面都难以经受得住质疑。而且，这种博弈还造成了各国财政赤字不断扩大，使得财政自身陷入“公地悲剧”，从而成为公共风险的一部分。

美国被认为是当代西方政治制度最成熟，财政法定原则坚持最好的国家，从美国近年来在法律控制财政赤字方面的经验就能看出财政法学逻辑面临的挑战。自美国建国伊始到20世纪初，预算平

衡一直被认为是其“财政宪法”隐含的核心理念，直到20世纪30年代发生的经济大萧条，由于主张财政赤字的凯恩斯主义兴起，预算平衡理念才逐渐衰落。尽管如此，财政赤字大规模、长期持续地扩张也仅是近年来发生的事。2007年以前，美国联邦政府预算赤字余额占年度GDP的比重保持在60%左右，金融危机发生后这一比重开始攀升，2012年以后保持在100%以上的高位。美国最先将分权制衡理论用于其宪政制度的设计，包括征税权和拨款权在内的财政权主要掌握在国会手中，但总统拥有比较具体的预算案建议权和行政权。在美国的政治制度框架下，总统与国会之间、共和与民主两党之间关于财政预算的博弈结果都是以法定的形式出现的。尽管历任总统都把预算平衡作为重要的执政目标，却无法阻止预算赤字不断冲高。二战后杜鲁门与艾森豪威尔两任总统施政的主要任务是削减财政赤字，但这导致了20世纪50年代的经济衰退；随后的肯尼迪总统不得不重新启用赤字财政政策，通过大规模减税刺激经济增长，这导致财政赤字不断冲高的同时，又出现了“滞胀”现象；随后的执政者都面临着这种困境：如果以减税刺激经济，经济增长不一定达到预期，但财政赤字必然增加；如果增税、降预算以削减赤字，经济增长就会收缩。西方其他国家与美国面临的困境相似。

四、基于公共风险逻辑构建法财政学理论框架的初步思考

不确定性是世界的本源，风险源自不确定性中的行为选择。从风险的视角审视，法律的核心要义是构建确定性，即通过规则规范

公民、市场主体与公共主体的行为，减少经济活动与社会运行的不确定性。如果科学技术主要是构建人与自然之间的确定性，法律则主要是构建人与人之间的确定性。传统财政学的解释力因对公共风险的忽视而逐步弱化情况下，基于此所构建的财政法学体系势必会面临越来越大的挑战。现代财政法学有着浓厚的经济学烙印，是“经济学帝国主义”在法学领域的表现。当财政法学陷入是宏观调控法的一个分支还是独立的法学二级学科时，其基本逻辑注定存在缺陷。无论是聚焦于作为宏观调控工具的财政政策，还是拓展至财政收支的财政管理，财政法学在逻辑体系上都难以全面。财政是国家治理的基础与重要支柱，财政收支只是表象，背后涉及国家治理的方方面面。以市场失灵为逻辑起点构建的财政理论体系显然支撑不起国家治理的大厦，以公共风险为逻辑起点则具有更为普遍的解释力。应对财政法学所面临的时代挑战，把公共风险的逻辑融入其中进而从财政的视角观察法的问题，探索构建法财政学的基本逻辑与理论框架，不失为一种可行的路径。

（一）公共风险逻辑的公共理性价值取向有助于避免个体选择的“合成谬误”

以市场失灵为逻辑起点的财政学，基于个体理性选择追求资源配置优化，最终达到帕累托改进，会不可避免地出现“合成谬误”，我们常说的“政府失灵”就是这种“合成谬误”的表现。以此逻辑为指导所设计的财政法律，势必在促进资源优化配置的同时，导致自身的失灵，使得自身成为一些矛盾与风险的源头。财政资金是一种公共资财，其安排应当反映公共理性，应当以集体或共同体的稳定、持续、进步为目标。以公共风险作为贯穿财政法学的基本逻辑，以公共理性作为财政法制的价值取向，就能够在兼容个体理性的同时实现公共理性，而不是在尊重个体理性的同时牺牲公共理性。这就意味着在贯彻财政民主主义和财政法定主义原则时，不能把“民主”简单地等同于西方式的“选票民主”，也不能把“法定”简单地定义为立法机构制定。

（二）公共风险逻辑能够使公平与效率的权衡更加有效

以市场失灵为逻辑起点的财政学，目标是通过弥补市场失灵，优化资源配置，实现帕累托改进，进而追求社会福利的最大化。通过优化资源配置，在其他个体福利不变情况下改进部分人的福利就可以了，现代福利国家就因此而生。而事实上，很多福利国家都出现了问题。是理论出问题了，还是实践中出现了偏差？实际上是在公平与效率间权衡时忽略了风险因素。社会公平出现了问题，提高社会公平度，结果是牺牲了效率；经济效率出现了问题，提高经济效率，结果社会公平又出现了问题。二者之所以无法做好权衡，就在于没有一个权衡的标准。我们曾提出要追求公平与效率的有机统一，如何有机统一，也是个问题。但如果把公共风险的维度融入其中，公平与效率的权衡就有了标准和依据。公平和效率哪个应该多一点，以公共风险最小化的标准衡量。这就意味着在贯彻财政公平主义和财政效率主义原则时，应加入公共风险的因素，不是简单地看效率高低和公平与否，而是基于公共风险最小化的价值取向做好公平与效率的权衡与组合。

（三）公共风险逻辑有助于财政法更好地处理引导、约束与激励的关系

以市场失灵为逻辑起点，财政的功能在于弥补市场失灵，财政

法的功能在于使弥补市场失灵的行为规范化。把法的功能聚焦于“补”，只能是一种被动的应对，代价往往过大。基于公共风险的逻辑，财政法应为个体及共同体注入确定性，既通过财政政策、制度与规则设计，调配财政资源，为个体及共同体增加确定性；还应当以公共资财为主线，统筹各领域的政策、制度与规则，为个体及共同体的选择构建确定性。通过注入和构建确定性，财政法就能够在风险的转移、转化间发挥作用，进而平衡个体及共同体之间的风险，实现风险的优化配置。

（四）公共风险逻辑有助于财政法在国家制度优势转化为国家治理效能中发挥重要作用

历史与实践表明，帕累托式的福利增进并不必然带来国家的长治久安，一些国家和地区的社会动荡说明经济社会发展并不代表个体理性与公共理性的统一，公共理性失调的危害对于国家治理的挑战越来越大。国家长治久安的核心要义是“稳定”，即避免公共风险转化为经济社会危机，市场失灵可以作为财政经济学的逻辑起点，但不宜成为财政学的逻辑起点，更不能成为国家治理语境下法财政学的逻辑基础。政府以财政手段治理国家，弥补市场失灵是重要方面，但绝不是全部。防范和化解公共风险，实现国家的长治久安才是根本目标。公共风险的逻辑，以注入和构建确定性为主线，以防范和化解公共风险为目标的财政学及根植于其基础之上的法财政学必然落脚于国家的长治久安。党的十九届四中全会总结了我国国家制度的十三大优势，这些优势都是客观存在的；梳理了改革开放以来各个领域成熟和定型的制度，以确认和完善支撑国家治理体系和治理能力现代化的基础性制度体系。使国家制度更加成熟和定型，就是为国家治理注入并构建确定性。这种确定性要在国家治理中充分发挥作用，这些国家制度要能够充分地转化为国家治理效能，财政法的基础和支柱作用不可或缺。显然，适应国家治理的财政法体系不能局限于经济领域，简单地以“少数服从多数”的民主主义和法定主义、追求周期性动态平衡的健全主义和摇摆不定的公平与效率主义的逻辑来构建。

公共风险逻辑下的财政法律，应基于“以人民为中心”的根本原则，满足新时代的国家治理需要：一是财政法应具有更大的普适性。财政法体系不止包括与财政收支有关的预算法、税法、公共债务法、政府采购法等，政府的所有活动基本涉及财政收支，国家治理方方面面的法律也都难以与财政脱离关系，教育法、生态环境法、农业水利法、国防法等等，无一不涉及公共资财的运用问题。因此，财政法理论与实践应突破财政收支的表象，深入到国家治理的各个领域。二是财政法应增加与私法的协调性。一般认为，私法涉及私人财产权的确认与调整，财政法对私人财产权的调整产生反向作用；这种内在冲突，隐含着国家与公民、政府与市场、公权与私权之间的冲突。化解这种冲突，需要在财政法体系构建中理清个体理性与公共理性、私人风险与公共风险的关系。三是财政法应体现民意、约束公权。近年来，一些西方发达国家出现的社会问题意味着多数选票通过并不完全是民意的反映。体现民意的财政法，应以人民为中心，通过规范政府和市场、政府与社会、中央与地方等重大关系助推国家治理现代化，为成功应对并化解重大经济社会风险奠定基础。约束公权的法律很多，但财政法是根本，只有约束了“公共资财”，才是牵住了公共权力的“牛鼻子”；所有的公共资财都在法制的“笼子”中，“笼子”之外公共权力也便成了“无源之水”。

第五章　从公共风险看公共产品

本章导读

在西方理论中，对公共产品的认识虽然有差别，但有着共同的逻辑基础，就是市场失灵。这表明西方公共产品理论天生就存在逻辑缺陷，主要体现为：从政府与市场二元对立的角度看待公共产品；整体观缺失，从机械唯物论来理解社会共同体；"阿罗不可能性定理"已证明福利角度的公共产品逻辑上行不通。与西方公共产品理论一开始就建立在个体基础之上不同，公共风险视角的公共产品理论是建立在集体基础之上。正是因为建立在集体的基础之上，公共产品理论应以公共风险作为逻辑基础。从这个角度来定义，凡是着眼于防范化解社会共同体公共风险的产品就是公共产品，而着眼于化解个体风险的产品则是私人产品。进一步深入分析，由于公共风险源于个体和集体行为，因此公共产品的实质是化解公共风险的个体和集体行为规则，这些公共风险包括经济维度、社会维度、管理维度和全球维度的公共风险。

公共产品是西方财政学和公共经济学中的核心概念，但西方公共产品理论以市场失灵为基础，这本身存在重大的逻辑缺陷，说明西方公共产品理论在逻辑上不能自洽。对公共产品的理解应该从西方公共产品理论中走出来，从公共风险的角度来重新定义和审视公共产品。

一、重新定义公共产品的世界观基础：不确定性

（一）不确定性："过去、现在与未来"模型

世界观是关于世界的基本看法。世界观有很多维度，包括自然观、社会观、人生观、价值观、历史观、物质观、运动观和时空观。世为时间、界为空间，可以说时空观是世界观中最为核心和最基本的部分，其他的部分实际都是从时空观中衍生出来。时空观角度的世界观，通常是指处在什么样的位置、用什么样的时间段的眼光去看待与分析事物。任何事物，都处于一定的时空之中，都有现在、过去和未来。但问题是，现在、过去和未来之间是什么关系，不同的人有不同的看法。

牛顿的经典力学勾勒出一个确定性的自然科学世界观，在经典力学所描绘的世界里，一切有如钟表般规律，时间在固定的轨道上前进。不仅如此，经典力学思维还深深地影响着社会科学领域，线性和连续的社会进程有如宿命一般左右着世界的过去、现在和未来。实际上，在牛顿之前，早在2500年前的古希腊初期来利都的泰勒斯就开始引入其坚实的化身。从那时起，人们就开始寻找宇宙间"合法的"东西。"自泰勒斯开始，我们沿着演绎、符

号数学和科学理论的方向走过了漫长的道路”。[1]经典力学的世界观是确定性世界观，在这种世界观当中，认为过去、现在和未来的关系是线性关系，未来由过去和现在决定，未来在过去和现在的历史延长线之上。

然而，世界并非经典力学确定性世界观所想象的那样，知道了过去和现在，我们就能准确预知未来。事实是，我们经常不知道下一秒会发生什么。现代科学的发展已经证明了牛顿确定论的破产和确定性的终结。“我们将表明，我们现在能把概率包括到物理学基本定律的表述之中。只要能做到这一点，牛顿确定论就破产了：未来不再由过去所确定，过去与未来之间的对称性被打破了”。[2]

在当今最前沿的科学领域，“混沌”这样的思想已经变得非常流行，影响着从物理学、宇宙学到经济学等几乎所有的学科。“混沌”的反义词是“清晰”。“清晰”意味着世界的一切都是确定的、清晰的，而“混沌”则意味着世界是不确定的、模糊的。

海森堡提出的“不确定性原理”和后来“混沌”的发现，表明精确预测即使在原理上也是不可能的。这也就意味着确定性的终结，或者更准确地说是确定性观念的终结，因为世界从来就是不确定的。根据量子物理，不管我们得到多少信息，也不管我们计算能力有多强，因为物理过程的结果不能无疑地被确定，所以也不能无疑地被预言。[3]

---

① 约翰·H. 霍兰：《隐秩序——适应性造就复杂性》，上海科技教育出版社2019年版，第3页。

② 伊利亚·普里戈金：《确定性的终结——时间、混沌与新自然法则》，上海科技教育出版社2018年版，第4页。

③ 斯蒂芬·霍金、列纳德·蒙洛迪诺：《大设计》，湖南科学技术出版社2011年版，第61页。

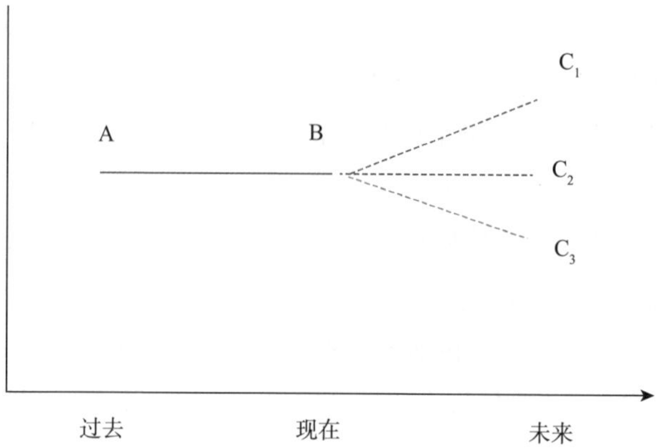

图5-1　混沌、涨落与未来

在确定性的世界观里，有预知的条件这个“因”，就能产生未来预测结果这个“果”，所以“因果关系”便充斥在经典力学相关理论的大大小小的定律当中。然而，实证主义哲学家赖欣巴哈声称“证明了因果原则绝不能同量子物理相容；因果决定论既不能以一种可证实的陈述形式保留下来，也不能通过在观测数据之间插入观测之外数值的约定形式保留下来”。[①]混沌与量子力学一起，摧毁了19世纪以来的乐观心态——认为牛顿式宇宙就像钟表一样沿着可预测的路径运行。[②]

通过“过去、现在和未来”的简单模型，可以洞穿一些看似不起眼的随机事件或者琐事，出现的混沌和涨落，改变了过去、现在与未来之间的关系。未来出现在C_1、C_2还是C_3，完全不取决于A或者B的状态，而是取决于从现在到未来的过程中会出现什么样的

① H. 赖欣巴哈：《量子力学的哲学基础》，商务印书馆2018年版，第12页。
② 梅拉妮·米歇尔：《复杂》，湖南科学技术出版社2008年版，第2—4页。

混沌和涨落。未来有可能是C_1也有可能是C_2和C_3，但这都不是必然的，而是以某种几率出现。能够确定的是未来会出现一种情况，但出现什么样的情况是不确定的。B和C之间是几率的关系，而并非因果的关系。

实际上，不确定性不限于自然科学领域，社会领域更是如此。社会是极为复杂的系统，包含着潜在的巨大的数目分支。以在一段相对短的人类史中演变的各种文化为例证，我们知道这样的系统对涨落高度敏感，这既引出希望，也引出风险。说希望，是因为哪怕是小的涨落也可能增长并改变整个结构。结果，个别活动不是注定不重要的。另一方面，这也是一种风险，因为在我们的宇宙中，稳定的、永恒的规则的安全性似乎一去不复返了。我们正生活在一个危险的和不确定的世界中。①

在不确定性世界观中，对过去、现在和未来关系的认识发生了根本性的变化，过去、现在和未来不是线性关系了，未来也不是在过去和现在的延长线上。因为，未来是不确定性的，意味着未来有无数种可能。例如，在传统的理论中，价格是由供给和需求所决定的，根本无法理解为何会出现“负油价”“负利率”这样的事情。而在不确定的世界里，一切皆有可能。2020年，国际油价创下一项新纪录，美国5月份轻质原油期货WTI价格暴跌创下历史新低，历史上首次跌至负值。之所以出现“负油价”“负利率”，是因为价格在此是由不确定所决定的风险所引起的。“在只是一个假设的意义上来讲，任何物理理论总是临时性的：你永远不可能证明它。不管

① 伊利亚·普里戈金：《从混沌到有序：人与自然的新度化》，上海译文出版社1987年版，第373页。

多少回实验的结果和某个理论相一致，你永远不可能断定下一次结果不和它矛盾。”[①]

（二）构建确定性：学习、适应和改变结构

一群由简单蚂蚁个体组成的复杂系统，从单只蚂蚁看，几乎没有什么视力，也没有多少智能，但这些蚂蚁组成的复杂系统却能形成“集体智能”的“超生物”。[②]由一个个单只蚂蚁组成一个复杂的结构，在一个不确定的世界里，这种结构为蚁群的生存和繁衍构建了巨大的确定性，这群蚂蚁能够吞噬途经森林里面的一切食物，能够构建保护幼蚁和蚁后的工事。单只蚂蚁非常渺小，行为也很简单，但渺小的蚂蚁和简单的行为，能组成一个复杂的结构，这是蚁群适应环境的结果。这说明，世界是不确定性的，但通过某种行为刺激建立起来的结构，则可以使群体在不确定性的世界中在一定程度上构建确定性。而且神奇的是，这种结构“通过学习和进化过程进行适应，即改变自身行为以增加生存或成功的机会”。[③]可以说，结构和行为适应性，是群体在不确定的世界中构建确定性，在充满风险的世界中生存和成功的基础。

从生物学角度看，适应是生物体调整自己以适合环境的过程。粗略地说，生物体结构的变化是经验引导的结果。因此随着时间的推移，生物体将会更好地利用环境达到自己的目的。[④]所谓经验引导，

① 斯蒂芬·霍金：《时间简史》，湖南科学技术出版社2007年版，第17页。

② 梅拉妮·米歇尔：《复杂》，湖南科学技术出版社2008年版，第40页。

③ 同上书，第13—14页。

④ 约翰·H.霍兰：《隐秩序——适应性造就复杂性》，上海科技教育出版社2019年版，第9页。

是学习的过程。这说明，在不确定的环境中，主体只有通过学习，并改变结构来适应不确定性的环境，才能在不确定性中构建确定性。

在不确定性世界观中，未来不会再由过去和现在所确定，“在风险社会里，‘过去’丧失了她决定‘现在’的权力，取而代之的是‘未来’”。[①]实际上，不仅在风险社会如此，在人类所经历的一切时期都是这样的，只是在风险社会更加凸显了这一点。“未来”决定“现在”意味着，为适应“未来”的不确定性，现在就要加强学习，并准备随时改变结构，以不断构建确定性。

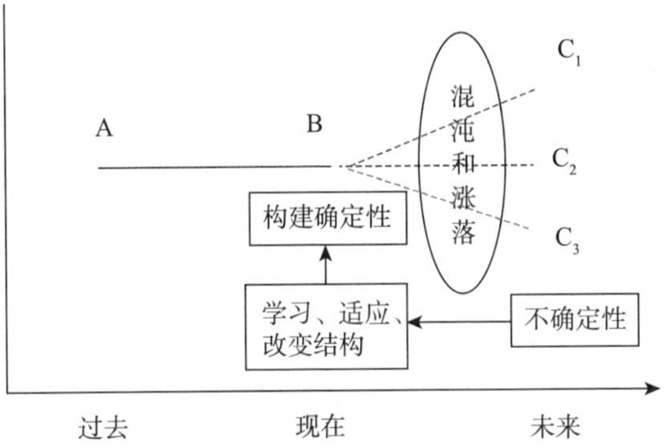

图5-2　“未来”决定“现在”与学习、适应和改变结构

按图5-2所示，为应对未来（C点）由于涨落引起的不确定性环境，在现在（B点）就必须采取学习、适应和改变结构的措施。

在不确定性世界观中，主体的行为方式与在确定性世界观中的行为方式是大不同的。在确定性世界观中，未来有规律可循，事情的发展沿着既定的定律，结果是可以预见的，只要遵守既定的规则、规律和定律，就能确保达到既定目标，因此只要制定严格的制

① 乌尔里希·贝克：《风险社会》，译林出版社2018年版，第24页。

度，按照制度办事。所以在确定性世界观中，行为方式遵循的是制度主义的路径。

但是在不确定性的世界观中，制度主义就不管用了。因为未来是不确定性的，也没有永恒的规律可循。行为方式必须从构建确定性入手，采取学习、适用和改变结构的方式，遵循行为主义的路径。行为主义的路径是：干中学、学中改、改中构建确定性。

实际上，物种的进化和人类文明的演进遵守的都是行为主义的路径。例如，通过在南非等地的观察，达尔文深深震惊于物种之间的巨大差异，以及不同物种对于环境的明显适应。达尔文发现燕雀的不同种群之间虽然很相似，它们的喙的大小和形状差别很大。达尔文认为各岛之间距离遥远，加上环境差距很大，导致共同的祖先进化成了不同的物种。①从行为主义路径来看，鸟的喙之所以不同，就是因为不确定性环境在不同的岛屿之间不同，鸟的学习、适应和改变结构导致喙呈现出差异。

（三）从实体理性到虚拟理性

理性一词，在社会科学中广泛使用。在哲学史上，理性的含义是多样化的，其中最常见的一个定义是：理性是人特有的一种能力，正因为有这种能力，人们才可以对其了解的事情的关系做出判断，从而决定自己相应的态度和行动。

传统的理性是基于确定性世界观之上的理性，是实体理性或利益理性。例如，在“经济人”假设中，利益是一种摸得着、数得清的实体，所以说实体理性是利益理性。然而，在不确定性条件下，

---

① 梅拉妮·米歇尔：《复杂》，湖南科学技术出版社2008年版，第97页。

更有意义的应该是虚拟理性，即风险理性，风险是看不见、摸不着、数不清的，但又是无处不在的。

实体理性中有两个代表性的派别。其中之一是绝对理性。绝对理性由来已久，最早可以追溯到古希腊的自然理性。新古典经济学的“经济人”假设是绝对理性的典型代表。“经济人”假设认为每个人都是自利的，对环境及其变化具有完全信息，并能够基于利益最大化的目标做出行为决策。绝对理性是基于过去经验和对未来精确计算的理性。由于世界的本质是不确定的，过去的经验无法解决未来的问题，因此基于过去经验基础上对未来的精确计算的绝对理性在逻辑上是不成立的。在学界，形成了对绝对理性的批判，提出了有限理性的概念。

有限理性的概念最早由经济学家肯尼斯·阿罗提出，他认为人的选择行为是理性的，但这种理性是有限的理性。[①]经济学家诺斯认为理性之所以是有限的，是由于人们面对的是一个复杂的、不确定的世界，而且交易越多，不确定性就越大，信息也越不完全；以及人无法对未来做出精确计算两方面原因造成的。[②]20世纪40年代，西蒙明确提出有限理性理论，他认为有限理论有三层含义：一是人并非无所不知的，无法提前知道所有行为决策选择；二是人们处于不确定的外部环境中；三是人们无法精确计算每个行为决策的结果。[③]西蒙对主流经济学的绝对理性观点进行了批判。首先，绝对理性是基于确定性的世界观，而实际上人们所处的自然环境和社会环境一直处于变化中；其次，绝对理性认为人们能够对所有决策

① 邓汉慧，张子刚：“西蒙的有限理性研究综述”，《中国地质大学学报》，2004年第6期。

② 卢现祥：《西方新制度经济学》，中国发展出版社1996年版，第10页。

③ Simon, H., *Administrative Behavior*, NewYork, Macmillan, 1947: 24–26.

方案做出精确计算，然而忽略了决策方案的动态变化，现实中无法做到对未来的精确计算。西蒙进一步提出以有限理性的“管理人”替代绝对理性的“经济人”，“管理人”和“经济人”的区别之处在于，“经济人”的目标是最大化，而“管理人”的目标是最优化，要求自己在决策方案中选择出满意的方案即可。1921年，奈特就指出，有限理性并不是指不完全信息，而是立足于“根本的不确定性”①，他认为这种不确定性是由于外部客观条件所决定的，一些经济学家补充认为，这种不确定性不仅仅指环境的不确定性，也包括社会内部人与人之间产生的不确定性。有限理性的提出完善了主流经济学的“经济人”假设，使得理性的概念进了一步。

有限理性对绝对理性从不确定性的角度进行了否定，但有限理性依然是一种实体理性，依然是利益视角的理性。虽然有限理性认为不确定性对理性有很大的影响，但并没有提出正确的理性方向，这说明有限理性所坚持的不确定性世界观并非彻底的不确定性，而是在一定程度上的确定性。真正的不确定性世界观为基础的理性只可能得出一种理性：风险理性。

表5-1　从实体理性到虚拟理性

理性分类	思维载体	时间轴	行为风格	理性表现	世界观	分配对象	追求目标	价值取向
实体理性	脑思维	基于过去	制度主义	绝对理性	确定性世界观	利益分配	利益最大化	个人自利
实体理性	脑思维	基于过去	制度主义	有限理性	“不确定性”世界观	利益分配	利益最大化	个人自利
虚拟理性	心脑思维	基于未来	行为主义	风险理性	不确定性世界观	风险分配	风险最小化	个体和群体兼顾

① 杨小凯：“不完全信息与有限理性的差别”，《开放时代》，2002年第3期。

与实体理性（包括绝对理性和有限理性）相比，风险理性主要有四个方面的特征：

第一，不确定性世界观。绝对理性的确定性认为未来是可计算的，有限理性虽然认为未来是不确定性的，但是能以概率来计算。绝对理性和有限理性都包含了一个基本前提：否认“时间之矢”，即承认时间可逆性，过去和未来无差别。风险理性认为未来是处于动态变化中，无法依据过去精确计算得到，只有通过提升认知和风险思维，才能使未来风险最小化。与有限理性的不确定性相比，虚拟理性的风险理性中的不确定性是“真正的不确定性”，有限理性的不确定性是基于概率的不确定性，并非“真正的不确定性”。

第二，以风险分配为分析对象。实体理性中的绝对理性和有限理性，讨论的都是利益分配的问题，诸如财富、效应，都是与看得见的利益密切相关的，而风险理性则是聚焦于讨论风险分配。当然，讨论风险分配并不是忽略利益，而是认为利益分配是受风险分配所左右的。

第三，寻求风险最小化目标。实体理性的绝对理性和有限理性以利益最大化为目标。风险理性要求从工具理性向价值理性发展。工具理性忽略了人类的情感、道德等因素，工具理性下的行为是目的性极强的行为，资本逻辑很好地说明了工具理性。资本逻辑表现为对利益最大化的追求，人类被抽象为只追求利益最大化的行为人。价值理性在进行决策时能够做出全面的判断，减少整体的风险。按照风险理性，可以提出“风险人”假设，“经济人”追求利益最大化，“风险人”寻求风险最小化。蒂利[1]指出，人们对威胁的

① Tilly, Charles, *From Mobilization to Revolution*, Reading, Mass.: Addison-Wesley Pub. Co., 1978.

反应通常比对机会的反应更为激烈，因为人们宁愿花更多精力保持已经得到的东西，而不是去追求可能得到的东西。受“经济人”假设的影响，传统观点认为理性的“经济人”是主动追求“效用最大化”的。在风险社会下，很多行为不是追求性的，而是反应性的。虚拟理性正是在风险社会下，通过对未来的反应实现风险最小化的理性。行为的目的不是为了“效用最大化”，而是为了“风险最小化”。虽然一定程度上，规避风险也是在追求效用，但是两者的根本差别在于，“风险最小化”只保持既有利益，是保守性的，而“效用最大化”是追求利益的，是进取性的。

第四，价值目标上将个体和群体的关系结合起来。风险理性要求从个体理性向群体理性发展[①]。“风险人”寻求的风险最小化既包括个人的风险最小化，也包括群体（公共）风险最小化，这就能解释“经济人”假设不能解释的人的利他动机。在绝对理性和有限理性的框架下，认为理性的人都是以实现自己利益最大化为目标，也就是说，个体的理性能够代表群体的理性。然而，在风险理性的视角下，单纯的个体理性可能产生“囚徒困境”，个体做出理性选择可能导致群体的非理性。风险理性要求兼顾个人利益与群体利益，坚持群体理性的观念，以实现风险最小化。

第五，心脑思维。思维是指针对那些并不存在于即时环境中的事物所创造的心理表征，也就说“在已知现象中填补空白”的技能[②]。看见一堵绿色的墙，这不是思维而是感知，但是，想象那堵墙被漆成蓝色会是什么样子，这就是思维。实体理性与脑思维相关

① 张云龙，梁珊：“风险时代的理性之思”，《中国社会科学报》，2020年5月12日。

② Bartlett, F. C, *Thinking: An Experimental and Social Study*, New York: Basic Books.

联，虚拟理性是心脑思维的集合。脑思维只强调实体逻辑，忽略了意识、意志和情感的作用；心脑思维是一种复合逻辑，包含了实体逻辑和虚拟逻辑，考虑意识、意志和情感的作用。傅雷在《论文学翻译书》中有一段精辟的论述："东方人与西方人之思想方式有基本分歧，我人重综合，重归纳，重暗示，重含蓄；西方人则重分析，细微曲折，挖掘唯恐不尽，描写唯恐不周。"造成这些思维特征差异的根本原因是中国人认识事物时更倾向于向内求索，强调用心体悟，而西方更偏向于向外拓展。前者可以称作"心思维"，后者可以称为"脑思维"。也就是说，"心思维"是指通过情感、意志的体悟式的思维方式，而"脑思维"更倾向于代表理智型、分析型、对象型的思维方式。[①]心思维是一种虚拟逻辑，重视意识、意志和情感的作用，强调用心体悟，但是缺少理智分析；脑思维是一种实体逻辑，忽略了意识、意志和情感的作用，强调理智型、分析型、对象型的思维方式。虚拟理性是一种心脑思维，是综合心思维和脑思维的复合逻辑，既考虑了意识、意志和情感的作用，也强调理智型、分析型、对象型的思维方式。拥有虚拟理性，能够更加全面且客观地思考问题。

第六，前瞻思维和行为主义逻辑。风险理性揭示了风险的本质，风险是虚拟的，未来的，不确定的，且无从计算。尤其是在风险社会，复杂性、偶然性、不可知性和不确定性已经或即将成为现代社会的常态，没有人能够要求得到未来的知识，也不能得到改变未来的能力，因为没有人可以生活在未来，也就没有人能够了解得

① 吴志杰："中国传统的'心思维'及其在翻译研究中的应用"，《民族翻译》，2010年第4期。

更多。在这种情况下，以实体理性为基础的绝对理性和有限理性都是失灵的，唯有以虚拟理性为基础，按照行为主义的逻辑行事，才是可行的选择。势科学是将自然科学理论运用到人文科学而形成的交叉学科。在传统文化中早已意识到势科学，老子指出："道生之，德蓄之，物形之，势成之"。就是说，事物总是基于某种道理而产生，之为道生之；事物的发展必须遵循某种行业规范或道德规范，之为德蓄之；事物的构建必须有某种物质资源，之为物形之；事物必须在某种势的推动下才能成功，之为势成之。①

以往我们谈到的理性，往往指的是传统科学理性。传统科学理性基于确定性的逻辑，有着既定的路线和规律可以遵循，是一种实体理性。在不确定性的世界中，传统科学理性是存在局限的，而新的科学理性——虚拟理性则显示出强大的生命力。人类社会在应对不确定性过程中，需要不断提升自身应对能力，提高虚拟理性水平，不断构建确定性，主要表现为知识的进步、技术的提升，在此基础上优化各种隐性和显性的制度措施。僵化的制度难以应对随时改变的不确定性。只有善于学习、知行合一，才能提高虚拟理性水平。

二、西方公共产品理论及其逻辑基础

在西方理论中，对公共产品的认识虽然有差别，但有着共同的逻辑基础，就是市场失灵。而这表明西方公共产品理论天生就存在

① 李德昌："势论"，《系统科学学报》，2008年第1期。

逻辑缺陷。

（一）西方公共产品理论有变迁也有对立

在西方，公共产品理论可以追溯到古希腊哲学家亚里士多德，他提出“凡是属于最多数人的公共事务常常是最少受人照顾的事务，人们关怀着自己的所有，而忽视公共的事务；对于公共的一切，他至多只留心到其中对他个人多少有些相关的事情”。[①]至于为什么人们忽视公共事务，亚里士多德并没有给出解释。1739年，休谟在其《人性论》中借助排除草地中积水的例子，指出“他们对于那样一个复杂的计划难以同心一致，至于执行那个计划就更加困难了，因为个人都在找寻借口，要想使自己省去麻烦和开支，而把全部负担加在他人身上”。[②]实际上，亚里士多德和休谟提出的问题都可以用后来的西方公共产品理论中的“搭便车”来解释，即在一个经济社会中，如果有公共产品存在，“搭便车”的出现就不可避免。但如果所有的社会成员都成为搭便车者，最后的结果则是没有一个人能享受到公共产品的好处。

尽管西方理论界一直都有对公共产品（事务）问题的认识，但直到1954年，保罗·萨缪尔森才首次给出公共产品的正式定义：公共产品（他称之为“公共消费产品”，即Collective Consumption Goods）是指增加一个人对该产品的消费，并不同时减少其他人对该产品消费的那类产品。[③]萨缪尔森给出了后来称之为“消费的非

① 亚里士多德：《政治学》，商务印书馆1983年版，第48页。

② 休谟：《人性论》，商务印书馆1997年版，第579页。

③ Samuelson, P. A., “The Pure Theory of Public Expenditure”, *The Review of Economics and Statistics*, Vol. 36 (4), 1954.

竞争性”的公共产品特征。后来，马斯格雷夫在萨缪尔森定义的基础上又加上了“消费的非排他性”特征，他认为：公共产品（他称之为“社会产品”，即Social Goods）是非竞争性消费的产品，它通常还具有消费上的非排他性。[①②]

由萨缪尔森提出、由马斯格雷夫丰富的公共产品定义成为西方主流教科书中对公共产品的经典定义，而消费上的非竞争性和非排他性则成为判断公共产品与否的经典标准（有人称之为“萨缪尔森–马斯格雷夫传统”）。[③]但也有人对此提出质疑，例如布坎南就提出，人们观察到有些产品和服务通过市场制度实现需求与供给，而另一些产品与服务则通过政治制度实现需求与供给，前者被称为私人产品，后者则称为公共产品。[④]布坎南提出的公共产品与萨缪尔森–马斯格雷夫传统完全是相反的，萨缪尔森–马斯格雷夫传统是从产品的内在特征入手，如果该产品符合消费上的非竞争性和非排他性则属于公共产品，应该由政府来提供；而布坎南则认为，只要是通过政治制度来实现需求与供给的（言下之意只要是政府提供的）产品就是公共产品，与产品是否具有消费上的非竞争性和非排他性没有关系。但什么样的产品是通过市场制度来提供（私人产品），而什么样的产品是通过政治制度来提供（公共产品），布坎南似乎并没有特别明确，他认为理性而明智的个人会选择将人类活动的哪些领域纳入集体选择的范围，这在很大程度上将取决于他怎样

① Musgrave, R. A., The Theory of Public Finance, New York: McGraw-Hill, 1959.

② Musgrave, R. A., “Provision for Social Goods”, Margolis, J. and Guitton, H., *Public Economics*, London: McMillan, 1969.

③ 马珺：“公共物品问题：文献书评”，《中华女子学院学报》，2012年第1期。

④ Buchanan, J. M., *The Demand and Supply of Public Goods*, Chicago: Rand McNally & Company, 1968.

预期各种选择过程的运作，“有代表性的个体并不追求使他自己的效用最大化，而是要找到公共利益或共同物品”，[①]这种公共利益或共同物品就是公共产品，而这与产品的消费特征没有关系，只要是从公共利益或共同产品出发，大家选择的哪怕是具有消费上竞争性和排他性的产品，也属于公共产品。

在西方，其他人如奥尔森和奥斯特罗姆等人也给出过相关的概念，但都没有脱离萨缪尔森–马斯格雷夫传统以及布坎南定义的范畴。

（二）西方公共产品理论逻辑基础是相同的：市场失灵

不管是萨缪尔森–马斯格雷夫传统，还是布坎南定义，观点之间虽然有差异或存在对立，但共同的逻辑都是从政府与市场关系出发，推导出市场失灵，并将市场失灵作为西方财政学的逻辑起点。

在西方公共产品理论当中，解决市场失灵的方式是提供公共产品。由于在公共领域没有价格机制，因此这些公共产品不能由市场提供，即产生了市场失灵，所以公共产品需要政府来提供。政府提供公共产品的过程也就成了财政职能的出发点，西方公共产品理论就是围绕这一逻辑展开的。

西方公共产品理论模仿经济学的分析思路，在政府提供公共产品的分析中引入供给和需求分析框架。税收的出发点是为公共产品筹资（融资），预算则体现为公共产品供给和需求的政治市场，老百姓通过选票来表达对公共产品的需求偏好，政府根据这一需求偏

① 詹姆斯·布坎南、戈登·塔洛克：《同意的计算》，中国社会科学出版社2000年版，第20—21页。

好来提供相应的公共产品。在西方公共产品理论当中，公共产品是福利角度的公共产品，运用的是福利经济学的分析方法。政府提供公共产品要满足福利最大化的要求。从这个角度看，预算就是一个在政治市场上形成公共产品需求与供给均衡的政治程序。由于政治程序需要法治的支撑，所以不管是税收还是预算，都需要法定。而在公共产品的提供过程中，还需要一个管理过程，这就是财政管理。西方公共产品理论从市场失灵出发，围绕提供公共产品构建了一个自认为完整的逻辑体系。

三、西方公共产品理论存在重大逻辑缺陷

西方以市场失灵为逻辑基础的公共产品理论存在重大的缺陷，主要表现在以下几个方面：

（一）从政府与市场二元对立的角度看待公共产品

不管是萨缪尔森-马斯格雷夫传统，还是布坎南的定义，西方公共产品理论都是从政府与市场二元对立的角度看待公共产品。萨缪尔森-马斯格雷夫传统认为具有消费上的非竞争性和非排他性的产品是公共产品，应该由政府来提供，而具有消费上的竞争性和排他性的产品则是私人产品，应该由市场来提供。布坎南则更直白地提出，“有些产品和服务通过市场制度实现需求与供给，而另一些产品与服务则通过政治制度实现需求与供给，前者被称为私人产品，后者则称为公共产品”，表明私人产品是与市场制度相联系的，而公共产品是与政治制度相联系的。

西方公共产品理论把政府看成是与市场没有关联的外在主体。这一逻辑存在根本性的错误。实际上，不存在离开政府的市场，也不存在离开市场的政府，两者并非对立的关系。政府与市场本身就是融为一体的，并不存在由于市场失灵引出政府提供公共产品的逻辑，政府与市场实际上是一种分工与合作的关系。

西方政府与市场二元对立论存在历史根源。市场失灵背后的假设是“市场万能”，由于市场做不到万能，所以就说市场“失灵”了。这个逻辑是强加给“市场”的，对市场来说是不公平的。这个逻辑就好比将一个人高高地举起来然后再重重地摔下去。而市场万能论是有历史原因的。西方认为，所谓市场代表了一种私人资本的力量，而所谓政府代表的则是一种传统的阶级统治。掌握资本的新鲜资产阶级力量在反抗传统阶级统治的过程中，理所当然地认为私人资本的力量是无所不能的。这一点从英国历史上征税权的争夺就可以得到说明。亚当·斯密《国富论》形成以后认为政府越小越好，政府最好置身事外，什么也别干，当好夜警政府就可以了。在这个时候就已经蕴含了市场万能的假设。但市场毕竟不是万能的，当“市场万能”论破产时，再祭出市场失灵的逻辑，并从对立的角度看待政府的作用，这显然在根本上就是错误的。

（二）整体观缺失，从机械唯物论来理解社会共同体

从共同体的角度来看，一个共同体社会（广义的社会概念）包括政府、市场和社会（狭义）。而西方传统的财政学认为整个社会仅仅包括两个方面：政府和市场。因此提供公共产品也只有两个主体或者两个机制：不是市场就是政府。该逻辑存在严重的缺

陷，它不是从整个社会共同体出发来考虑的，因此是片面的。一个共同体社会除了政府活动和市场活动以外，还有社会活动（例如社保、教育和就业等）。要从整个社会出发，必须从社会共同体出发。不从整个社会共同体出发，仅仅从政府与市场关系出发，无法说明公共产品是整个社会的公共产品，是为整个社会共同体服务的公共产品。

上述逻辑表明西方公共产品理论没有一个整体观，即整体观是缺失的。要有整体观就要考虑社会共同体。从社会共同体来看，其基本的逻辑是个体与集体的关系。这个集体可以理解成为一个整体。从社会整体来看，个体和集体的关系就是每个社会成员和整个社会的关系，或者简化为集体与个体关系的模型，这是公共产品理论要回答的基本问题。

回到哲学的层面来看，西方公共产品理论对社会共同体的理解是以机械唯物论为前提的。他把这个社会理解成一台原子化的机器，由各个零部件组成的，个人的偏好加起来等于集体的偏好，“1+1=2”。这反映了西方公共产品理论的哲学基础，从个体权利本位出发，认为集体就是个体的拼凑；认为一切都要还原到个体才有价值、才有意义；集体没有独立存在的价值，集体仅仅是为个体服务的。这种哲学观是一个悖论。由于个体的偏好不能形成集体的偏好，集体就无法决策，社会就不可能存在，政府也就不存在了。

（三）“阿罗不可能性定理”已证明福利角度的公共产品逻辑上行不通

从市场失灵推导出来的公共产品，对公共产品的定义尽管不一样，但都是从福利的角度来解释公共产品的。西方福利国家，如搞社会保障的德国，搞工会医疗的英国，这些所谓的公共产品实际上都是以福利国家、福利社会的理论作为支撑。所以，福利经济学中的社会福利最大化理论，来源于此。

对社会成员来讲，这种社会福利的最大化是没有止境的，最终的结果就会落入到福利陷阱当中，导致社会成员缺少激励，养懒人，而财政则不可持续。因此，按照福利的角度来定义公共产品，存在着严重的缺陷。

不管是萨缪尔森–马斯格雷夫传统中的公共产品理论，还是布坎南的公共产品理论，都认为市场做不了的、需要政府来做的都是属于公共产品。这实际上存在"循环悖论"，因为按这一逻辑出发，从政府与市场关系的角度来看，公共产品是市场的前提，而不是市场失灵的结果，如社会秩序、制度、规则，这些公共产品是市场的前提。把前提看作是市场失灵的结果，逻辑上陷入了循环悖论。

再一个就是公共产品的供给与需求，模仿市场的这种分析方法，把它说成一个是供给方，一个需求方，把政府当成一个公司，这本身也是不合逻辑的。布坎南把它变成一个政治市场，也是一个模仿经济的分析方法，选票代表钞票，来决定这个公共产品的供给，变成一个政治程序。按照阿罗不可能定理，社会个体的偏好无法整合成集体的偏好。所以，这是做不到的。从这点来看，社会福利函数以及福利经济学的体系在逻辑上就不成立。以选票代表钞票的办法来决定公共产品，会形成投票悖论，最终不可能形成一个结果。实际上布坎南自己也很清楚这个道理，在公共选择里研究过这个问题，最后不可能形成结果。

四、应从公共风险视角来定义公共产品

西方公共产品理论存在重大的逻辑缺陷，对政府和财政的职能的解释也很牵强。对公共产品的理解，应以整体观作为哲学基础，从公共风险的角度来定义。

（一）公共产品理论应以整体观作为哲学基础

个体和集体是并存的。单纯强调个体本位和个体权力本位，而不强调集体，这个社会是不可持续的。个体和集体的关系构成一个社会的整体。如果说西方的哲学的起点是一个圆，那么它只有一个圆心，就是一切围绕个体，从个体出发来考虑圆心问题。而我们的哲学起点，必须要从个体与集体的关系来认识这个社会，它应该是个椭圆，应当是围绕集体与个体这两个中心。既不能以个体来否定集体，也不能以集体来否定个体；既不能以个体的权利来否定集体的权利，也不能以集体的权利来否定个体的权利。所以，人权有个体人权和集体人权，价值有个人价值和有集体价值。处理好个体和集体的关系是哲学的基本问题，必须要有整体观，这在中国传统文化中是有体现的。

（二）公共产品理论应以公共风险作为逻辑基础

“居安思危”的风险意识是人类得以永续发展的基础，尤其是在风险社会更要有风险意识。风险社会是人类文明的新阶段，其基本特征是不确定性和公共风险。当前，社会共同体发展到了风险社会的时期，这是人类文明的一个新阶段，基本特征就是不确定性，

不确定性就引发了风险，这个风险是基于个体与集体的，分为个体风险和集体风险，集体风险就是公共风险。个体风险当然是交给个体去承担的，集体风险也就是公共风险则必须由集体来承担，也就是由政府、由社会共同体来承担的。

以公共风险作为公共产品理论的逻辑基础，公共产品的功能是防范化解公共风险。在化解公共风险的过程中，形成了一系列的制度、法律、规则，这些都可以称之为（基于公共风险的）公共产品。这个公共产品就是由风险导致的。这与基于福利的理念形成的公共产品完全不同。基于福利的公共产品是越多越好，而基于公共风险的公共产品则是风险最小化，应当是风险越小越好。所以，公共产品不是一个供求关系，而是防范化解风险的一种结果，而防范化解风险是一个形成共识的过程，这个过程里可能有政治、有法律、有文化，有各种舆论渗透其中，但是社会任何一个历史时期的公共产品都是决定于公共风险，以及由公共风险转化而成的公共危机。可以说，制度的变迁都是由公共风险推动的。公共产品的变迁，公共产品的扩大，也是由公共风险来决定的。当公共产品背后的公共风险不复存在的时候，这个公共产品就变成了个体产品。如灯塔。在过去的条件下，没有灯塔导航就会导致沉船事故，这对所有船来说就是一种共同的风险，所以，有必要通过集体的方式去提供。但是后来随着技术的发展，这类风险不复存在了。所以，灯塔没有了，这类公共产品就不复存在了。从这个角度来说，公共产品都是以公共风险来决定的，公共风险越大，提供的公共产品就越多，而不同类型的公共风险就会形成不同类型的公共产品。直接由公共风险来推出公共产品，就避开了个体偏好形成共同偏好的逻辑的陷阱。

所以，与西方公共产品理论一开始就建立在个体基础之上不同，公共风险视角的公共产品理论是建立在集体基础之上。正是因为建立在集体的基础之上，公共产品理论应以公共风险作为逻辑基础。从这个角度来定义，凡是着眼于防范化解社会共同体公共风险的产品就是公共产品，而着眼于化解个体风险的产品则是私人产品。

五、公共产品通过影响行为化解公共风险

从公共风险的角度来定义公共产品仅是对公共产品的抽象，要对公共产品进行具体化，就要了解公共产品是如何来化解公共风险的。

（一）公共风险源于个体和集体行为

要了解公共产品是如何化解公共风险的，就要了解公共风险是如何产生的。风险是人为的混合物。[①]风险之所以是人为的混合物，是因为风险是人的行为导致的，这里的人包括作为个体的人和作为集体的人。

首先，个体行为的外部化会产生公共风险。而经济中的个体行为外部化，社会行为中个体行为的外部化，都会转化成公共风险。从个体风险到公共风险的转化与市场有关，也与狭义的社会有关，比如市场出现危机可能引发出公共风险，金融危机也会引发公共风险，而社会中的教育、医疗、贫富差距，以及就业、养老，还有生

① Ulrich Beck, "Politics of Risk Society", from Jane Franklin (ed .), *The Politics of Risk Society*, Cambridge: Polity, 1998.

态、环境等等，也可能转化成公共风险。

其次，集体行为的脆弱性导致公共风险。集体行为的脆弱性体现为治理结构与不确定性的不匹配关系。一方面，社会系统的管理与制度不足，无法提供足够的力量来应对本应可以解决的风险；另一方面，复杂的社会制度又容易削弱集体行为应对风险的努力。诺贝尔经济学奖得主彼得·汉森指出，设计的规则越是复杂而难以理解，它越可能会成为新的不确定性的来源。[①]

再次，社会群体的高度关联性放大个体和集体行为产生的公共风险，尤其是在风险社会，人与人之间的联系更加紧密，不可分割。社会的分工，知识的分工，个体不同层次之间的冲突，都会导致不确定性，从而导致形成公共风险。风险因社会群体的高度的关联性而升级，局部风险演化为全局风险的速度和危险程度在上升。社会越来越发达，个体和集体做出某些举动，都会在一瞬间影响和传递到世界每一个角落。信息化与网络化将人的距离无限拉近，人的行为产生层层波澜向社会各面传开，这些因果链中的一部分将反馈到他人身上，最终波及自身，你中有我，我中有你，局部的风险足够导致系统性瘫痪。[②]

（二）公共产品的实质是化解公共风险的个体和集体行为规则

撇开经济的逻辑，所谓的公共治理是通过提供公共产品来化解公共风险。这里的公共产品并非是一个体现为物的概念，而是一种

① 王宇：“太过复杂的监管规则会扼杀经济活力”，《当代金融家》，2016年第5期。

② 刘尚希、李成威、杨德威：“财政与国家治理：基于不确定性与风险社会的逻辑”，《财政研究》2018年第1期。

规则，是规范和引导个体和集体行为的规则。针对公共风险，大家都负起责任来公共风险就会减少，大家都不负责任公共风险就会增多。社会共同体又有不同的层次，不同的人群，不同的区域，是多个维度的。各自承担个体风险的能力也不同，个体和集体行为的规则有助于分配和调节这些风险，就可以避免风险的积聚而形成公共风险。公共风险既有外来的，也是内生的，这两方面同时存在，都是公共风险。所有的政府的行为，包括财政的行为，实际上都是为了防止公共风险的积聚扩散。有的通过法律，有的通过制度，有的通过道德，有的是显性的规则，有的是隐性的规则。所以，像国防这种类公共产品是应对外部的，而像警察、法庭、法律制度、文化、道德，这些是应对内生的。如果没有内生的这些不确定性以及形成的公共风险，这些东西根本没必要存在。

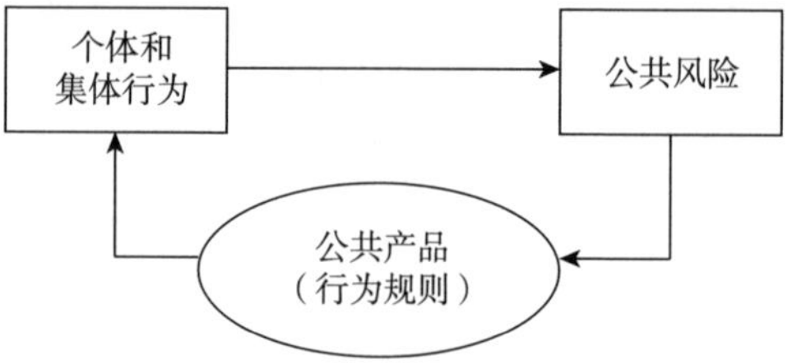

图5-3　行为、公共风险与公共产品的关系

（三）行为的异化推动规则创新和公共产品变迁

行为总是在不断地异化，而制度总是有漏洞，行为和制度之间打个不好的比喻就是老鼠和堤坝一样的关系，老鼠总是在打洞的，堤坝就像现有的制度一样，行为总是会使得现有的制度失效，因为行为总在不断创新，这时就得有新的制度来进行调整。行为异化成新的行为方式，旧的制度可能就不适应新的行为了，这个时候就需要新的公共产品。如过去马车的时代不需要交通规则，后来经过创新有了汽车，这就需要交通规则，由此引发出一系列的问题。再如，过去搭个茅棚就可以住了，现在都需要高楼大厦，那住房就需要建设，就需要标准，就需要管理，这一系列的问题就出来了。这之间会产生很多的不确定性和公共风险，这就需要政府来做。所以，需要的公共产品和服务越多，就越需要标准，越需要监管。这些不同层次的行为、不同领域的行为，如果不协调就会有公共风险。

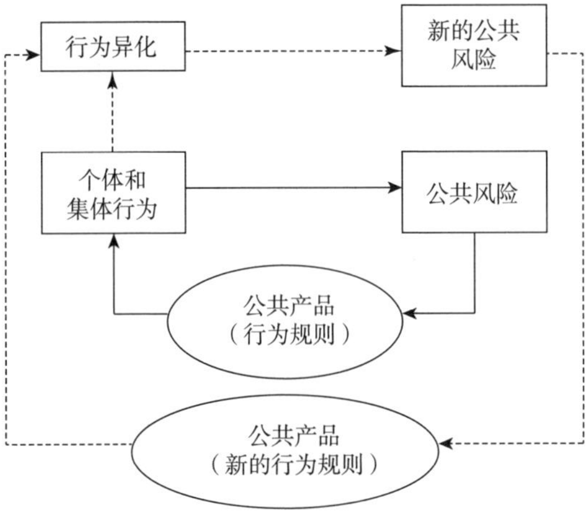

图 5-4　行为异化与规则创新和公共产品变迁

六、从公共风险看公共产品的分类和判断依据

以上从公共风险的角度对公共产品进行了定义，在此基础上要对公共产品的分类和提供方式进行重新审视。

（一）社会化、公共化与公共产品的分类

既然公共风险源于个体和集体行为，则公共产品应基于行为与风险的关联来分类。

人类既是以个体方式存在，又以集体（群体）方式存在。以个体方式存在的人类遵循社会化的演进逻辑，社会化描述的是由分工带来的个体行为之间日趋紧密的联结过程；以集体方式存在的人类遵循公共化的演进逻辑，公共化是一种集体行为逻辑。①公共化与社会化虽然有各自的逻辑，但两者是密切关联的。社会化的程度越高，公共化的外延就越大，因为在现代社会，社会化是公共风险扩张的主要原因，而公共风险则是公共化的动力。

因此，要对行为与风险的关联进行分类，应该从人类社会化的角度来分析。人类的社会是由人的分工所引起的，人的分工包括经济维度的分工和社会维度的分工，同时在经济维度和社会维度分工的基础上又派生出管理维度的分工。相应地个体和集体的行为可以分为经济行为、社会行为和管理行为，由经济行为导致的公共风险为经济风险，由社会行为导致的公共风险为社会风险，由管理行为导致的公共风险为管理风险。由此类推，公共产品可以分为经济维度的公共产品、社会维度的公共产品和管理维度的公共产品，分别对应防范和化解经济维度的公共风险、社会维度的公共风险和管理维度的公共产品，但同时管理维度的公共产品还会对经济维度和社会维度的公共风险发生作用。如果把视野放到全球，经济、社会和管理维度还会进一步拓展到全球维度，进而推导出全球维度的公共风险（全球公共风险）和全球维度的公共产品（全球公共产品），

① 刘尚希："公共化与社会化的逻辑"，《学习与探索》，2008年第5期。

但这里不做深入的讨论。

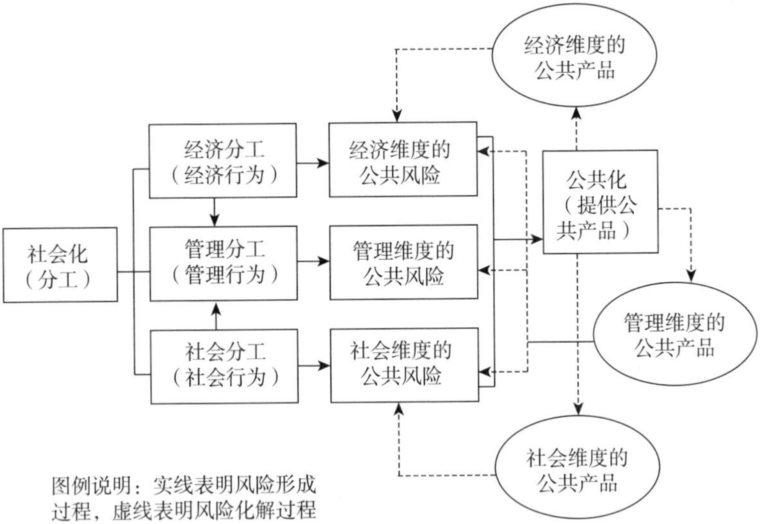

图5-5　社会化、公共化与公共产品的分类

（二）公共风险视角公共产品的判断依据

在前面的论述中，我们认为西方福利视角的公共产品逻辑上不成立。但公共风险视角的公共产品如何进行判断呢。这在理论上也是一个难题，因为公共风险存在内在关联性、不可分割性和隐蔽性三个特征。①那如何从公共风险角度判断哪些是公共产品哪些不是公共产品？解决这个问题需要有反向思维，通过反向假设分析法来确定。

根据逆否命题等价原理，以下两对命题是等价的。

① 刘尚希："公共支出范围：分析与界定"，《经济研究》，2002年第6期。

1.是公共产品——能化解公共风险，等价于：不能化解公共风险——非公共产品。

2.不是公共产品——不能化解公共风险，等价于：能化解公共风险——是公共产品。

因此要判断某项产品是否公共产品，要看取消某项产品的提供之后是否会产生公共风险，如果会产生公共风险，则说明这类产品是公共产品，否则就不是公共产品。图5-3也说明，社会化过程是人类行为形成风险的过程，而公共化则是人类行为化解风险的过程。如果经济维度的公共产品提供不足，就会产生经济风险，并有可能引发经济危机；如果社会维度的公共产品提供不足，就会产生社会风险，并有可能引发社会危机；如果管理维度的公共产品提供不足，就会产生管理风险，并有可能引发管理危机。举个例子来说，从教育来看，基础教育、高等教育和留学教育，这三类虽然都是教育项目，但其公共产品属性存在差别，基础教育如果政府不管的话，可能会存在严重短缺，导致整个国家文盲增多、劳动力素质下降、贫困发生率增加等风险，且风险无法转移；高等教育如果政府不管有可能提供不足，产生国家高级人才不足和技术进步放慢的风险；而留学教育则不会存在上述问题。

第六章　从公共风险看财政行为：行为主义视角的分析框架

本章导读

财政乃庶政之母，财政行为与制度安排体现并承载着政府与市场、政府与社会、中央与地方等各方面的基本关系。财政理论作为一种基础理论，对其的创新研究和重新解释可以是多个角度、多个维度、多个层次的。但对于一个基础理论的基本内核，或者说对一个学科体系本质的研究，需要有基本的研究范式和研究视角。即财政的逻辑起点是什么？财政的本质是什么？财政与国家治理的关系到底是怎样的？一个国家应该构建怎样的财政治理框架？作者尝试从行为主义和公共风险的视角来研究。行为主义视角下，财政的逻辑起点是基于集体行为的逻辑。财政的本质是防范和化解公共风险的集体行为规则。国家治理的基本内核是追求集体行为确定性的公共风险治理，财政的职能是作为减少不确定性、防范化解公共风险的防御机制，与国家治理的基本内核高度一致。走向基于行为主义的财政治理之道，需要建立新的思维方式，从确定性思维转向不确定性思维；建立行为主义的财政治理模式，基于不确定性思维引导行为预期；建立不同财政行为主体之间责任分担和风险分散机制；

遵循风险理性原则进行财政行为治理，以实现公共风险最小化。

行为主义是20世纪初起源于美国的心理学流派，主张应该研究不同行为主体可以被测量的行为，衍生出行为经济学、行为政治学、行为政治经济学、行为法学、行为金融学等学科或者称之为流派。这些学科或者说流派都是将行为分析理论与该学科的运行规律有机结合起来，对不同的行为主体以及这些主体的行为进行研究。2002年诺贝尔经济学奖授予了丹尼尔·卡纳曼和弗农·史密斯，标志着行为经济理论得到了空前繁荣。瑞典皇家科学院的颁奖理由为："将来自心理研究领域的综合洞察力应用在了经济学当中，尤其是在不确定情况下的人为判断和决策方面做出了突出贡献。"2017年诺贝尔经济学奖授予了芝加哥大学教授理查德·塞勒（Richard H. Thaler），表彰其在行为经济学领域的贡献。这也标志着行为分析理论得到了广泛认同。

近年来，行为分析理论与财政学研究的结合也在逐渐进行，2004年南加州大学法学院院长凯弗瑞（McCaffery）与密歇根大学税收政策研究中心主任斯莱默德（Slemrod）首次提出行为财政学这一概念。此后，他们多次召集国际上顶尖的财税专家讨论行为财政学问题。会议论文集《行为财政学》于2006年出版，标志着行为财政学的正式确立。

国外，对于行为主义与财政学的结合研究尚处于起步阶段，且更多地来源于行为经济学。国内在"财政是国家治理的基础和重要支柱"论断提出后，学界已基本达成共识，财政学不应是在应用经济学下的一个分支或者说是二级学科，而应站在国家治理的高度来重新审视财政学的地位。行为主义提供了一个很好的研究视角，并以崭新的研究范式，即研究在不确定情况下的各个行为主体的判断和决策，对传统财政学进行修正、补充和完善，以使财政学更接近现实，更富解释力。

一、行为主义与行为财政学研究综述

行为主义认为，心理学不应该研究意识，只应该研究行为，把行为与意识完全对立起来，应该对政治行为进行科学的研究，特别是通过使用定量方法，旨在创立完全以经验数据为基础的政治科学。行为主义产生于20世纪初，50和60年代盛行于美国和其他西方国家。早期行为主义的代表人物以华生为首，新行为主义的主要代表人物则为斯金纳等，新的新行为主义则以班杜拉为代表。行为经济学则是作为实用的经济学，它将行为分析理论与经济运行规律、心理学与经济科学有机结合起来，以发现现今经济学模型中的错误或遗漏，进而修正主流经济学关于人的理性、自利、完全信息、效用最大化及偏好一致基本假设的不足。

在国外已有的研究文献中，并不严格区分行为公共经济学和行为财政学。在此，我们也不做严格区分，将其一并综述。行为财政学是行为理论与财政学结合的产物。它借助行为主义、行为经济学的基本理论和分析方法对传统财政学进行修正、补充和完善，以使财政学更接近现实，更富解释力。行为财政学不仅是在理论上是一个全新的、尚待发掘的领域，在实践中也具有重要意义，行为财政学有别于传统财政学，行为财政学借助行为经济学的基本理论和分析方法对传统财政学进行修正、补充和完善。在研究内容上，行为财政学涉及财政收入、财政支出和财政政策等领域。在研究方法上，行为财政学将心理学等现实因素引入其中。行为财政学拓展了传统财政学的研究范式和分析视角，不仅在理论上是一个全新的、尚待发掘的领域，在实践中也具有重要意义。

（一）行为财政学的研究内容

行为财政学的研究内容涉及财政收入、财政支出和财政政策等领域。基于下面两方面原因：（1）行为财政学各研究领域之间并没有严格的界限，比如，财政收入和财政支出通常与财政政策相关。具体而言，如果财政政策的目标是鼓励某种行为，通常会对该行为实行税收减免或财政补贴；如果财政政策的目标是限制某种行为，通常会对该行为实行税收加成或财政罚款。（2）财政支出具有较强的政策导向性，现有行为财政文献很少专门研究财政支出，通常是结合财政政策研究财政支出，比如社保支出通常与社保政策联系在一起。因此，我们对现有文献的梳理将集中在财政收入和财政政策两个领域。

1.对公共品供给行为的重新解释——社会偏好与自愿供给

传统经济学认为，由于个体是理性经济人，在集体选择过程中会采取“搭便车”策略，从而导致公共品很难被个人自愿供给出来；群体规模越大，即一个社会中成员数量越多，“搭车”动机越普遍，也就越难以实现公共品的自愿供给。但这种基于新古典范式的理论预测并不符合我们从社会经济中所观察到的事实：通常我们能看到，的确存在单个社会成员的“搭便车”行为，但同时也能观察到社会成员会自愿供给公共品，比如志愿者行为就是最典型的公共品自愿供给行为。

行为和实验经济学家通过公共品博弈实验研究得出了以下共同的结论：公共品自愿供给显著存在，且集体规模的影响不大。这就意味着投资者不仅自愿主动投资集体账户，而且投资比例还不低；并且随着被试人数的增加，这种投资行为并未出现弱化。行为经济学家进一步探讨了究竟是什么因素激励了个人，使其自愿提供公共品。所有的研究均发现：这种激励来自社会成员固有的社会偏好。这里所讲的社会偏好是指个体会自发地关注他人的行为和利益，并从中获得满足。这种社会偏好也常常被称为涉他偏好，包括利他、互惠和公平三大类，其本质反映了人与生俱来的社会性。也就是说，人是社会中的人，并非孤立的人。这种社会性恰恰被新古典范式省略，而行为和实验经济学通过社会偏好的形式重新找回了这一社会性。但行为和实验经济学并不否认人的自利偏好，而是认为社会中的人同时具有自利偏好和社会偏好，因而形成一个偏好的微观结构。社会成员会受到自利偏好与社会偏好的双重驱动，因而表现在公共品自愿供给行为普遍存在，但同样会随着重复博弈次数的增加而发生衰减。具体来说，就是当社会偏好起作用时，人会表现出公共品自愿供给行为；但人的自利偏好也会在其中起作用，从而会弱化这种自愿供给行为。因此可以通过奖惩机制、声誉机制、群体类型选择机制等防范自利偏好对社会偏好的挤出。

2. 集体决策——行为公共选择

公共品可以通过社会成员自发供给出来，也可以通过社会成员形成一个集体，进而由集体决策供给出来。提供公共品的集体首先是政府，其次还包括非政府组织和各自自发群体网络。集体选择困境的根源在于成员的“搭便车”。进行集体选择时，在不确定性下选民可能出现理性局限，产生“投票悖论”，即选民投票选举政治家并无明确收益，而投票的成本则由自己承担，因此作为理性“经济人”的选民就不会去投票。但现实当中选民普遍参与投票，这种行为明显违背了新古典范式的理论假定。后续研究发现的另一个异象是理性无知，说的是投票者在投票时，对备选方案或者候选人所知甚少。如果要收集相关的信息，所得收益甚少，所费成本甚多，因而投票者干脆就不去收集这些信息，因此，看似投票者投票很冲动，这和理性决策逻辑不完全一致。传统经济学无法解释这两个悖论，行为和实验经济学从理性局限出发，重新解释了投票悖论和理性无知等异象，从而引发了对新政治经济学的改造，相关的成果被称为“行为政治经济学”或“行为公共选择”。

行为经济学家认为投票者参与投票的原因在于想表达自己的立场、态度、身份等，通过表达来获得表达效用。按照理性人假说，表达和投票者自利最大化一致，而按照行为经济学来说，表达本身就是人的社会性的体现。从理性人角度看，投票者通过表达影响其他人，类似一个外部性行为，这一行为可以在非表达投票效用中的收益项或成本项中增加一个正外部性或负外部性来解决，如同新古典经济学处理外部性问题的标准方法。因而，从理性人的角度看，其实并不存在真实的表达效用。表达效用这个概念存在本身就意味着投票者不可能是理性人，因为其中包含了以参照点和相对损益组成的价值函数的概念，从而表达行为可以理解成投票人的认知偏见、认同、社会偏好等的驱动。投票者会依据参照点投票，即产生所谓的“投票幻觉”。意思是指投票者以为那些和自己立场或喜好类似的人会去投票，于是自己也去投票；同时投票者会出现偏好逆转现象，并不会按照新古典理性“经济人”那样行动。很明显，表达行为一定程度上就是投票幻觉。

3.税收遵从——信任博弈

按照新古典范式，人们会对纳税做出最优反应，这体现在避税行为上。20世纪80年代曾做了一项实验，其结果表明公平心理是影响人们行为的重要心理因素，即人们不仅关心自身的获得和损失，也注意他人的获得和损失，以此对社会公平进行对比。政府如果没有合理地提供公共品，则会使人们感到政府的不公，这就使税收遵从程度降低。但是在实际生活中很难确定公共品是否合理，因为每个人都有自己的主观意识，因此会造成对同一种公共品产生不一样的看法。

在税收领域中，税收信任的体现在于：信任博弈。因此，增加税收遵从程度，就要加强稽查率和处罚金额。研究数据表明：对于原本就具有税收遵从程度较高的纳税人，加强稽查率和处罚金额会使税收遵从程度降低。根本原因就在于信任问题，纳税人会认为政府不信任自己，因此就会导致原本税收遵从程度较高的纳税人采用偷税、漏税、逃税等方式进行抗争。

4.基于风险和不确定性的行为

正常情况的选择已经足够复杂，人们在不确定条件下就更加难以做出决策。不确定条件下的判断和决策，许多都偏离了传统的经济学理论，特别是偏离期望效用理论“预期理论”有三个基本理论观点：面临“获得”，人们倾向于“风险规避”；面临“损失”人们倾向于“追求风险”；获得和损失是相对于“参照点”而言的。人们常常对结果偏离某一非固定偏好水平而不是对用绝对项衡量的结果更加敏感。重视变化而不是大小，可能与心理学的认知法则有关。根据这种法则人们对外部环境的变化而不是其强度更敏感。而且，与偏好水平相比在同等大小的损失和收益之间，人们常常更讨厌发生损失。

（二）简要评述

根据对国外行为财政学文献的梳理，可以看出：一方面，行为财政学的提出为财政学研究提供了新的视野，学者们已从多个角度对行为财政学问题展开了研究，其中，在税收遵从、税收信任以及社会保障等问题上的研究取得了重要进展；另一方面，行为财政学尚缺乏自身的逻辑体系和分析主线，有的理论直接照搬行为经济学的研究成果，还处于财政学与行为经济学的简单嫁接阶段。行为公共经济学家运用非福利主义方法和福利分析方法研究了社会保障、公共物品、公共政策等公共经济学问题，并指出行为公共经济学具有巨大的发展潜力，未来的研究将围绕优化理论模型、更新数据来源等主题展开，也为行为财政学的研究提供了思路。

总体上说，行为财政学拓展了传统财政学的研究范式和分析视角，不仅在理论上是一个全新的、尚待发掘的领域，在实践中也具有重要意义。国外行为财政学的研究尚处于起步阶段，国内行为财政学的研究仅处于引入阶段。行为财政学批评传统财政学远离现实、忽视人类行为的心理基石、无法准确解释财政现象等不足，但这并不意味着行为财政学是对传统财政学的颠覆和否定，至少现在还不具备这种革命性条件。总体而言，行为财政学是对传统财政学的修正、补充和完善，以使财政学更接近现实，更富解释力。如何构建行为财政学自身的逻辑体系，形成更加科学、系统的研究框架，运用实验分析方法进行实证研究，得出更具理论价值和现实意义的研究成果，将成为行为财政学未来的前进方向。

二、行为主义视角下财政的逻辑起点：基于集体行为的逻辑

（一）传统财政学的本质

传统财政学（主流观点为市场财政论）的逻辑是经济学的逻辑，其逻辑起点是市场失灵。由于在公共领域没有价格机制，因此公共产品不能通过市场提供出来，即产生了市场失灵，所以公共产品需要政府来提供。政府提供公共产品的过程也就成了财政职能的出发点，传统的财政学就是围绕这一逻辑展开的。

早在18世纪70年代，亚当·斯密在《国富论》第五篇“论君主或国家的收入”中，较为系统、完整地阐述了公共支出、公共收入和公债等问题，确立了财政学体系。斯密建立了“经济人”模型假设，构建了传统财政学的假设前提。所谓“经济人”，就是假定作为个体的人的行为都是有目标、有理性的，物质性补偿的最大化是其唯一想获得的经济好处。这常常被用作经济学和某些心理学分析的基本假设。这个假设一般认为来自亚当·斯密《国富论》。他认为，社会的公共利益是通过在自由的状态下，个人所追求其自身利益的过程中自然而然达到的，国家或政府没有必要也无可能就此方面操心。作为政府，只需要扮演好“守夜人”的角色即可，这个“守夜人”可以通过制定法律及相关制度来保障交易的自由进行，政府的职能及财政收支的范围也只是限于司法和国防，以及提供一些作为个人不愿意提供或承担，但是对经济社会发展又是必需的公共事业。之后，西尼耳定量地确定了个人经济利益最大化公理，约

翰·穆勒在此基础上总结出“经济人假设”，最后帕累托将“经济人”这一名词引入经济学。在“经济人”前提假设下，公共产品由于非公共性和非竞争性特征，经济人是无法供给或充分供给的，由此确定了出政府收支的边界。

传统的财政学模仿经济学的分析框架，在政府提供公共产品的分析中引入供给和需求分析框架。税收的出发点是为公共产品融资（筹资），预算则体现为公共产品供给和需求的政治市场，老百姓通过选票来表达对公共产品的需求偏好，政府则根据这一需求偏好来提供相应的公共产品。总之，传统财政学是在“经济人”模型假设前提下，以市场失灵为逻辑起点，把政府看成是与市场没有内在关系的外在主体，围绕提供公共产品构建了一个理论或学科体系。

（二）行为主义对“经济人”假设和“市场失灵”逻辑起点的修正

如前所述，一般传统的财政学认为，行为个人是有理性的“经济人”，所以，其在作集体选择的过程中往往会采取“搭便车”的行为策略，这样就导致了公共产品很难被个人自愿地提供或供给出来。可见，传统财政学的逻辑是循着经济学的逻辑展开的，其逻辑的起点是基于“经济人”假设的市场失灵。因为其在公共领域缺乏价格机制，所以公共产品无法通过市场来提供或供给，这样就产生了市场失灵，因此得出结论，这种情况下，只能通过政府来提供公共产品。这个过程即成为财政职能的由来或出发点，比如，财政职能中的税收职能，为公共产品进行筹资是其出发点；财政中的预算则是以公共产品供给和需求的政治市场为出发点；而社会公众或称选民则是通过手中的选票来表达其对公共产品的偏好；政府再依据这个偏好来进行公共产品的供给。

行为主义通过研究证明，公共产品“自愿供给”是显著或者说普遍存在的，因为行为个体会自发地关注他人以及集体的行为和利益，并从中能够获得一种满足。这种个体自发地关注集体的行为及社会偏好，也被称为“涉他偏好”，通俗地讲就是涉及他人、惠及他人，可以包括利他、互惠和公平这三大类，其本质上反映了一个作为个体的人，具有一种与生俱来的“社会性”。而这种“社会性”，打破或者说放开了“经济人”假设，从心理学等其他学科的角度诠释人的行为动机，重新描绘出了一个社会中现实的人。现实中的人，会受信息收集的限制、计算能力的限制，以及对风险偏好把控的偏差，导致不完美的最优追求，会出现“拖延”“诱惑”等缺乏自制力现象，决策还受到“参考依赖”“涉他偏好”等外在因素影响。因此，现实中的人是多样的、多变的，且行为互相影响，每个人追求的利益最大化目标也就不再与同质“经济人”一样整齐划一。也正是因为不同行为主体间利益追求的不一致，才会产生利益间冲突，时间上、认识上、行为上的不一致，市场不确定性和风险也就随之而生。

如上所述，传统财政学遵循的是一种政府与市场二元对立的思维，这种思维来自西方哲学，与我国的传统哲学有很大区别，我国传统哲学所提倡的是“和而不同”。实际上，无论是政府、市场，还是社会，都是在国家这个整体或集体行为之中，扮演的是一种分工与合作的相互依存关系，而非相互对立的关系。从历史上来看，人们之所以选择集体群居是内含着政府行为的，而个体之间的分工合作内含着市场和社会行为，政府、市场和社会的这种分工与合作关系是普遍存在的。

（三）逻辑起点：财政是基于集体行为的逻辑

从行为主义视角看，人的行为有两种存在方式：一种是以个体行为方式存在，另一种是以集体行为方式存在。作为个体的人，总要存在于一个集体之中，也称之为共同体之中，所有人的共同发展，是每个作为个体的人发展的前提。国家之所以成为国家、社会之所以成为社会，都是从集体的角度来看的，其深层次的原因是基于集体或者说整体的需要，而这种集体需要的本质是要构建一种确定性。集体或者共同体的存在是为了保证确定性。

相应的，人会面临两种不确定，一种是作为个体所面临的各种各样的不确定；另一种是从集体或群体角度而言所面临的各种各样的不确定。作为个体的人面临不确定时的行为，会产生个体风险，而作为集体面临不确定时的行为所产生的风险，则为公共风险。真正的共同需要就是防范公共风险，寻求一种确定性，避免共同体的整体消亡。个体的风险可以通过市场的行为规则来解决，也可以通过道德的规则来解决，如社会互助机制，而公共风险的防御则必须由集体来承担，也就是由社会共同体来承担的。

财政不是基于个体本位，而是基于集体行为的逻辑。没有财政，国家也就不会存在。有着财政社会学创始人之称的葛德雪认为，“共同体是产生于国家之前，财政的需求是共同体升格为国家的重要途径。财政也由此成为历史上所有国家层面的体制改革的核心议题”[①]。国家中的每个人，都要自愿或不自愿地让渡出一部分资源来支撑共同体的存在。从人的个体角度而言，往往不愿意自愿让

① 李炜光、任晓兰：“财政社会学源流与我国当代财政学的发展”，《财政研究》，2013年第7期，第37页。

渡资源，于是就产生了法律、公共权力和强制性。共同体之所以能成为国家，主要是因为财政。有了财政，才有共同体。而有了共同体，才有了国家这个“外壳”。从这个意义上而言，财政的演变决定了制度的变迁，也决定了权力的变迁，推动了社会共同体形态的演变。因此，财政是作为集体行为需要构建确定性的一种公共风险防御机制，其作用就是减少不确定性、防范公共风险。可见，传统财政学的逻辑是建立在个体行为基础上的，而我们研究财政学的逻辑起点是以集体行为作为基础。

三、行为主义视角下财政的本质：防范和化解公共风险的集体行为规则

无论是个体的人还是集体的人，其采取的行为会产生外部化，外部化又会导致公共风险的产生，财政行为是为了防止公共风险出现积聚扩散，是作为这样一种防御机制而存在。

（一）个体行为的外部化产生公共风险

个体行为会产生个体风险，从个体风险会转化为公共风险，这种转化与市场和社会都密切相关。如，市场中如果出现了金融危机或经济危机，就会引发更大的公共风险；再如，社会中我们常说的就业、教育、医疗、养老等任何一个领域出现了问题，也可能会转化为公共领域的风险。可见，个体风险的转化是个体行为外部化造成的，这种外部化都可能会转化为公共风险。从整体来看，经济社会的这种内生的不确定性都极有可能把风险扩大化。由于经济社会

是由不同的产业链条和知识分工等构成的“你中有我、我中有你”的互相依赖关系，这就使得风险会从个体出发进行不断地传递，最后，个人的风险就可能会变成了所有人的风险，也就是集体或群体的风险。公共风险与个体行为、集体行为都密切相关，任何个体行为的风险，都有可能转化为集体行为风险，即公共风险。公共风险也与经济行为、社会行为都密切相关，通过经济社会中一系列的链条、节点、环节、阶段等，逐渐演变而来。

（二）集体行为的脆弱性导致公共风险

集体行为存在脆弱的一面，由集体行为的困境走向集体行为的帕累托累进，是包括管理学、经济学、政治学、社会学等学科学者共同致力探讨的重大问题。理论上说，集体行为的脆弱性或困境是客观存在的社会现象，是行动个体理性行为的非合作博弈结果。个人自私的行为并不一定能够而且在许多情况下显然不能够在亚当·斯密的“看不见的手”的指引下产生最佳的社会共同结果，个人理性并不能保证集体理性。因此，公共风险甚至是危机的出现似乎在所难免。公共风险或危机的克服有赖于行动个体的行为自主性，但更多地仰赖于制度的安排。因为制度是长期迭演博弈所选择的均衡结果，它是行动个体由不合作走向合作的路径依赖。

古希腊哲人亚里士多德曾经断言：“凡是属于最多数人的公共事务常常是最少受人照顾的事务，人们关怀着自己的所有，而忽视公共的事务；对于公共的一切，他至多只留心到其中对他个人多少有些相关的事务”[①]。而使这一断言模式化的公共选择分析模

① 亚里士多德：《政治学》，商务印书馆1965年版，第48页。

型影响最大的有三个：公用地悲剧、囚徒困境博弈和集体行动的逻辑。

1968年英国科学家哈丁（G. Hardin）在美国著名的《科学》杂志上发表了“公用地的悲剧”（The Tragedy of the Commons）一文，此文描述了理性地追求最大化利益的个体行为是如何导致公共利益受损的恶果。哈丁设想古老的英国村庄有一片牧民可以自由放牧的公共用地，每个牧民直接利益大小取决于其放牧的牲畜数量，一旦牧民的放牧数超过草地的承受能力，过度放牧就会导致草地逐渐耗尽，而牲畜因得不到足够的食物就只能挤少量的奶，倘若更多的牲畜加入拥挤的草地上，结果便是草地毁坏，牧民无法从放牧中得到更高收益，这时便发生了“公用地悲剧”。同时，尽管每个牧民决定增加饲养量考虑到了现有牧畜的价值的负效应，但他考虑的只是对自己牧畜的影响，并非所有牧畜的影响。于是，最优点上的个人边际成本小于社会边际成本，纳什均衡总饲养量大于社会最优饲养量。

著名的“囚徒困境”博弈模型也说明了：在一次博弈的情况下，人们不遗余力地追求自身利益最大化，而博弈结果对于集体来说往往并非帕累托最优状态。两个囚徒决策时都以自己的最大利益为目标，结果是无法实现最大利益甚至是较大利益的。

美国经济学家奥尔森（M. Olson）在其名著《集体行动的逻辑》中，阐释个人理性不是实现集体理性的充分条件，其原因是理性的个人在实现集体目标时往往具有搭便车的倾向。奥尔森批驳了传统的集体行动观，即由具有相同利益的个人所形成的集体是要为他们的共同利益而行动的，认为“除非一个集团中人数很少，或者除非存在强制或其他特殊手段以使个人按照他们的共同利益行事，有理性的、寻求自我利益的个人不会采取行动以实现他们共同的或集团的利益”[①]。在奥尔森看来，集团的共同利益实际上可以等同或类似一种公共物品，任何公共物品都具有供应的相联性与排他的不可能性两个特性。公共物品的两个特点决定集团成员在公共物品的消费和供给上存在搭便车的动机，即使个人不为公共物品的生产和供应承担任何成本也能为自己带来收益，因为公共物品的消费并不排斥不承担成本者的消费。

与囚徒困境描述的一次博弈所导致的个人理性与集体理性的矛盾稍有不同，奥尔森阐述的是多人存在的场合下，反复式的迭演博弈所导致的集体非合作性结局；与哈丁叙述的个体理性导致集体非理性的过程稍有不同，奥尔森阐述的则是存在共同利益的情况下，理性的个体不会为共同利益采取合作性的集体行动。尽管如此，三种分析模型在本质上仍然是一致的：

集体行为存在脆弱性或困境，人类对公共事务的管理并非轻而易举。中国古代“三个和尚没水喝”“滥竽充数”的故事，俗话中的“众口难调”，古典经济学中的“劣币驱逐良币”，安徒生童话中的“皇帝的新装”，说明的实际上也是集体行动困境的问题。奥尔森在为桑德勒（T. Sandler）《集体行动》一书的序言中写道，所有的社会科学研究范畴，几乎都是围绕两条定律展开的。第一条定律是“有时当每个个体只考虑自己的利益的时候，会自动出现一种集体的理性结果”；第二条定律是“有时第一条定律不起作用，不管每个个体多么明智地追寻自我利益，都不会自动出现一种社会的理

---

① 曼瑟尔·奥尔森：《集体行动的逻辑》，上海三联书店、上海人民出版社1995年版，第2页。

性结果”[①]。

集体行为的脆弱性还体现为治理结构与不确定性的不匹配关系。一方面，社会系统的管理与制度不足，无法提供足够的力量来应对本应可以解决的风险；另一方面，复杂的社会制度又容易削弱集体行为应对风险的努力。诺贝尔经济学奖得主彼得·汉森指出，设计的规则越是复杂而难以理解，它越可能会成为新的不确定性的来源。

再者，社会群体的高度关联性放大个体和集体行为产生的公共风险。尤其是在风险社会，人与人之间的联系更加紧密，不可分割，成为相互依赖的网络，每一个人、每一个节点都是风险源。社会的分工、知识的分工、社会不同阶层之间的利益差别，都会导致不确定性，从而形成公共风险。风险因社会群体高度的关联性而升级，局部风险演化为全局风险的速度和危险程度在上升。社会越来越发达，个体和集体做出某些举动，都会在一瞬间影响和传递到世界每一个角落。信息化与网络化将人的距离无限拉近，人的行为产生层层波澜向社会各层面传开，这种链式反应使不确定性扩大，风险扩散，最终波及自身，你中有我，我中有你，局部的风险足够导致系统性瘫痪。

（三）财政行为是防止公共风险积聚扩散的机制安排

如前所述，公共风险与个体行为、集体行为、经济行为、社会行为等都紧密相关，个体行为的风险会传递、转化为集体行为的风

① 苏长和：《全球公共问题与国际合作：一种制度的分析》，上海人民出版社2002年版，第2页。

险，产生公共风险，那么，就需要有公共风险的防范和化解行为机制。谁来承担这个防范化解行为机制的功能呢？那就是财政。财政是基于集体行为的逻辑。财政的本质就是防范和化解公共风险。

撇开经济的逻辑，所谓的公共治理是通过提供公共产品来化解公共风险。这里的公共产品并非是一个物的概念，而是一种行为规则，是规范和引导个体和集体行为的规则。针对公共风险，大家都负起责任来，公共风险就会减少，大家都不负责任，公共风险就会增多。社会共同体又有不同的层次，不同的人群，不同的区域，是多个维度的。各自承担个体风险的能力也不同，个体和集体行为的规则有助于分配和调节这些风险，就可以避免风险的积聚而成公共风险。公共风险既有外来的，也有内生的，这两方面同时存在，都是公共风险。

可以说，所有的财政行为，本质上都是为了防范公共风险的积聚和扩散，或者说是一种公共风险防范行为机制安排。这种防范机制安排，或者是通过法律制度等显性的行为规则，或者是通过道德习俗等隐性的行为规则，而无论是显性还是隐性行为规则，都需要财政来维系。公共风险可以分为外来和内生两个层面，譬如，国防是为了应对外部的公共风险而存在的，而警察就是为了应对内生的风险而存在的。这两个层面的风险都是源于不确定性，都是集体的风险，而且多数情况下是并存的。政府预算制度、税收制度、财政体制、财政资金分配制度等，可以说都是为了防范和化解不确定性和公共风险而存在。比如，财政预算的资金应按照公共风险的大小和程度来进行分配，风险越大的领域应该分配得越多，风险越小的领域就应该分配得越少。

进一步探讨，行为是涉及不同领域的，个体行为和集体行为都会涉及不同领域。集体又分为不同的人群、不同层次、不同维度、不同区域。而这些不同的集体构成中，个体能够承担风险的能力也不尽相同，政府需要制定规则来调节和分配这些风险，这样就可以避免个体风险的积聚扩散和叠加而形成公共风险。然而，只要是制度，它就总是不可避免地会出现漏洞，而行为却是能够在不断地创新，这就会使得行为让现有的制度“失灵”或“失效”。这样，就要有新的制度来进行调整和优化。而无数个个体行为的叠加又会形成一种新的行为方式，旧的制度又会出现不适应新的行为的状态，这时，就需要出现新的公共产品来供给。在这样的一个链条或者是过程中，会产生诸多不确定性和公共风险，而防范和化解这些公共风险就需要政府来做机制安排。可见，所需要的公共产品越多，就越需要制定行为标准或者行为规则来进行监督管理。这些不同层次、不同维度、不同领域、不同区域的行为，如果出现了不协调，就会产生公共风险。

（四）行为的异化推动规则创新及制度变迁

行为总是在不断异化，而制度总是有滞后性，而且是固化的。行为和制度之间的关系就像是一辆车的轮子与刹车之间的关系，只有当轮子的运动具有某种确定性时，刹车的制动效能才会显现出来。如果轮子在运动中可以变形，可以对刹车系统做出预期反应，那么这种规制就会失效。如果担心失效，刹车系统从一开始就不松开，那么车辆的运行效率很低，如我国的计划经济时期实行各种管制，最终会使社会这辆车遭到损害，产生更大的公共风险。

行为总在变化，甚至变异，衍生出新的各种行为关系，这时，法律、制度、规章就无法起到规范引导行为的作用。行为异化成新的行为方式，旧的制度可能就不适应新的行为了，这个时候就需要新的制度规则。从农业社会到工业社会，极大地改变了人类的生产生活方式和相互之间的交往方式，同时也就会产生很多的不确定性和公共风险，这就需要政府代表社会共同体来提供新的制度性公共产品。如果提供不及时，严重滞后，公共风险就会显现出来，甚至变为公共危机。

四、行为主义视角下财政与国家治理的关系考察

国家治理的基本内核，是追求集体行为的确定性和公共风险的最小化，保证国家发展和文明进步的可持续，这是最大的公共利益。财政的职能是作为减少不确定性、防范公共风险的防御机制，这与国家治理的基本内核是高度一致的。

（一）国家治理的内核是基于追求集体行为确定性的公共风险治理

从人类社会发展的历史过程来观察，小到一个组织，大到一个国家，都是在进化过程中的一种自发的无意识的结果，是在人类面临的集体行为困境从而产生公共风险的这种自然的作用下产生的。

党的十八届三中全会首提国家治理体系和治理能力现代化，党的十九届四中全会又对此进行了更深入的阐述并指明了推进方向。学术界也从宏观层面和微观层面、经济角度和社会角度等，对国家治理给出了不同的研究和解读。不同的研究观点可能因为遵循的理

论基础和研究范式不同，分析的方式方法也各有差异，但最终得出的国家治理目的其实是殊途同归的。

恩格斯早在《家庭、私有制和国家的起源》中就对国家的起源进行了阐述："国家是社会在一定发展阶段上的产物；国家是表示：这个社会陷入了不可解决的自我矛盾，分裂为不可调和的对立面而又无力摆脱这些对立面。而为了……不致在无谓的斗争中把自己和社会消灭，就需要一种表面上凌驾于社会之上的力量，这种力量应当缓和冲突，把冲突保持在'秩序'的范围之内；这种从社会中产生但又自居于社会之上并且日益同社会脱离的力量，就是国家。"①

由此可看出，国家产生于对"秩序"的追求，而追求"秩序"，其实就是追求确定性的一种理性化表达，说明国家本身是出于一种对风险的防范，或者说是个体行为的不理性导致了集体行为困境产生公共风险，社会陷入了内部矛盾和冲突，导致了国家的产生。这也可以得出一个结论，人类社会进化的"原动力"是公共风险。

社会是由多个个体组成的，这些个体可以覆盖多个领域，而每一个领域都有可能最终引致公共风险的产生，多种类型、多个领域的风险交织在一起，其影响程度和由此产生的损害或危害是巨大的。这样的风险，一般来说个人是没有能力应对的，而每一个个体的人之间又是相互联系的，在这样的风险中，没有人能独善其身、置身事外，俗语讲"覆巢之下，安有完卵"。这时，需要用集体的力量，在国家这个共同体的层面进行治理，通过优化治理结构，不断地为治理注入确定性，来防范和化解公共风险，从而实现国家的长治久安和人类文明的进步，这也是国家治理的本质之所在。可

① 《马克思恩格斯全集》，第21卷，人民出版社2006年版，第194页。

见，国家治理的基本内核，就是追求集体行为的确定性和实现公共风险的最小化，以此来保证国家的稳定、发展和社会文明进步的可持续性。

（二）财政与国家治理的内核和逻辑的一致性

行为主义视角下，财政从逻辑起点，到财政的本质、财政职能定位，均体现了国家治理的本质特征，财政行为与国家治理的本质属性是一致的。从财政本质的诠释上来看，行为财政学放开了“经济人”假设，将确定的一般均衡模型进一步推向了不确定性。人在面临不确定性时的选择有两种：一种是作为个体所面临的不确定和风险；另一种是作为集体所面临的不确定所带来的风险，即公共风险。而财政的职能是作为减少不确定性、防范公共风险的防御机制，这与国家治理的基本内核是高度一致的。

进一步讨论财政的行为规则、政策设计和财政职能定位。在不确定的市场环境下，一方面，人们在追求利益最大化过程中是有偏差的，需要政府政策予以矫正，另一方面，政府需要有效利用行为工具，制定便于人们所接受的政策措施。行为主义为国家治理提供了有效的方法论：一方面，在多元利益冲突的环境下，国家需要寻找平衡各方面利益的共同点，也需要引导、矫正不同群体的利益偏差，使他们更加容易达成共识，减少冲突与不确定性。另一方面，在协调解决矛盾冲突过程中，行为方式变得尤为重要，有效的行为方式或政策形式可以缓解利益冲突，化解公共风险。因此，财政行为与国家治理在本质属性上是一致的。

国家治理的内核是追求确定性，那么其治理的逻辑就是要注入确定性，对公共风险进行治理。在这个注入确定性和对风险进行治理的过程中，财政的特点决定了其处于一个核心或者说枢纽地位，是经济制度、政治制度、社会制度能够有效发挥功能和作用的中枢，也就是党的十八届三中全会提出的财政是国家治理的基础和重要支柱。国家在不断注入确定性的各种治理的措施中，财政的作用是举足轻重和不可或缺的，是与其他的任何一种措施相区别的。财政行为是一种注入确定性的治理过程，通过这样的行为主体的互动共治过程，使得公共风险变小。

（三）财政在国家治理中的特殊地位

进一步讨论，如果把国家治理结构看作是一个系统，那么这个系统会由多种行为规则和制度组合而成。财政在整个治理结构中，处于不同于其他行为规则和制度的特殊地位。

一是财政行为承担制度的“成本”。这种成本可以从制度对行为的影响方式来看。制度有两类，一种是显性制度，对行为影响是一种外在的强制性，另一种是隐性制度，对行为影响是一种内在的自觉性。这两种制度，其形成和运行都是有成本的，而这种成本是社会成本或者也可以称之为外部成本，是任何一个个人或个体不可能承担的成本，那就需要作为集体来承担，而财政就是基于集体的逻辑，作为防范和化解集体的公共风险的机制安排。而国家，作为系统或制度结构中最大的一项制度，更是需要财政行为来支撑。财政的这种行为的成本也可以称作是防范公共风险的代价。

二是财政行为承担最终的兜底“责任”。任何一项风险都是由一定的主体来承担的，从不同身份出发，其承担的风险内容是不同的。在现代社会，国家或政府既是经济主体，也是公共主体。基于这两种身份的行为方式是不同的。作为经济主体时，政府与企业也好、个人也罢，它与其他经济主体在法律上是处于平等地位的，这是其面临的风险比如财政风险也好，企业风险也罢，是相同或者类似的。而作为公共主体时，政府的财政风险是制定或执行政府决策的风险，这是与政府作为公共主体的职能及其具体政策目标有关。在这个层次，政府财政要做出的行为选择就是承担公共风险，维护公共利益，以公共主体的身份发挥最后的兜底作用，从而实现经济社会的稳定和发展，并且需要受到“公法”的调节与约束。

三是财政行为协调多元行为主体的关系。应对不确定性，防范和化解公共风险，如果只是依靠某一层面或某一方面的行为主体是远远不够的，需要调动和发挥多个行为主体的作用和积极性，实现共同治理。财政行为在协调多元行为主体的关系中发挥着基础性的作用，这其中包括政府与市场的关系、政府与社会的关系、中央与地方的关系。财政通过多种政策工具，如预算、税收、公债等，来协调上述这些关系，从而形成一种可以应对不确定性和公共风险的治理结构。

（四）财政通过不断注入确定性成为国家治理的基础和重要支柱

如前所述，国家治理的本质是公共风险的治理，核心是不断注入确定性的过程，在其中财政具有定海神针的作用，通过其行为成为国家治理的基础与重要支柱。

1.财政行为是公共风险的制度基础

财政是公共风险的制度基础，有利于提升风险理性水平。知识、技术、公共制度、公共创新能力和公共风险意识等公共风险理性每个要素都有相应成本，这些成本都需要财政承担。应对公共风险，需要对公共风险进行研究，加强对公共风险的预警，这有赖于知识水平的提高，而这必须付出成本。为了抵御各种公共风险，人们需要创造和改进各类技术，这些都要付出成本。所有的公共制度，不管是显性制度，还是隐性制度，其形成和运行都是有成本的，这些成本都需要财政来支撑。而国家本身作为最大的一项制度，以财政为经济基础，须臾不能离开财政的支撑。公共风险导致了制度结构的产生，那么，这种制度成本亦可看作是防范公共风险的代价。

现代财政制度发展出的信用制度、投融资制度等，为既定的制度框架内的社会风险找到暂时的安置点。从风险管理的角度看，分散的风险点比单一的风险点更加难以管理。由于风险点之间存在关联性，分散的风险点会产生系统性风险，使公共风险对经济社会的破坏力倍增。财政作为“蓄水池”的意义是为应对相关社会风险的制度改进争取时间，不同情况下的财政制度是灵活的，能迅速地依据风险类型选择弹性的财政收支政策，实现风险的转移与分散。财政风险虽然也有自身的限度，但是如果公共风险足够大，需要通过牺牲财政风险的时候，财政风险也必须做出让步。全社会的总体目标是公共风险最小化，财政风险是服务于公共风险治理的。这也就说明，财政风险要为公共风险承担最后的责任。

2.财政是公平与效率融合的行为载体

资源配置、市场统一是效率问题，而社会公平则是现阶段社会关注的焦点问题。长期以来，效率、公平成为跷跷板的两端，成为理论和现实中很纠结的问题。其实，效率与公平不是哪一个优先的问题，而是从一个社会整体来看，实现二者的有机融合。在一定程度上，国家治理能力的强弱，可以用效率与公平的融合程度来衡量。融合程度越低，越是一边倒，就表明公共风险越大；融合程度越高，越是有机结合，就表明国家治理越是有效。那么，效率与公平怎样实现有机融合？在国家制度结构中，主要依靠财政行为安排去实现。纯粹的市场机制无法解决公平问题，市场本身产生“马太效应”。公平问题，靠“无形之手”难以解决，主要靠政府这只“有形之手”。学术上把公平和效率对立起来，实质上是市场与政府在理论界长期对立的逻辑延伸。从整体来衡量，市场与政府是有机的统一，效率与公平要有机融合，财政是不可或缺的载体。财政就是一个行为机制，像一根扁担，一头挑着效率，一头挑着公平，只有这个担子挑平了，才能往前走，挑着的担子才不会掉下来。这就是说，公平和效率就有机结合了。只有这样，经济才能发展，社会才能进步。

但从现实来看，财政融合效率与公平的功能并不强，或者，财政这方面的功能并没有真正发挥出来。这既与理论认识有关，也与财政改革不到位相连。就此而言，深化财政改革，创新财政制度，是促进效率与公平相融合的必要条件，也是降低当前国家治理风险的前提。

3. 财政通过利益关系的行为调节形成公共风险的治理结构

历史已经证明，影响统治政府盛衰更替的往往是由财政改革引起的，每一次财政改革都是由社会风险爆发引发，成功的财政改革能够很大程度上化解社会风险，给国家带来长治久安。历史上的财政变革，所要直接解决的问题是当时的政府财政危机，但财政危机背后是经济、政治制度无法与当时社会相匹配，而非单纯的财政问题。因此财政改革行为应是社会制度变迁的起点，逐渐向其他引发财政问题的根源领域延伸，与社会其他方面的改革配合，实现整体改善。

化解公共风险，仅靠政府或某一方面的力量是不够的，必须发挥多元行为主体的积极性，这也是我们讨论“治理”常有的题中之义。财政在调节各种利益关系中发挥着基础性作用。财政调节的关系包括政府与市场的关系、政府与社会的关系以及政府部门和政府层级之间的关系。财政通过预算行为、税收行为和财政政策，可以调节政府与市场以及政府与社会的关系；通过财政体制，可以调节政府部门和政府层级之间的关系。财政通过这些关系的调节，可以将各种力量的作用发挥最大，从而形成应对不确定性和公共风险的治理结构。

（五）国家治理视角下财政风险与公共风险的转化

国家治理视角下，财政风险是公共风险转化的产物，其风险大小与制度变迁的速度有关。我国的财政风险处于发散的状态，原因在于制度缺陷导致的“风险大锅饭”，破坏了收益与风险对称的规则，今后改革的重心在于建立不同层面的风险约束机制。

1.财政风险是公共风险的转化

财政风险来源于公共风险的转化，而公共风险的形成是一个社会契约的形成过程，是一个慢变量。当多数社会公众认为私人风险应当由政府出面救助或承担最基本的支出责任时，私人的事情就变成了社会的事务，即私人风险就变成了公共风险。在此，依然通行“多数原则”。这种偶然的救助一旦变为法律的规定，就成为政府法定的公共责任与义务。贫困、失业在历史上曾经是纯粹个人的事情，在现代社会，都需要政府给予最基本的救助。反贫困、反失业已经成为世界各国政府共同的责任和义务。这种变化表明，一个新的社会契约——政府有责任和义务帮助穷人和失业者——形成了。这就是说，社会公众形成了一种共识：现代社会的贫困、失业不再是单纯的私人风险，而是会影响社会全体成员的公共风险。

对政府财政来说，它应该而且只是承担公共风险。财政风险是政府承担和化解公共风险过程中可能出现的一种结果。既然财政风险来源于公共风险，那么，在既定的制度框架内，它不能被转移，也不能被分散。如果能转移和分散，那也就无须财政来“兜底”了。这种性质决定了防范财政风险不能采取类似企业风险管理的办法，而只能从制度变迁来寻找根本出路。

由于制度变迁不是一个快变量，这使财政风险往往无法及时、动态地化解。加上财政风险本身具有隐蔽性，因而很容易导致风险累积，增大风险压力。这使财政风险的爆发呈现出突发性的特点。不爆发则已，一旦爆发成为财政危机，就具有很大的破坏力，对经济、社会产生难以估量的严重后果。就此而言，无论怎样去警惕财政风险都不为过。

2.财政风险的制度特征

利益与风险对称是市场经济社会的基本原则。作为经济原则，每一个经济主体在追逐自身利益时，就必须承担相应的风险，而且是低利低风险，高利高风险。这既是规则，更是一种内在理念，约束着各个经济利益主体的行为方式。现阶段政府风险责任的界定却是相当模糊，甚至根本就没有界定，仍在吃“风险大锅饭”。政府承担着无限的责任和风险。在各级政府之间，下级政府的一切债务实质上都是上级政府的“或有债务”，上级政府承担着替下级政府最后清偿债务的潜在义务，而分税制只是解决了一个利益的分配问题。在政府的各个部门之间，各个部门都有权力在预算决策范围之外进行各种“准财政”活动，却不承担由此产生的风险责任。“风险大锅饭”打破了利益与风险对称这条基本原则，并形成了一种普遍的社会心理（如不找市场找市长），大家都只想得到利益，而不想承担任何风险。

风险自担理念的缺乏，利益与风险的不对称，导致风险责任不明晰，使风险不断地向中央财政积聚和集中。国有企业、金融机构的风险，如亏损或破产，最后的债务清偿总是转移到各级政府身上；政府各部门的融资、担保，债务清偿的责任往往最后全部转移到政府财政部门；下级政府的财政风险，如工资拖欠、无力清偿债务，上级政府很难“见死不救”，层层传递，最后中央兜底。这种不以风险责任的界定为基础的风险转移，导致风险快速积聚和集中，使财政风险悄无声息地急剧放大。缺乏风险分担的分析框架是当前经济体制和行政体制的根本缺陷，也是导致财政风险呈不断扩大趋势的制度性原因。

3. 防范财政风险的基本路径

防范政府财政风险的根本途径在于加快改革的步伐，这既包括经济体制的改革，也有行政体制的改革。通过制度创新来弥补现行体制的内在缺陷。在进一步完善激励机制的同时，要建立覆盖社会经济生活各个方面的风险责任约束机制，打破“风险大锅饭”，使社会每一个成员、每一个机构、每一级政府、每一个部门和单位都有明晰的风险责任，形成一种具有法律效力的风险分担机制。这样，社会经济生活中的各种风险就可以在相应的层次和相应的环节化解，抑制道德风险，减少风险的积聚和集中，从而达到控制财政风险的目的。

清晰界定各级政府之间的风险责任，防止下级政府随意地向上级政府转移自身应当承担的财政风险。对于最低限度的不可避免的救助，应建立一种制度安排，让下级政府清楚地了解在什么样的情况下上级政府才会救助，强化各级政府规避风险的动机，提高其防范风险的努力程度。

在优化政府各部门职责配置的基础上，重新审视政府部门之间的财政关系，明确各个部门的风险责任。对于融资、担保等财政经济行为应在统一的框架下实施，建立统一的规则，防止各个部门各行其是，偏离整体的目标。建立新的政府评价机制，从时间上明确各届政府之间的风险责任，防止政府隐藏任期内的风险，或向未来转移风险。

（六）风险社会下制度失灵与行为主义治理

风险社会的不确定性导致公共管理“制度失灵”，如果不能放到公共风险的视角去解决，制定再多的制度可能最终都会失灵。由此，国家治理及政府管理应更加关注政府应对公共风险的不确定性行为。

1. 基于制度主义的管理模式面临制度失灵

现行的财政管理模式，强调用制度约束政府的行为，用一系列的指标来控制公共收入与支出的规模与结构。由于制度设计者难以掌握全面的信息，只能依据所掌握的信息用相对确定的方式来设计制度，一厢情愿地认为出台的制度可以实现其初衷，制度涉及的行动各方将共同遵守规则，基于确定性思维的管理模式与公共风险的不确定性无法有效匹配，导致政府行为屡屡越过制度规则。

制度主义为何失灵？根源在于它难以把握行为的不确定性。作为风险的来源，行为不确定性的来源是基于四个背离：动机（目标）与结果的背离、个体与整体的背离、惯性与趋势的背离、外部性与内部性的背离。正是这四类背离导致了各种风险的产生，并且影响到现有财政管理制度的实际效果。

一是动机与结果的背离。制度在设定之初大都充满了理想化色彩，制度制定者的动机都是好的，但为何制度执行的结果不尽如人意？主要原因是制度制定时所处的状态和现实中的环境并非完全一致，现实是复杂多变的，而且财政管理不仅是财务行为，还内含行政行为，制度制定者自身所具备的信息、知识、认识等都有一定的局限性，不完全信息下制定的制度多为不完备合约，加之事前难以预判制度涉及的利益各方的行为反应，最终使得制度的动机与结果常常出现背离现象。

二是个体和整体的背离。个体和整体的背离主要源于个体理性和集体理性的冲突，个体目标和集体的目标并非总是一致。从而产生了个体行为利益最大化目标的追求与集体行为利益最大化目标的追求出现了偏离。

三是惯性与趋势的背离。行为主体在一定的制度环境下往往有特定的行为选择，在制度没有发生大的变化时，各类主体的行为具有一定的惯性，在某种程度上讲，这种行为惯性有其合理的一面，体现了各方对现有制度的遵从，或是对一种非正式规则的遵从；但是外部环境总在发生变化，尤其是一些趋势性变化，例如中国经济进入新常态以后，随着国家法治化的推进，社会各方的法治意识都空前高涨，正式规则的覆盖面不断增加，如果个体看不清趋势而因循守旧保持行为惯性，就会带来一定的不确定性，进而会造成公共风险的扩大。

四是外部性与内部性的背离。从产权理论看，内部性是由交易者所经受但没有在交易条款中反映的利益和成本。产权虽然在法律上可以清晰界定，但在事实上无法完全界定清楚，而未界定的产权便会作为公共财富被置于公共领域。于是，交易双方可以凭借其信息优势而过度攫取公共领域的财富，就会对处于劣势的交易另一方带来在交易合同条款中界定的成本，这就是所谓的内部性。当然，不同行为主体，其行为会产生外部性和内部性不同，行为外部性是对不涉及交易的第三方造成的影响。政府行为的正内部性和负外部性，或是政府行为的负内部性和正外部性，其他主体也会有类似问题，加上现有制度对正内部性和正外部性激励不足，这些都加剧了制度设计的困境。

2.财政治理应基于行为主义

应对现代社会的不确定性问题，应站在行为主义的角度分析行为不确定性的来源，厘清行为动机与结果的背离、个体与整体的背离、惯性与趋势的背离、外部性与内部性的背离问题，确立行为主义的财政治理模式。通过优化政府治理体系，明确界定风险责任、更加有效地识别和预警公共风险、更多地利用市场和社会的力量协同治理公共风险，通过分散风险、共担风险、转移与转化风险，适当减少政府应对公共风险的责任，才是财政治理之道。当然，行为主义不排除制度设计，行为主义指引下的制度是一种良性的、务实的制度，能充分体现各个利益主体的互动、信息传递、预期，让制度变得更加可靠，增强各方行为对制度的遵从度，提高制度的执行力，通过将各种不确定性以及风险因素纳入制度设计中来降低不确定性和防范化解风险，或将不确定性转化为可以预见的风险。

五、走向基于行为主义的财政治理之道

在总结归纳前面部分的基础上，得出未来行为主义视角下公共风险治理的总体思路，即通过确立新的风险治理框架以化解不确定性，同时在充分认识风险理性的基础上，进行财政行为治理，引导不同行为主体的行为预期，建立不同行为主体之间责任分担和风险分散机制，实现公共风险最小化。

（一）建立新的思维方式：从确定性思维转向不确定性思维

从历史的视角和现实情况来看，我们现有的知识体系是以确定性思维为基础的，这样的思维基础是不能应对不确定性的。它会让人有一种感觉，就是一切都是确定的，这也会导致一些想法或思维是理所当然的，就应该是这样的。在这样的思维方式下，只会增强人们对一定条件下存在的规律的认识，而不会有风险的意识和避险的行为，因此，也就造成了在相关制度和政策的设计时不会考虑风险，那也就无从应对不确定性和防范风险。当然，从现实来观察，社会中某些个体的风险其实正在或者说已经形成了“理性”，可称之为风险理性，比如企业会有避险行为，有风险理性；再比如银行和金融机构，会有金融风险防控等，但从集体来看，公共风险理性尚未形成，甚至可以说是缺失的。

财政作为防范和化解公共风险的防御机制安排，其改革的最终目标是就是有效化解公共风险。这需要我们转变思维方式，或者说建立一种新的思维方式，即从基于确定性思维的实体理性转向基于不确定

性思维的风险理性。基于确定性思维的实体理性，是确定出现问题甚至是危机了，才去救急或治理，是一种古人说的“治已病”的层次。而基于不确定性思维的风险理性，是在问题和危机尚未出现之前就未雨绸缪、防患于未然，这是一种“治未病”的境界。

（二）建立行为主义的财政治理模式：基于不确定性思维引导行为预期

不确定性和风险来自于人的行为不协调、预期不稳定、无轨迹行为运动。防风险就是要引导行为。行为主体之间是有责任、权利和风险分配的。财政制度设计和政策制定就是为集体行为提供预期、改善预期、稳定预期。短期做法是通过财政政策转化，长期做法是通过财政治理，采取新的行为规则，形成新的行为预期，使得各个行为主体各自改变自己的行为方式，从而达到国家治理的长治久安。

过去的财政管理或治理，更多的是用制度来约束政府的行为，从而控制财政收入与支出的规模和结构。而一般来说，由于存在信息的不完备和不对称，制度的设计者很难掌握全面精准的信息，导致其仅靠所能够获取的有限信息或部分信息，用相对确定的方式来进行制度设计。这样的制度其实是一种基于确定性的规则，但现实中，信息的复杂性导致现实的复杂程度往往与制度设计的最初目标不一致甚至背道而驰，从而出现制度失效或失灵。之所以会出现这种结果，是因为它很难精准获取或把握行为的不确定性。制度是所涉及的行为主体各方都共同遵守的行为规则，基于确定性思维的思维模式无法与公共风险的不确定性进行有效匹配，这样就导致政府的行为总是会越过制度规则的限制或边界，也可以称之为是一种公共管理制度的失效或失灵。因此，国家治理应更加关注政府应对公共风险的不确定性行为。

不同的行为主体在既定的制度下一般会有既定的行为选择，而在制度没有发生大的变化时，各个行为主体的行为是会具有一定的“行为惯性”或者也可称之为“路径依赖”，这也体现了各个行为主体对现有制度或规则的一种遵从。但是制度环境是处于变化之中的，如果个体看不清变化以及因为变化而导致形成的趋势，保持原有的“行为惯性”的话，就会给自身带来不确定性，如果多个个体都是这样，就会成为一种集体的行为惯性，带来集体的不确定，进而扩大公共风险。

因此，应对现代社会的不确定性问题，应站在行为主义的角度分析行为不确定性的来源，确立行为主义的财政治理模式。这种治理模式就是对风险责任的边界进行界定、对公共风险进行有效而精准识别、利用多元行为主体对公共风险进行共治，通过对风险的共担、分散、转移与转化，从而优化整个政府的治理体系，这才是财政行为治理之道。即充分体现各方行为主体的信息传递和行为预期，增强各个行为主体对制度的遵从度，进而提高制度的执行力。也可以这样理解，在制度设计中，纳入各种不确定性和风险因素，以此来达到降低不确定性和防范化解公共风险的行为目标。

（三）遵循风险理性原则进行财政行为治理

财政改革和行为设计是一种利益分配、责任分配和风险分配的逻辑。应在财政的改革中注入“风险理性”，遵循风险决策、风险分担和风险匹配这三项原则，进行财政改革行为规则和制度设计。

一是遵循风险决策。财政行为规则和制度设计，应有利于实现公共风险最小化，换句话说，公共风险最小化的目标适宜在哪一级政府决策和制定，那么，公共事务的决策行为权限就交给哪一级政府，并应根据公共风险的变化进行动态调整，让中央和地方政府都成为行为治理主体和风险承担主体。

二是遵循风险分担。作为集体或共同体中的一员，行为主体应当对风险有所分担，这是实现公共风险最小化的条件。如果各个行为主体都不分担风险，都依赖其他行为主体去承担，那最终就是没有主体承担或者即使有主体也承担不了。当然，公共风险的类型不同，应由不同层级的行为主体来分担，这也有利于控制风险。这与第一条风险决策其实是相对应的。

三是遵循风险匹配。这是投资领域常用的原则，即投资时收益与风险的最优匹配，就是在一定的风险下追求更高收益，或者在一定收益下让投资的风险更低，其实就是对风险如何进行有效控制。公共风险也同理，比如中央与地方事权划分，应该根据风险类型，把风险匹配给最适宜承担的那一级政府，正所谓“让专业的人干专业的事”，实现风险匹配，从而更有效地应对风险、控制风险、防范化解风险。

（四）将公共风险最小化作为财政改革和行为设计的目标和基点

行为主义视角下的国家治理体系与治理能力现代化，应突出“公共风险”的因素，把公共风险最小化作为财政改革和行为设计的目标和基点。

1.从危机管理转向风险管理

危机管理是一种事后管理，危机发生了才去应对；风险管理是一种全过程的管理，事前识别并预测风险、事中跟踪监控风险、事后化解和应对风险。现代经济、社会危机的代价越来越大，重大危机已成为国家治理不可承受之重，危机管理方式对国家治理的冲击需要付出越来越大的资源来化解与应对。因此，应当以财政事权与支出责任的合理划分，明确各级政府、各个部门的风险责任，避免风险主体责任缺位；通过赋予地方政府更大的自主权限，打破“中央政府”兜底所有风险的预期，使各级政府成为现代经济体系和共享共治社会治理格局中真正的公共风险主体；逐步强化地方政府的风险意识，实现中央政府与地方政府在风险管理方面的“激励相容”。

2. 从社会福利最大化转向公共风险最小化

社会福利最大化的目标追求，是为防范风险而设计的，但过度的社会福利却又带来了新的风险。社会福利是防范公共风险的手段，而不应是政府治理或财政改革的目标。作为手段的社会福利是与公共风险最小化目标一致的，而作为目标的社会福利则容易忽视公共风险因素，最后形成了“防范风险的风险”和“应对危机的危机”。一些国家就因过度追求社会福利而陷入“中等收入陷阱”，或爆发财政、金融危机。公共风险最小化是兼容社会福利，又避免社会福利最大化目标缺陷，更加符合国家治理现代化要求的目标。一定程度上，公共风险最小化与社会福利最大化是一个硬币的正反面，公共风险最小实际上就是社会福利最大，社会福利最大就要求把公共风险控制在最低程度。公共风险最小化所追求的社会福利最大，是自然与社会资源所能承受的社会福利，而不是不加限制的社会福利，既有助于社会福利的实现，也能够避免过度追求社会福利带来的风险。因此，财政改革应当避免各地区、各群体间的福利攀比，合理引导社会预期，重在“兜底线”。我国历史上就有“不患寡而患不均”的传统思想，一定程度上社会福利差距大比社会福利少风险更大。公共财政应当以基本公共服务均等化，为全体国民提供大致均等的基本公共服务为目标。对于基本公共服务，应由中央政府根据国情、经济社会发展水平在全国范围内确定标准和浮动区间，由地方政府根据辖区实际在标准上下确定浮动系数。

3. 从收支平衡转向综合平衡

“财”字代表收支，“政”字则代表政策，财政管理实际上是政府收支政策的管理。传统的财政管理重收支、轻政策，收支管理规范、细化，政策管理偏弱，导致财政的综合平衡能力没有充分发挥，在难以有效应对重大结构性失衡问题的同时，一定程度上也影响了财政收支的平衡。政府的所有活动都与财政收支相关，所有的财政收支都体现为公共政策，财政不能把收支管理作为主线，尤其是在财政定位为国家治理基础与重要支柱的新形势下，应把财政收支管理融入整体的国家治理之中，以国家治理的要求设计财政政策，发挥财政的综合平衡功能。这不仅不是对财政收支管理职能的弱化，反而有助于更加高效、更加协同、更高层次地履行财政收支管理职能。在推进国家治理能力与治理体系现代化的改革目标下，财政管理应当更加突出综合平衡，不仅更加有效地协调各级政府各部门的财政收支，也应更加重视各地区、各部门间的政策、制度与管理的协调，重视政府、市场与社会之间的协调与平衡。

4. 从总量调节转向结构调节和利益调节

当前，中国发展的不平衡、不充分，发展的质量和效益不高，生态环境问题，民生领域的短板，社会利益格局的固化等已成为新时期公共风险的主要来源。新的社会矛盾的解决要靠经济总量的增长，更要靠经济结构的优化、利益分配的均衡。财政作为国家治理的基础和重要支柱，财政政策作为国家治理的工具，就应在调节经济总量的同时，更加关注结构与利益的调节。另一方面，我国经济总量越来越大，总量调节需要的财政支出扩张度越来越大，而地方政府债务水平高企、财政风险积聚，财政支出扩张的空间却越来越有限。靠财政扩张刺激经济总量增长的道路越来越行不通，但发展不平衡不充分的矛盾又需要积极的财政政策来应对。这就需要积极的财政政策进行转型，在控制财政支出扩张的前提下，通过减税降费、盘活存量财政资金、优化财政支出结构、提高财政支出效益等方式，调解重大结构性失衡问题，调解重大社会利益冲突问题。化解了结构失衡和利益冲突风险，经济总量的持续增长也才有了更为坚实的基础。

（五）建立不同财政行为主体之间职责分担和风险分散机制

财政治理涉及多个相关行为主体，各行为主体的利益诉求不同，行为目标不同，风险意识不同，应对能力不同，导致其具体行为也不尽一致。治理强调的是使多元行为主体之间的竞争转化为发展的合力，而不是阻力。为了应对不确定性，唯有深化改革才能从根本上提升政府汲取财政资源、履行公共职能、承担公共责任的财政能力，进而提升政府防范风险、应对风险、化解风险的能力。而深化财税改革应以防范和化解公共风险为目标，处理好三个关系，即政府与市场、政府与社会、中央与地方的关系，明晰职责与风险分担，引导各个行为主体的行为和社会预期，分配和分散风险。

一是建立政府与市场行为主体之间合理规范的责任分担和风险分散机制。财政风险程度取决于政府拥有的公共资源、支出责任与义务的不确定性，以及相互的匹配度，而公共资源、支出责任与义务的不确定性大小与特定历史条件下的政府与市场关系有着内在的关联性。深化改革，转变政府职能，实质上是政府与市场之间进一步的经济性分权，这样，有利于建立二者之间合理规范的职责分担和风险分散机制，充分发挥市场的“自组织”行为功能，让市场更有效地配置资源，从而形成二者之间的最大发展合力。

二是建立政府与社会行为主体之间合理规范的责任分担和风险分散机制。政府责任和义务的不确定性不仅与经济结构有关，而且与社会结构及其支配下的社会心理有关。包揽过多的“全能型”政府会强化和提升社会公众对政府的过高行为预期，政府的支出责任和义务就会被放大化或者大大扩展。深化社会领域改革，推动政府和社会之间的社会性分权，有利于在二者之间建立起一种合理的、规范的责任分担机制、风险分散机制，从而有利于发挥社会的“自治理”功能，让社会有更大行为空间，在公共服务提供和社会秩序治理中更多地实现自我管理、自我约束、自我供给，更多地体现社会共享共治。

三是建立中央与地方政府行为主体间合理规范的责任分担和风险分散机制。各层级政府间事权划分不清晰，导致各级政府主体之间支出责任不清，面临的风险压力和风险防范能力不相匹配，实质上是“风险大锅饭”。通过中央向地方的适度分权，让地方成为有效的、相对独立的治理主体，有利于加快推进构建中央地方两级治理体系，在央地之间构建起合理规范的责任分担机制、风险分散机制。依据公共需要、公共风险的层次性，合理划分事权，合理配置各级政府的财权，逐步健全地方税体系，提高地方政府行为治理水平和财政平衡能力。

第七章　从公共风险看财政能力：国家治理“3+1”架构下的财政能力集

本章导读

财政能力是国家能力的基础和核心。当前学术界基本都是从经济视角出发，围绕财政汲取能力和公共产品供给能力分析和研究财政能力，并以财政收入的量（包括绝对量和相对量）和财政支出的效率作为衡量标准。这种分析，既不能全面揭示财政及其能力的内在特质，也不能满足“财政是国家治理的基础和重要支柱”的现实需要，限制了财政在国家治理中的能力。本文分析了财政能力的内涵和分类，并提出“三种需要”的矛盾运动是公共风险产生的根源，“需要”的满足过程亦即风险的形成过程。“三种需要”的矛盾运动，以及相应的公共风险的变化，又推动了财政形态和制度的演进。防范和化解公共风险既是财政的基本职能，也是财政能力的逻辑起点和最终体现。从公共风险视角，基于国家治理的“3+1”架构，本文研究了政府治理、市场治理和社会治理中的财政能力集，以及财政在伦理道德中的规范和引导能力，并提出风险分配的公平与正义是财政公平与正义的基本内涵。此外，本文还提出这些财政能力并不是平行的，而是具有层次性，在不同历史时期和社会经济条件下，随着公共风险的变化，财政能力的重点并不相同。财政能力的延展，呈现出不均衡向均衡动态发展、协调性日趋增强等基本趋势。

一、引言

风险和需要是财政活动逻辑起点的“硬币两面”，两者密切相连，人类与生俱来的第一需要，就是防风险。人类满足需求的过程，也就是公共风险形成的过程。防风险的能力，决定了人类社会的存续与发展的状况。财政作为公共资源配置的基本机制，不仅是化解公共风险的重要手段，而且是最终风险的承担者，防范和化解公共风险是其能力的逻辑起点和最终体现。

自从人类社会形成，公共风险就结伴而来。“公共风险作为一种独立的风险形态，不是凭空产生的，而是由私人风险转化而来，或者说是私人风险异化的结果。”[①]进入现代社会以来，公共风险的产生和性质发生了很大变化。这与人类行为和社会发展密切相关，“公共风险的扩大则是由社会分工的发展所带来的。”[②]除了人类无法控制的地震、洪涝、干旱、瘟疫等自然灾害带来的风险外，其他类型的公共风险都是由人类的行为和选择引发，实际上现在的一些自然风险，也与人类行为密切相关。社会越发展，人类行为、社会制度及相关社会关系就会越复杂，分工和技术所引致的经济和社会内

① 刘尚希;《公共风险论》，人民出版社2018年版，第6页。

② 同上书，第8页。

部运行的不确定就会加大，公共风险的累积速度、传染性和破坏程度也就越大。因此，现代社会越是向前发展，对防范和化解公共风险的能力的要求也就越高。

推进国家治理体系和治理能力现代化，是全面深化改革的总目标。国家治理现代化，必然要求公共风险的最小化，提升财政能力也必然是其题中之义。长期以来，许多学者将从经济学的视角，将主要的财政能力归结为财政汲取能力和公共产品供给能力。虽然财政是配置公共经济资源的基本手段，具有经济属性，但它同时又具有政治、社会以及伦理道德等属性，并在稳定政治秩序和社会秩序以及伦理道德秩序中发挥着重要作用。显然，仅从经济视角研究和分析财政能力，不利于全面理解和发挥财政在国家治理中的作用，无法适应国家治理现代化的需要。因此，从国家治理角度出发，以防范和化解公共风险为基点，研究财政能力具有重要而紧迫的理论和现实意义。

二、财政能力概念的比较和界定

（一）当前理论界对财政能力界定的局限性

国内外学者普遍认为，财政能力属于政府能力的一部分。财政能力的界定，大都是从经济视角出发，着眼于为政府提供公共产品和实现其职能提供财力或工具。

从国外来看，西方主流财政学家基本上都将财政能力归结为收入汲取能力和公共产品供给能力。例如，马斯格雷夫在1959年出版的《财政学原理》一书中，提出财政的配置职能、分配职能和稳定职能三大职能，实际上都是在收入汲取能力和公共产品供给能力基础之上提出的。当前西方财政理论，主要是以公共产品供给的效率与公平为核心展开的。虽然财政政治学、财政社会学等对财政在政治、社会等领域的能力进行了分析，但这一分析通常是间接的，主要是在分析财政与政治制度和程序、社会之间的相互影响和作用时涉及，在这些领域并没有形成明确的财政能力理论。

从我国来看，当前学术界对于财政能力的研究，也大致沿袭西方财政理论的分析方法。虽然提法上有所区别，但基本上都是围绕财政的汲取能力和公共品供给能力进行分析。例如：陈志楣认为，所谓国家财政能力是指国家汲取财政的能力，即国家动员汲取全社会经济资源的能力①；李文星和蒋瑛把地方政府的财政能力界定为地方政府以公共权力为基础而筹集财力、提供公共品或服务以满足区域内公民的公共需要、稳定地方公共经济、合理进行再分配的能力的总和②。

总体来看，国内外对于财政能力的分析和研究，尽管分析的角度和问题有所差别，但基本上都是围绕财政汲取能力和公共品供给能力进行的，并以财政收入的量（包括绝对量和相对量）和财政支出的效率作为衡量标准。这种分析，是与将财政置于经济视角的传统狭隘财政理念相应的。虽然近些年有扩大的趋势，但也只不过是加上了管理和制度的因素，仍未脱离传统的经济分析框架。仅从经济视角，不仅很难令人信服地阐释“财政是国家治理的基础和重要

① 陈志楣:《九十年代国家财政能力研究》,《北京商学院学报》, 1997年第2期。

② 李文星、蒋瑛:《我国政府间财政能力及其均衡制度研究》,《南开经济研究》, 2002年第2期。

支柱”，而且也不能揭示财政及其能力的内在特质，限制了财政能力和作用的发挥。

（二）财政能力的内涵和分类

何为能力？《社会科学大辞典》认为，能力具有两层意义，一层是指个人到现在为止，实际所能做到的或会做的事情；另一层是指可造就性或潜力，即指将来如经学习或训练可能达到某种程度而言。对它的理解也常有广义和狭义之分，广义指完成一定活动的身体和心理活动的能力或本领，包括完成一定活动的具体方法以及所必需的心理特征；狭义指人顺利地完成一定活动所必备的心理特征，是个性的一个重要方面或个性的一种重要特征。能力又可分为一般能力和特殊能力两种。前者为进行各种活动都必须具备的基本能力，如感知能力、思维能力、记忆能力等；后者为从事特殊领域的活动（如绘画、运动、唱歌、科研）所必须具备的能力。能力是比收入、财富更宽泛的概念。根据森的解释，能力是指：“反映一个人可以实现的可选择的功能的组合，借此他或者她能够挑选一个集合。这个论证奠基于生活各种各样的‘所做和所是’（doings and beings）的组合，而生活的质量可以根据能力达到的、有价值的功能进行评价”。[①]我们认为，能力具有实际能力和潜在能力、广义能力和狭义能力、一般能力和特殊能力之分。

研究财政能力，通常离不开国家能力。何为国家能力？国家能力一般是指国家将自己的意志、目标转化为现实的能力。例如，有

① Sen, Capability and Well-Being, *The Quality of Life*, ed. M. Nussbaum and A. K. Sen, Oxford: Clarendon Press, 1995. p.4.

学者认为政府能力就是政府能否成功地适应外来环境挑战的程度，特别是维持公共秩序和维护合法性的能力。还有人认为，国家能力指统治阶级通过国家机关行使国家权力、履行国家职能，有效统治国家、管理社会，实现统治阶级意志、利益以及社会公共目标的能量和力量[①]。

我们认为，财政能力属于国家能力的一部分，并且成为国家能力的基础和核心，是财政基于国家统治、治理等目的，维持一个国家或地区存续和发展的能力，而维持一个国家或地区存续和发展，就是要维持其内在的秩序、防范和化解公共风险。财政是防范和化解公共风险的基本机制。“财政作为防范公共风险的一种手段，与其他制度一样，对防范公共风险起着不可或缺的作用。但财政在整个制度结构中具有特殊的地位，这表现在以下几个方面：一是财政承担制度成本。……二是财政承担最终风险。”[②]

依据不同的标的和划分标准，财政能力有多种划分方法。但从国家治理的角度而言，有两类分类方法较为重要，一个是依据财政能力涉及的范围和领域来划分，另一个是按照财政能力的状况和发挥程度来划分。

依据财政能力涉及的范围和领域，财政能力有广义和狭义之分。狭义的财政能力，主要是指经济视角和领域中的财政能力，包括财政的汲取收入能力、公共产品供给能力、收入分配调节能力以及市场稳定能力等。而广义的财政能力，不仅包括经济领域的财政能力，而且包括财政对政治、社会、文化、生态等领域的支撑和建

① 黄宝玖：“国家能力：涵义、特征与结构分析”，《政治学研究》，2004年第4期，第68页。

② 刘尚希：“论公共风险”，《财政研究》，1999年第9期，第19页。

构能力。

按照财政能力的状况和发挥程度，可以将其实际的财政能力和潜在的财政能力。实际的财政能力主要是指在现有的经济社会水平和财政制度下，财政所表现出来的维系和支撑经济社会发展的能力。而潜在的财政能力，则是指财政内在的但需要改变或创造一些条件，才能将其激发出来的能力，这包括财政改进、扩大或提升的能力。因此，潜在的财政能力具有相对性，是相对于实际的财政能力和财政能力实现条件而言的，它决定了现实财政能力可拓展和提升的空间。实现国家治理现代化，需要促进潜在财政能力向现实财政能力的转化，以更好地发挥财政作用。

（三）财政能力与其他基本财政范畴的关系

现象与本质辩证统一。现象是本质的外在表现和反映，但同一本质可能有多种现象表现，有时甚至是扭曲的表现。财政本质是对各种财政现象一般或共同特征的抽象，这个抽象必然要涵盖和解释各种财政现象和财政形态。财政现象是财政的外在方面，是表面的、多变的、丰富多彩的、肤浅的；财政本质是事物的内在方面，是深藏的、相对稳定的、单纯的、深刻的。虽然当前对于财政本质的讨论相对较少，但毫无疑问通过现象探求事物的本质是马克思主义的重要特征，也是我们认识财政、发展财政学的基本前提。

财政的职能和作用，是财政本质的外化，它是财政本质与经济运行规律在财政活动中的外在体现。财政职能是财政本身所具有的固有属性，职能并不完全等同于作用，作用则是一种表现出来的功能。可以说，财政职能是对财政事务自身而言的，作用是对财政自身以外的对象而言的。

财政能力也是财政本质的外化，是财政本质在一定条件下的表现。财政能力状况决定职能和作用的实现情况。财政职能和作用的发挥，依赖于财政能力状况。实际上，发挥财政作用的过程，就是财政能力的实现过程，或者是潜在财政能力转化为现实财政能力的过程。

三、财政能力的逻辑起点和最终体现：防范和化解公共风险

风险和需要是财政活动逻辑起点的“硬币两面”，两者密切相连。人类与生俱来的第一需要，就是防风险。无论“需要”采取何种表现形式，其最终的落脚点在于“风险”。防风险的能力，决定了人类社会的存续与发展的状况。因此，本文对财政能力的分析，以防风险的能力为研究的重心，但这一能力又主要是通过协调“三种需要”的矛盾运动来实现的。同时，财政在这一矛盾中得以发展，其能力也相应得以提升，并发展变化。

（一）防风险：“需要”产生的目的和落脚点

人类社会自产生以来，就面临各种各样的不确定性和风险。人类与生俱来的第一需要，就是防风险。为了生存、发展，人类就需要防范风险。可以说，人类基于生存、发展而产生的各种物质、精神需要，其根源在于防范和化解风险。无论“需要”采取何种表现形式，其最终的落脚点在于“风险”。防风险的能力，决定了人类社会的存续与发展的状况。从另一方面而言，人类社会的发展，也

促进了风险的演变和防风险能力的提升。风险的种类较多，依据划分标准的不同，可以将其主要划分为以下几类：

1. 人与自然（物）关系基础上的风险和人与人关系基础上的风险

依据风险产生的根源，可以将其分为人与自然（物）关系基础上的风险和人与人关系基础上的风险。人与自然（物）关系基础上的风险，是指自然界给人类带来的风险。这类风险既包括由于自然环境的变化，如洪水、地震、干旱等带来的风险，也包括人类行为不当，对自然造成了破坏，结果导致大自然的“报复”，给人类生产发展带来风险，如环境恶化给人类生存和健康带来的危害和风险。因此，人与自然（物）关系基础上的风险，既有大自然自身运动所导致的无法抗拒的因素，也有人与自然的关系不和谐而带来的因素。在现代社会下，这两个方面相互交织，共同作用，给人类生存和发展带来风险。

人与人关系基础上的风险，是指人类社会活动中因人与人关系处理不当而带来的风险，利益分配关系不合理而形成的公共风险则是这种风险集中的表现。人与人关系基础上的风险，是由于人的社会性而产生的。它通常以人的社会化形式发生。随着社会的发展，人类社会结构变得日益复杂，人们的需求和利益关系也日益复杂，这必然导致公共风险趋于复杂、隐蔽，其传染性和危害性也随之扩大。

2. 私人风险和公共风险

按照风险的属性及其化解、防范的方式划分，可分为两大类：私人风险（个体风险）和公共风险。

私人风险（个体风险）是指产生“私人”影响，可以由个人和企业承担的风险。公共风险是指产生“群体（或社会）”影响，个人和企业无法承担的风险，也就是只能由政府来承担的风险。公共风险与私人风险产生的逻辑并不相同，但二者密切相关。公共风险是私人风险的异化，是由私人风险转化而来，或者说是私人风险转化的结果。公共风险具有关联性、不可分割性和隐蔽性等特征。[①]“私人风险的分散、转移及化解和防范是通过分散的市场机制来实现的。如保险市场为家庭提供财产、医疗、意外伤害等方面的保险。企业则通过科学决策、加强管理、改善服务来减少和防范风险。在市场制度下，风险与收益对称。要想获得收益，则必须承担风险，这是市场经济的铁律。也正是风险的存在，才导致了企业之间的竞争，使资源配置的效率大大提高。”[②]

随着社会的发展，私人风险与公共风险的关系也在不断发生变化，这不仅表现为私人风险向公共风险的转化机理和形式日益复杂，也表现为私人风险受公共风险的影响变大，私人风险更多的是以公共风险的形式表现出来。

（二）“三种需要”的矛盾运动是公共风险产生的根源，需要的满足过程亦即风险的形成过程

实际上，无论是私人风险和公共风险，还是人与自然（物）关系和人与人关系基础上的风险，其最终都是归结于“三种需要”的矛盾运动。人类的物质生产和精神文化生产，其最终目的就是为了满足人们的各种需要。正如马克思所说的：“任何人如果不同时为

① 刘尚希：《公共风险视角下的公共财政》，经济科学出版社2010年版，第6—9页。

② 刘尚希：“论公共风险”，《财政研究》，1999年第9期，第13页。

了自己的某种需要和为了这种需要的器官而做事，他就什么也不能做。”[①]需要关系人的存在和社会发展，它是我们理解人类社会活动的一把钥匙。同时，人们追求和实现需要的过程，也是风险形成的过程。

1.需要的性质和特征

人的需要是人的本质的一种体现，即：“需要即他们的本性”[②]。每一个人都是根据某一种需要而行动。人的需要不仅是一切行为、动机的策源地，而且也是人类劳动的根本动因。人们所从事的一切生产活动，无不源于人的需要。人们社会实践活动的目的是根据其需要设定的，其一切活动最终都同自身的需要有关，其最终目的也是使其不断增长的各种需要得到更高程度的满足。满足人的多种需要的基础在于经济增长。经济增长可以为人提供满足各种需要赖以依存的物质条件。“人们为了能够‘创造历史’，必须能够生活，但是为了生活，首先就需要衣、食、住以及其他东西。因此第一个历史活动就是生产满足这些需要的资料，即生产物质生活本身。已经得到满足的第一个需要本身、满足需要的活动和已经获得的为满足需要用的工具又引起新的需要。”[③]正是这种通过社会实践活动实现一种需要的满足后，又不断产生出新的需要，新的需要又会反过来引起新的社会实践活动。如此循环往复，既推动了人自身的发展，也推动了经济和社会的发展。

马克思认为：“需要是人对物质生活资料和精神生活条件依赖

① 《马克思恩格斯全集》第3卷，人民出版社1979年版，第286页。
② 同上书，第514页。
③ 《马克思恩格斯选集》第1卷，人民出版社1972年版，第32页。

关系的自觉反映。”[①]人的需要不仅具有客观物质性和主观能动性，而且具有社会历史性。它是社会发展状况的一种体现，并随着社会实践的发展和生产力水平的提高而不断发展。人类的需要是丰富多彩、多种多样的。马克思指出：“人以其需要的无限性和广泛性区别于其他一切动物。”[②]社会生活是丰富多彩的，人的个性也是千差万别的，因而人的需要具有广泛性和多样性，是个能动发展的过程。

人的需要可以按照其对生存和发展的重要性划分为不同的层次。马克思在《政治经济学批判大纲》中把人的基本需要概括为：最低限度的自然生理需要或生存需要、高层次的满足人的社会生活的社会需要、满足人的精神要求的精神需要。恩格斯把人的需要分为：生存需要、享受需要和发展需要三大类。美国心理学家马斯洛根据需要在发展中由低级向高级递进的顺序以及对人的生命存在的重要程度，将其划分为：生理需要、安全及保障需要、归属需要、尊重的需要、自我实现的需要。尽管他们对人的需要类型层次的划分不尽相同，但这些划分却从不同侧面说明人的需要不是单一的，而是多种多样的具有层次性。一旦某种基本需要得到满足，更高层次的需要便会出现。因此，满足了某种需要后，个人就能够参与到对属于更高发展层次需要的追求上。如果某些低层次的需要不能得到满足，它们就可能暂时成为注意的焦点。

2.个体需要、群体需要和社会公共需要

按照需要主体的集合性特征，把需要划分为个体需要、群体需

① 《马克思恩格斯全集》第2卷，人民出版社1979年版，第164页。

② 《马克思恩格斯全集》第49卷，人民出版社1979年版，第13页。

要和社会公共需要（或称之为社会共同需要）三个基本的层次。个体需要是人的需要中最基本、最普遍的形式，它包括个人为了生存和发展产生的对物质财富和精神财富的需要。群体是一个宽泛的概念，每个人都属于某一群体。具有某种共同利益或共同特征的人通过一定的社会关系结成的一个集团、组织，都可称之为群体。群体需要是组织内部的共同需要。社会不仅是个人和群体的集合，而且也是一个客观存在的真实实体。人们除了相互独立的个人生活生产和群体生活生产之外，还存在着共同的社会生活和社会生产，必须通过不同人和群体之间的合作和交往，才能够实现。那么这种维护社会整个有机体的存在、发展并使之发挥功能的需要可称之为社会公共需要。社会公共需要以及与之相应的社会实践，又推动着生产力和生产关系的发展。①

社会公共需要是将社会作为一个整体或以整个社会为单位而提出的需要，它是在一定时期内基于经济发展水平，在个体和群体需要基础上而形成的，但它并非是个体主观需求的简单加总，它属于社会再生产的客观范畴，并由社会生产和社会存续所决定。社会公共需要具有非排他性和不可分割性。非排他性是指每一个社会成员可以无差别地共同享用社会共同需要，一个或部分社会成员享用并不排斥其他社会成员享用。不可分割性是指社会共同需要具有整体性，无法分割。社会公共需要的内容和要求具有共同性，但并不意味着它的内容和要求是固定不变的。相反，社会公共需要又是一个历史性和特殊性的概念，在不同的社会形态和发展阶段，它的内容

① 傅志华、陈龙：“财政本质的‘多重性’与集中体现——兼论财政学的学科属性”，《财政研究》，2018年第8期，第13—14页。

和要求会呈现出不同的变化。

个体需要、群体需要和社会公共需要之间的矛盾包括统一性和对立性两个方面。相对于个体需要而言，群体需要和社会公共需要都是个人在不同层次上的共同需要；相对于群体需要而言，社会公共需要是不同群体的共同需要。显然，三者之间具有统一性。但在社会财富总量一定的情况下，物质财富需要的实现在数量上又必然存在着此消彼长的关系，即三者之间又具有一定的对立性。也就是说，其中任何一方在数量上的增加，将会导致另两方数量之和的减少，反之亦然。在不同的历史时期，它们之间的统一性和对立性表现是不一样的，并且处于不断发展变化之中。这种发展变化不仅体现在数量上，也体现在结构上。

在人类社会之初，由于生产力水平极为落后，人对群体和社会的依赖性非常强，以至于在当时的条件下，个人脱离了群体和社会就无法生存。在这种情况下，人类的生产和消费是直接统一的，即共同生产共同消费、没有剩余产品，这时个人需要、群体需要和社会共同需要之间的关系更多地表现为统一性，而不是对立性。可以说，这三种需要是无法截然分离的。

随着生产力水平的提高和人们之间社会分工的发展，到了原始社会后期，出现了剩余产品，这为三种需要的分离提供了经济条件。此时，它们之间的对立性逐渐显现出来。一些人开始脱离具体的生产劳动，从事社会的组织、管理等与社会共同需要直接相关的活动，并逐渐形成社会权力中心。处于权力中心的社会成员运用手中的权力，占有剩余产品的现象就可能发生，从而出现了个体需要和公共需要的对立。个人需要、群体需要与社会公共需要的分离，使社会共同需要获得了某种现实的独立性，这就意味着需要建立一种公共分配关系来满足社会公共需要。在不同的历史时期，由于物质财富状况、需要的多样化以及层次发展不同，它们之间的统一性和对立性表现也并不相同，并且处于不断变化之中。

3. 人类社会的主要风险最终来自“三种需要”及其矛盾

无论是人与自然（物）关系基础上的产生的风险，还是人与人关系基础上的风险，除了来自纯粹自然的因素之外，都最终归结为“三种需要”的矛盾。人与自然（物）关系基础上产生的风险，即人与自然的关系不和谐而产生的风险，是人类为了满足“三种需要”，而对自然的过度索取或破坏。不加节制的人类需要，或超过资源环境承载能力的需要，都将给人类带来风险和灾难。人与人关系基础上的风险，无论表现为私人风险，还是表现为公共风险，都是来自“三种需要”之间及其内部的矛盾。“三种需要”及其矛盾存在于人类一切行为和活动之中，并决定了人类行为和活动的方向与方式。人类社会中的各种关系也将通过“三种需要”及其矛盾体现出来。显然，人与人关系基础上的风险，即人类社会关系延伸出来的种种风险，也最终来自“三种需要”及其矛盾。

（三）财政是防范和化解公共风险的基本机制，并在其矛盾运动中得以发展

“三种需要”之间矛盾是以资源的汲取与使用为条件和基础，而财政是公共经济资源的汲取和使用机制，因而财政可以成为协调个体需要、群体需要和社会公共需要之间矛盾的基本机制。为了满足公共需要，须通过财政，汲取并使用公共经济资源。在既定总量的经济资源前提下，用于公共需要的部分与用于个人和群体的部

分，必然呈现此消彼长的关系。财政从个人和企业汲取经济资源的方式、来源、数量和结构，将影响这三种需要的变化。在不同的社会形态和发展阶段，社会共同需要的内容和层次呈现出不同的变化，财政汲取和使用公共经济资源必然要求与之相应变化。一个好的财政制度就是能够较好地协调三者之间的关系，恰当、合理地汲取并使用经济资源。无论是过度汲取，还是汲取不足，都将影响社会共同需要的满足程度以及经济社会的稳定和发展状况。

风险是需要的另一面。财政的产生和发展，是基于防范公共风险的需要，并且由于财政具有独特的优势，而成为防范公共风险的基本机制。一方面，财政收支以及其他公共经济资源的汲取和使用，从表面上看，表现为一些收支和资源数据，但却汇成了公共风险的“信息聚集源”。通过这些信息聚集源，可以及时发现公共风险可能爆发的点，并及早做好预案。另一方面，财政是分配公共风险，以及应对公共风险的制度工具和物质抓手，并且承担公共风险的“防火墙”和“托底”责任。

“三种需要”之间矛盾运动，以及相应的公共风险的变化，又推动了财政形态和制度的演进。人的需要不仅具有客观物质性和主观能动性，而且具有社会历史性。它是社会发展状况的一种体现，并随着社会实践的发展和生产力水平的提高而不断发展。一个国家的社会公共需要是在一定时期之内基于自身经济发展水平和一定价值标准与道德标准而确定，并在个体需求的基础上而形成。因此，社会公共需要也具有社会历史性，在不同的社会形态和发展阶段，它的层次和具体内容会呈现出不同的变化。“三种需要”的矛盾运动，意味着公共风险也将呈现动态的变化。随着需要的变化以及三种需要的矛盾运动，公共风险带有显著的时代特征。每个时代，公共风险的表现并不相同。进入现代社会以来，“三种需要”之间矛盾运动，主要是围绕财富的社会化生产和分配进行的。“在发达现代性中，财富的社会化生产与风险的社会化生产系统相伴。相应地，稀缺社会的分配问题和分配冲突，也同科技引发的风险在生产、界定及分配中产生的问题和冲突叠合在一起。”①

与之相适应，作为防范公共风险、协调三种需要矛盾的机制，财政汲取和配置公共经济资源的方式、内容和结构，以及由此而产生的各种财政制度、财政政策，也必然随着“三种需要”之间矛盾运动呈现出动态变化，从而使财政形态和制度随着经济社会的发展而不断演进。在不同的社会形态、发展阶段和国家制度之下，财政形态和制度，以及由此而产生的具体的表现形式和内容，必然也会具有较大的差异。可以说，经济社会的发展对于财政形态、行为和制度的影响，具体是通过防范公共风险以及“三种需要的矛盾运动”这一媒介来实现的。这为我们认识财政，分析新条件下的财政行为、制度和财政作用提供了新的理论视角。

四、现代国家治理下防范和化解公共风险的财政能力集

防范和化解公共风险是财政的基本能力，这一基本能力在国家治理的“3+1”架构下，表现为一个“能力集”。

① 乌尔里希·贝克：《风险社会》，译林出版社2018年版，第3页。

（一）防范和化解公共风险是财政的基本能力

风险来自于人与自然（物）、人与人两个方面。财政通过对公共经济资源的配置，协调人与自然（物）、人与人两个方面的矛盾，能够防范和化解公共风险。

财政的本质是对公共经济资源配置基础上产生的人与物之间以及人与人之间的关系，因此，财政对公共经济资源配置实现防范公共风险，是财政本质最直接、最具体的反映。公共经济资源配置一般包括两方面：一是从社会再生产过程中，筹集一定数量的物质资料（通常以货币形态表现）；二是为了各种目的，将这些物质资料使用出去。在实践上，国家职能的实现需要财政分配来支持，整个社会事业生存和发展的物质基础也有相当份额是通过财政分配来保证的。无论是保证社会需要，还是调节收入分配、经济运行，都是建立在财政的公共经济资源配置职能基础上的。财政分配，既是政府配置资源、实施宏观调控的基本手段，又是维护公平分配、促进经济稳定增长的有力后盾。无论是奴隶制财政、封建制财政、资本主义财政，还是社会主义财政，他们都具有公共经济资源配置职能。在不同财政模式下的其他各项职能，都是这一职能的延展。可以说防范和化解公共风险是财政的基本能力，不过，由于公共风险在不同阶段的表现并不一样，因此，对于财政能力的要求也不一样。

（二）国家治理的“3+1”架构下防范公共风险四个层面

自20世纪70年代中后期以来，一些国家将“少一些统治、多一些治理”作为新的执政目标，“治理”便成了国家建构中的一种新的理念。治理之所以不同于统治，在于治理更加强调协调、合作，注重主体间权力的互动性和依赖性，而不是压制、控制。党的十八届三中全会将“推进国家治理体系和治理能力现代化”作为全面深化改革的总目标，这既是对我国改革经验的总结，也是应对当前一些现实问题的必然选择。这一目标定位，不仅意味着我国国家管理理念的重大变革，也标志着我国改革将进入以推进国家治理现代化为目标的新阶段，这对于推进社会主义现代化建设、保障国家健康稳定发展具有极为重要的理论意义和现实意义。

国家治理体系是政府、市场、社会等相互合作、相互制衡并使之运转的一个复合体系和制度运行系统。它又具体可分为政府治理、市场治理和社会治理三个子体系。在一个理想的治理体系中，三者各有侧重。政府治理强调对政府行为的规范，特别是对政府权力的制约与制衡，以提高政府执行能力，并防止其对市场和社会系统的过度干预。政府治理又可分为政府系统内的横向治理和纵向治理。市场治理强调市场主体在公平正义的原则下，通过市场规则，实现自愿性交易，这一治理体系以市场主体的进入、退出及其他行为规则为基础。社会治理则强调政府、社会组织、企事业单位及个人等主体在社会领域通过平等的合作型伙伴关系，对社会事务和社会生活进行规范和管理。因此，通过这三个子系统，国家治理体系涵盖了几乎所有公共领域及市场交易、社会合作等部分私人领域。国家治理体系的结构及能力状况，将决定一个国家能否实现繁荣与稳定。因此，本文在分析国家治理视角的财政能力时，将国家治理大致分为政府治理、市场治理和社会治理三个子系统。

此外，伦理道德虽不能成为一个独立的子系统，但对国家治理非常重要，可以发挥国家治理“血液”的作用，因而形成了“3+1”治理架构。伦理道德作为一种意识形态，是社会存续的基本条件，是国家治理的“血液”，体现在国家治理的各个方面。财政不仅体现和践行一个社会体内的基本伦理道德观，而且财政的伦理道德对于整个社会层面的伦理道德具有规范和引导能力。提升财政的伦理道德的规范能力，对于促进公平正义、消除现代性内在矛盾、促进国家治理创新，具有非常重要的意义。

同时，我们应将财政视为国家治理以及经济社会发展大系统中一个重要因素，需要跳出财政看财政。无论是国家治理，还是经济社会发展，实际上都是作为一个系统而发生作用和联系。任何系统都是一个有机的整体，它不是各个部分、要素的机械组合或简单相加。对于财政能力的认识，应从国家治理和经济社会发展的系统中，跳出财政看财政，才能更好地发挥其作用。

财政的基本功能是防范和化解公共风险。在国家治理的“3+1”架构下，防范和化解公共风险，又可具体从四个方面考虑：其一，防范政治领域的公共风险，形成稳定的政治秩序，保持国家系统的正常运转；其二，防范经济领域的公共风险，形成稳定的市场秩序，促进市场的稳定性、公平性和有效性的能力；其三，防范社会领域的公共风险，形成稳定的社会秩序，推动政府与社会的良性互动，维护人民的权利，促进人的发展。其四，防范普遍的、全局性的道德风险。这一风险，又具体表现在上述三个领域之中。当然，由于风险的传递性，各个领域的公共风险不是截然分开的，因此，无论是分析公共风险，还是考察财政能力，都不能孤立地只看到单个领域、层面、点，需要树立系统性和全局性的思维。

（三）国家治理的“3+1”架构下的财政能力集

在政府治理、市场治理和社会治理，以及社会伦理道德秩序中，财政体现出一系列的能力，从而形成能力集。主要表现在：

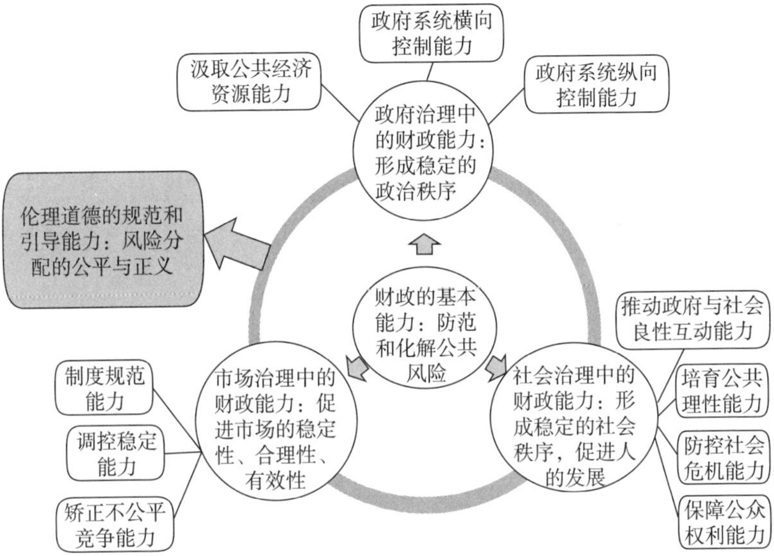

图7-1　国家治理的“3+1”架构下的财政能力集

1.政府治理中的财政能力

政府治理中的财政能力，即防控政治领域的公共风险，形成稳定的政治秩序，保持国家系统的正常运转的能力。这一财政能力主要体现在三个方面：

（1）汲取公共经济资源能力

汲取公共经济资源能力是保障政权运转的基本能力。本文所指的汲取公共经济资源能力，不同于传统意义上的财政汲取能力。后者通常是指汲取财政收入的能力。本文的财政是个大财政概念。虽然财政收支是财政的主要方面，但并不是全部，还有对国有经济资源的获取能力，有的是以财政收入的形式体现，有的则是以其他形式存在，如国有企业、国有自然资源等。因此，汲取公共经济资源能力，可分为财政收入汲取能力和其他国有经济资源动员及获取能力。这一能力，实际上体现了政府处理国家、企业和个人以及中央和地方政府之间诸多关系的能力基础。

（2）政府系统横向控制能力

政府系统横向控制能力决定政府运行的质量和效率。通过财政制度，可以增强政府对其系统内部的行为控制，提升行政和管理效率，防止其对正常市场秩序的侵蚀，或种种低效率、腐败行为，乃至政治危机。政府系统横向控制能力，实际上是财权与财力在同级政府层面配置的问题。通过财政权力在各部门之间的分配，形成横向的财政分配关系，对政府系统进行横向控制。这不仅要包括党委、政府和人大间的预算权力关系，也包括财政部门与其他准预算机构及各个支出部门之间的权力关系。

（3）政府系统纵向控制能力

政府系统纵向控制能力是决定一个国家向心或离心的关键因素。无论是单一制国家，还是联邦制国家，都重视这一能力。政府系统纵向控制能力，体现的是财权与财力在中央与地方层面的配置问题。通过中央与地方以及地方各级财政关系，实行纵向控制。以财权、事权和支出责任的划分，确定政府间关系，形成纵向制约关系。

2. 市场治理中的财政能力

市场治理中的财政能力，即防范经济领域的公共风险，形成稳定的市场秩序，促进市场的稳定性、公平性和有效性的能力。在一定程度上而言，政府活动都可以通过财政行为得以体现。这也就意味着通过财政制度，可以间接界定政府、市场主体的权力、权利和行为边界。一个良好的财政制度，有利于防止政府对市场的不合理介入和过度干扰，从而构建一个合理的经济秩序。市场中的财政能力，主要体现在维护市场的秩序性、稳定性、公平性和有效性等方面。具体而言：

（1）制度规范能力

制度规范能力，亦即维护市场的秩序性、支撑市场有序运转的能力。通过财政制度和政策，可强化政府在市场体系建构、维护产权与契约等方面的职责，实现公权与私权的有效衔接，进而提升市场治理能力。

（2）调控稳定能力

调控稳定能力，亦即维护市场的稳定性、调控和稳定经济运行能力。通过财政政策减弱经济波动，为公平竞争创造良好的外部环境。较大的经济波动和社会不稳定，通常会产生不公平竞争的环境，诱发公共风险。财政具有经济稳定机理，可以通过财政的自动稳定器功能和相机抉择的财政政策，调整经济运行状况，但其经济稳定作用发挥的具体情况，取决于能否根据经济形势的变化及时、准确地对政策内容与方式加以调整。

（3）矫正市场不公平竞争能力

矫正市场不公平竞争能力，主要是促进市场公平竞争、优化社会资源配置的能力。通过财政制度和政策，能够矫正企业在市场竞争中的不公平行为。其一，通过税收政策，治理环境污染等企业成本外部化问题。对投资于防治污染或环境保护的纳税人给予适当的税收减免，对污染行业和污染物的生产及使用征收税和费，把环境污染和生态破坏的社会成本，内化到生产成本和市场价格中，矫正负外部效应带来的不公平问题。其二，通过税收减免和支出政策，支持特定产业和企业，增强其竞争能力，进而实现促进社会资源优化配置。

3. 社会治理中的财政能力

社会治理中的财政能力，即防范社会的公共风险，推动政府与社会的良性互动，形成稳定的社会秩序，保障公众的权利，促进人的发展的能力。财政是一种有效的现代治理工具，不仅可对政府和公众实施双向控制，提高公共资源配置效率和政府运行效率，而且能够培育公共理性、促进广泛的合作共识，在构建良序社会中发挥极为重要的作用。同时，通过财政制度和政策，调节收入分配，缓和社会矛盾，并促进人的发展。具体而言，包括四个方面：

（1）保障公众权利的能力。通过财政支出，实施保障人的生存权和发展权的财政制度，提高公众的可行能力。例如，解决基本民生问题，特别是着力解决就业、社会保障、公共卫生、住房等问题；提高人力资本投入，促进教育事业发展，大力增加科技、文化投入，使财政在提高人口素质和科技、文化发展上有所作为。在保证公众享有大致相同的发展机会——“起跑线上的公平”的基础上，考虑先天条件的不平等，在比赛规则中体现对弱小者的照顾，实现“能力差异补偿上的公平”。

（2）防控社会危机能力。现代良序社会，并不意味着没有矛盾，而是矛盾能够得到有效释放或化解。财政防控社会危机的能力主要体现在：其一，调节收入分配，将收入和财产差距控制在社会可承受的范围内，防止其对社会稳定秩序的冲击。其二，财政的信息功能，使政府更加了解公众的需求和社会状况，可起到预警作用。其三，适度有效的预算协商和参与，可以成为释放对社会不满情绪的合法冲突机制，防止矛盾积聚，有时甚至可以起到转移或化解矛盾的作用，使社会矛盾由刚性转为柔性。其四，促进价值和利益整合，消除共识阙如。财政对公共资源配置的方向和数量，以及相应的预算决策、管理机制，不仅反映了不同利益主体间的物质利益关系，也体现了社会的基本价值理念。一个良好的财政制度，不仅可以协调公共利益、组织利益和个人利益的关系，在物质利益层面进行整合，而且可以在公平与效率、平等与自由、公权与私权等诸多方面进行有机协调，实现价值层面的整合。通过物质和价值层面的整合，可以在社会诸多领域消除分歧，形成社会共识和价值认同，从而促进社会稳定与平衡运转。

（3）培育公共理性能力。现代公民意识不仅是实现国家治理现代化的基础和前提，而且为国家和社会的有序运转提供伦理秩序、政治秩序和法制秩序基础。只有具有现代公民意识和能力的公众有效参与，才能推动国家治理能力的提升。否则，只具有参与的热情，而缺乏现代公民意识和能力，没有成熟的公民心态，则会陷入“非理性民粹主义陷阱”，造成社会秩序的混乱。通过财政这一中介，公众可在公共生活中得到有效锻炼，不仅能约束其自身狭隘的利己主义和物质主义倾向，促其以审慎、负责的态度，参与公共生活，而且提高其参与公共事务管理的能力。通过财政的公开、社会参与和监督机制，可以将普通公众打造为负责任的公民，并提高其参与公共事务管理的能力。

（4）推动政府与社会良性互动能力。财政在政府与社会之间，起到一种物质和信息中介作用。通过这一中介，对公共资源做出合理的安排，有利于分解社会矛盾，使社会矛盾由刚性转为柔性，从而在政府与社会之间形成良性的互动关系，保持社会秩序稳定。财政信息表达、协商及参与的过程，实质上就是一种开放的、充满活力的公共意见和公共利益的形成过程，从而促使以理性的表达方式来代替非理性的表达方式，进而形成一种新的公共文化，为国家治理变革奠定思想和文化基础。“没有一个确定的公共世界，理性的（理念）就会成为空中楼阁。”[①]可以说，公共理性的根本作用就在于形成这样一个公共世界，并由此产生一个作为社会成员间公平合作的项目之框架。只有在这框架下，良好的政府与社会合作才能得以产生。同时，通过公开、社会参与和监督机制，打造责任政府。通过财政信息公开、预算协商与参与，可以增强政府责任意识，提升政府服务公众、社会与市场的能力，有效约束政府非理性的或自私的利益取向与行为，防范“塔西佗陷阱”。

4. 伦理道德的规范和引导能力：风险分配的公平与正义

伦理道德作为一种意识形态，是社会存续的基本条件，是国家治理的“血液”，体现在国家治理的各个方面。财政不仅体现和践行一个社会体内的基本伦理道德观，而且财政的伦理道德对于整个社会层面的伦理道德具有规范和引导能力。提升财政的伦理道德的规范能力，对于促进公平正义、消除现代性内在矛盾、促进国家治理创新，具有非常重要的意义。

伦理道德带有鲜明的时代特色，对于其基本的价值取向的研究必须立足于具体的政治、经济和社会背景中。在实践中，财政伦理道德一般是基于“分配应该怎样做才好？”的思考之上，并且建立在一种前提之下，即财政的伦理道德不是虚幻的，不仅影响着财政

① 约翰·罗尔斯：《政治自由主义》，译林出版社2000年版，第56页。

活动的每个环节，而且可以通过有效的机制来进行完善。长期以来，人们以“物质财富”分配为基点，并延展至资源、机会、权利等层面多重分配观。以此为基础，财政中的公平与正义这一伦理道德经过演化，形成了以平等为基本理念的多种公平与正义观。

在风险社会中，“稀缺社会的财富分配逻辑开始向发达现代性的风险分配逻辑转变”[①]。财政虽然作为公共资源配置的基本机制，依然需要强调“物质财富”及其资源、机会、权利等分配的公平与正义，但更应关注风险分配中的公平与正义，并且后者应成为财政的伦理道德规范和引导能力的着力点。实际上，资源、机会、权利等分配的不公平，在一定条件下，都可能会形成公共风险。财富、“风险处境的不平等，在某些方面同阶级或基层处境的不平等没有什么不同；但其中起实际作用的是截然不同的分配逻辑：现代化风险迟早会冲击风险的制造者或受益者。”[②]现代社会是一个风险社会。推进国家治理现代化，发挥财政在伦理道德的规范和引导能力，应转到风险分配中的公平与正义上来。

五、我国财政能力的总体判断及策略

总体而言，70年来，我国财政制度的建立和发展以及财政能力提升的基本逻辑是：围绕公共风险的演化，按照建立和发展计划经济、建立和完善社会主义市场经济以及全面深化改革三个阶段推

① 乌尔里希·贝克：《风险社会》，译林出版社2018年版，第3页。

② 同上书，第9页。

进，从放权、分权到治权不断演进，基本符合了我国经济社会发展的需要，其财政能力由弱到强的发展趋势，能力的作用范围不断拓展。

（一）我国财政能力的变化及简要评价

在国民经济恢复和计划经济时期，我国面临的最大的风险就是新政权能否巩固以及国民经济的一穷二白。因此，经济社会发展的主要任务是恢复和发展生产。财政制度的建立和调整，以及财政能力的建设也是围绕这一主题。在这一阶段，国家治理形成了以整体的国民经济发展计划为主、以财政预算为辅的基本结构。财政收支计划虽然从大的范畴上也属于计划，但要服从服务于整个国民经济计划。由于在新中国成立初期，经济社会形势较为复杂，新政权面临的问题和挑战较多，采取高度集中统一的财政制度，最大限度地集中财政资源，也是制度的必然选择。当时的财政制度，为巩固新政权、筹集和管理国民经济建设资金、支持国家发展战略，发挥了重要作用。然而，虽然实现了财政的统一，但从国家治理的整体层面来看，财政的规范性和法制性欠缺，其政府、社会等治理领域的能力较弱，财政的控制力和约束力不强。为了配合计划实施，中央和地方经常出现突破预算的状况，再加上相关的监督约束机制缺乏，造成了“预算软约束”。在中央与地方、政府与企业的平衡关系上，也处理得不是很好，权责不清晰、激励不明确的问题较为突出，形成了“一放就乱、一管就死”的状况。另外，这一时期的财政制度，带有明显的行政特征，属于行政主导的财政制度，没能较好地发挥人大的监督、约束作用。在计划体制下，财政在市场治理方面的能力的空间很小，几乎可以忽略。一度出现了“税收无用论”，其调节作用也几乎不存在。

在建立和完善社会主义市场经济时期，我国面临的主要公共风险是国弱民穷、球籍能否保住。这一时期的主要任务是为了激发国民经济活力，促进经济社会加快发展。激发国民经济活力，一个有效的方法就是建立更加合理的激励和约束机制。为此，在改革开放之初，我国就实行了“放权让利”的办法。放权让利是指下发一部分资源配置权，增加地方和企业的财权，使其获得相应的利益，从而激发地方和企业的积极性。放权让利具体是通过预算体制的调整来实现的。以“分灶吃饭”为基本特征的分级包干制，代替了高度集中统一的预算体制，打破中央“大一统”格局，逐步改变了高度集中统一的资源配置方式。分灶吃饭、下放企业权力，激活了地方和企业的积极性，但却极大地削弱了中央宏观调控能力，并且分级包干制仍属于一种不稳定、不规范的预算体制，预算编制粗放、预算约束软化、财政资金使用效益不高等问题并没有得到根本解决，这也意味着财政的控制功能和效率功能仍然受到了较大的限制。1992年10月，党的十四大正式确立了社会主义市场经济体制的目标模式。1993年11月党的十四届三中全会确立了社会主义市场经济体制的基本框架，我国进入市场经济整体性改革的新阶段。此后，财政能力建设取得了较大进展，在提升效率、增强政府行为控制和提升公共治理能力等方面得到一定的体现，为新体制的建立和发展做出了积极贡献。例如，财政的汲取能力有了很大提升，保障了政府系统运转和各项民生事业资金需要；分税制财税体制建立了中央与地方稳定规范的财政分配关系，不仅增强了中央政府的控制和调节能力，而且调动了地方的积极性；部门预算、国库集中收付、收支两条线管理、政府采购制度等这些改革措施，不仅提高了公共资源配置效率，而且优化了政府内部间的关系，增强了约束机制，提高了行政效率。

2013年，进入全面深化改革阶段之后，世界面临百年未有之大变局，中华民族实现伟大复兴成为时代的主题。财税改革成为全面深化改革的重点和开创新时代的突破口，既要防控重大财政风险，实现财政可持续发展，又要发挥其在国家治理中的基础和支柱作用，维护好改革、发展、稳定之间的良性循环关系。我国加快建立现代财政制度，实施诸多财政改革，促进了财政能力的全面提升。例如，在政府治理领域，修订预算法，实施预算绩效管理，完善政府预算体系和预算审核机制，实行全口径预算管理，建立跨年度预算平衡机制，启动事权与支出责任划分改革，不仅提升了财政资源的配置效率，而且增强了政府系统的横向和纵向控制能力；在市场治理领域，实施一系列的减税降费政策，以“营改增”为重点继续深化税收制度改革，消除影响市场发挥资源配置基础性作用的税制因素，提升市场治理水平；在社会治理领域，不仅保障和改善民生，支持各项社会事业发展，满足人民美好生活需要，而且推行预算公开透明，有利于社会监督。总之，我国财政的综合能力在不断增强，保障了经济和社会健康、持续发展。

（二）我国当前的财政能力的相对不足及不平衡分析

尽管我国的财政能力有了较大提升，但仍存在不足及不平衡的问题，成为制约公共风险防范能力的重要因素。

1.财政能力的不平衡，导致了“治理短板”

治理的现代化必然是政治、经济、社会等领域治理的全面现代化。总体来看，财政能力随着经济社会的发展而不断延展，并呈现出不平衡向平衡动态发展、财政能力重心不断转换、财政能力的协调性增强等趋势。尽管我国财政能力的演进也符合这些趋势，由不平衡向平衡发展，但仍然存在财政能力不平衡，导致了“治理短板”，与公共风险治理要求要有较大差距。财政能力不平衡，主要体现在两个方面：一是政府治理、市场治理和社会治理之间的不平衡。改革开放后，我国发挥市场在资源配置中的作用，注重经济增长，财政能力在这方面充分体现出来，通过放权、分权和治权，使财政在市场治理和政府治理中的作用得到很好的发挥，而在社会治理领域中的作用体现不够，出现了“市场治理和政府治理腿长、社会治理腿短”的不平衡状况，影响了国家的整体治理能力和政治、经济、社会的协调发展。

二是地区之间财政能力的不平衡，差异较大。由于我国各地经济发展不平衡，各地的财政汲取能力也不平衡，并且一些地方的汲取能力下降，区域供给能力差异变大，公共服务的供给的公平性、均等化等压力较大。这种不平衡又传递到其他领域，使各地的防风险能力差异较大。

2. 财政能力的相对不足，制约了各子系统的风险治理能力

财政能力的相对不足，存在政府治理、市场治理和社会治理的内部，制约了各领域的治理能力。

一是政府治理领域的财政能力相对不足。在政府治理方面，虽然财政的能力和作用较以前有了一定的提升，但其作用还没有完全发挥出来。财政体制改革、财权的分配等方面的滞后，制约了财政在政府治理方面的作用。在财政汲取能力上，我国的宏观税负问题在社会上的质疑声音一直不断，如何处理好国家、企业和居民的分配关系，是今后财政汲取能力需要解决的一个重要问题。在政府系统横向控制，虽取得一定进展，但财权的分配仍不合理，财权的控制能力和财政资金的使用效率需要提升。例如，由于“钱”与“事”不协调、脱节，导致了财政资源闲置和使用低效。在政府系统纵向控制上，由于财力、事权与支出责任的不匹配以及地方税体系建设，造成了中央与地方关系并没有理顺，影响了地方的治理能力。

二是市场治理领域的财政能力相对不足。在市场治理中，无论是在维持市场的秩序性、稳定性和公平性，还是在市场的效率性等方面，财政能力都还存有一定的缺陷。不仅存在税费关系、税收与其他国民收入分配的关系等不合理，政府介入市场存在一些不规范，而且调节收入分配、矫正外部性的能力也欠缺，尤其是一些财政补贴、政府设立的引导基金，影响了市场的效率。例如，信息化、数字经济以及诸多新的经济形态的发展，对税收制度的公平性和征管提出了挑战，建立在工业化基础上的现行税收制度与数字化、产业结构发展的趋势并不匹配。

三是社会治理领域的财政能力相对不足。从保障公众的权利及相应的民生事业来看，我国的社会事业取得了巨大进步，人民生活福利水平得到较大提升，但与发达国家仍有较大差距，人民日益增长的美好生活需要和不平衡不充分的发展之间的矛盾还很突出。从培育公共理性、促进政府与社会良性互动等方面来看，近些年在预算公开方面有所进展，但受制于预算的编制、公开等技术性因素，预算公开的广度和深度不够，没有完全发挥其作用，无法满足社会对财政的信息公开需求，这不仅影响了人大、审计部门对政府预算监督权的实施效果，而且不利于预算的公共协商、参与和监督。这限制了财政在社会治理中的作用，使财政无法真正成为合作共识和公共理性的“培育场”。此外，财政在防控社会风险、提升公众可行能力等方面的能力和作用都还有待于通过财政改革、制度建设以及财政收支的优化、调整来实现。

从上面分析可以看出，通过制度改革，财政的综合能力在不断增强，但这些能力和作用更多的是体现在提升公共资源配置效率方面。在政府行为控制上，虽然财政的能力和作用较以前有了很大的提升，但其作用还没有完全发挥出来。在社会治理方面，财政的能力和作用仅是刚刚开始体现，未来提升的空间还很大。

（三）提升我国财政能力的策略和重心

随着财政制度的逐步完善，以提高效率为主的技术性改革，必将过渡到注重全局、综合性与系统性更强的全面深化阶段。一些潜在的矛盾凸显，利益之间的关系更为复杂、平衡的压力更大，提升财政能力的难度加大。为此，需要把握一定的策略和重心。从策略上而言，提升财政能力，不能要求财政能力在政府治理、市场治理和社会治理等各方面齐头并进，而只能依据经济社会形势，结合能力作用的条件和环境逐步提升。尽快解决能力提升的技术性层面的问题，加快提升控制层面的财政能力，循序渐进地提升社会治理层面的财政能力。

加强财政能力建设，需要针对制约财政能力发挥的因素，加快推进财政改革、完善现代财政制度、优化财政政策。通过财政能力的提升，为社会发展注入确定性。

1. 提升财政在政府治理中的能力：优化财权的合作与制衡机制

优化财权结构，需要从财权的分权与制衡、分工与合作、委托与代理，以及财政的问责等角度，按照其内在的逻辑，对财权进行调整和优化。优化财权的合作与制衡机制，主要做好以下三个方面：

其一，建立权责内洽的财权体系和问责机制。在坚持党的财政领导权，完善人大的预算审查权的基础上，进一步规范财政部门与其他准预算机构及各个支出部门之间的权力关系，解决权力与责任的非对称性，提升财政资源的配置效率。坚持以“事”为中心，破除部门利益藩篱，避免形成政策合成谬误，减少由政府行为不当或政策不协调造成的社会治理成本。防止部门对接不到位，形成“最后一公里”等问题。

其二，完善预算制度，打破支出固化格局，使“钱”与“事”有机统一。一是强化零基预算的理念，改革预算编制方式。打破以“以往基础+增量”的预算资金安排模式，根据实际需要科学核定预算，按照事业发展重点和业务的轻重缓急合理安排资金，打破支出固化格局。同时，健全预算支出标准体系。二是优化预算控制流程。厘清部门职责，优化预算管理各环节权责划分，实现主体责任归位，使其权责明晰、各负其责。强化“资金跟着项目走”，促使从“要钱”到“做事”转变，有效促进“事”与“钱”的统一，有效减少闲置资金。三是完善绩效评价的目标和方式，坚持结果导向，提升绩效管理水平。注重绩效结果的运用，防止过程性目标代替结果。根据绩效评价结果，大力削减低效和无效支出。

其三，完善转移支付制度。进一步加强中央事权、减少中央与地方共同事权。根据流动性社会的特点，完善一般性转移支付分配办法，反映基本公共服务成本差异。专项转移支付聚焦资本性项目支出，提升地方发展能力。降低指定用途资金占比，增加地方资金分配的自主权。

2.提升财政在市场治理中的能力：增强市场的有效性、公平性和稳定性

提升财政在市场治理中的能力，需要处理好政府与市场的关系，一方面，通过财政制度，增强政府介入市场的规范性和有效性，另一方面，通过财政政策调节经济运行，解决制约我国当然经济稳定和发展的深层因素。

其一，优化财政汲取比例与方式，统筹税费关系，完善促进制造业发展和社会公平的税收制度。根据信息化、数字经济以及诸多新的经济形态的发展，调整优化以工业化基础上的现行税收体系，研究开征“数字税”，使支持数字经济的发展与维护各类企业公平竞争有机结合起来；结合下一步的增值税税率三档并两档、房地产税立法等重大改革措施，统筹考虑税制改革，优化直接税与间接税结构；以“制度优化”和“减负”为重心，完善减税降费政策，降低个人所得税综合所得最高边际税率，调整税率级次，建立有利于创新的个人所得税制；协调推进降低社会保险缴费率、养老保险全国统筹、国资划转社保等改革，并与改革征管体制、统一征管同步推进，扩大征收面。

其二，调整支出结构和权责，提高政府介入市场的规范性与有效性。我国当前存在“社会上的资金极度匮乏、政府引导基金大量闲置”的不正常现象，并且地方政府引导基金也存在使用效率问题，有些基金甚至干扰了市场配置资源机制，这些都制约了经济动力、降低了资源配置效率。如果适当压缩和调整政府引导基金的规模与结构，对于激活市场将起到非常重要的作用。同时，坚持有为有不为，优化并适当减少经济建设支出，大幅削减对于行业和企业的各项财政补贴支出。

3. 提升财政在社会治理中的能力：促进社会治理创新，缩短公民与国家的“距离”，防范社会风险

财政是形成合作共识和公共理性的“培育场”。财政是政府与社会、公众之间以及其内部进行社会合作的信息和物质中介，具有较强的社会整合功能。应发挥财政这一能力，实现公共治理变革，打造“政府—社会”新型合作方式，缩短国家与公众之间的“距离”，促进由“公共管理”到“公共治理”、由“乌合之众”到“理性的积极公民”的转变，由传统的“单一控制”方式转向“多种控制”与“社会协商参与”并举的方式。同时，增强财政防范社会风险的能力，应对不确定性。

其一，强化促进人的发展的各项社会事业支出，构建韧性社会稳定机制。社会事业支出是代表社会共同利益和长远利益的支出，对于促进人本发展起着关键性作用。在提高科技、教育、社会保障、公共卫生等社会性支出比例的同时，优化其内部结构，形成公平、科学、高效的社会性支出制度，提升财政防范风险的能力。处理好福利提升与经济社会发展水平、短期福利与长期福利等关系，建立健全与我国国情国力相适应的福利制度，逐步提升福利水平，让人民群众得到看得见、摸得着的实惠。同时，加强对群众预期的管理，防范“福利陷阱”。

其二，在推行预算公开的同时，逐步提升财政的透明度。积极稳妥地推进预算公开，注重防范风险，打造治理创新的基石。应将预算公开放在整个政治、经济和社会改革的大环境中统筹考虑，与其他财政改革、政府管理和决策体制改革以及社会治理创新等结合起来。改革预算制度，调整预算科目、细化预算编制，增强公众获取财政信息的便利性，满足公众的信息需求。

其三，建立双层多环节的协商和参与机制，防范“塔西佗陷阱”。按照积极、适度、灵活、理性和效率的原则，坚持“社会领域的群众路线”，发挥我国制度优势，构建财政的双层多环节的协商和参与机制。根据我国政治体制的特点，构建“体制内”与“体制外”有机结合的协商和参与机制。在体制内，以人大、政协等部门为主导构筑协商参与平台；在体制外，搭建政府、社会组织、专家与普通公众相互协作的协商参与平台。财政通过对公共经济资源的配置和协商参与机制，使公众参与国家治理有了更为实在的“抓手”，满足公众的社会存在感和自我实现的需要，在政府与社会之间建立良性的互动机制，进而构建韧性和可控的社会稳定机制。

六、结语

防范和化解公共风险是财政的基本能力，这一基本能力在国家治理的“3+1”架构下，表现为一个“能力集”。但这些能力并不是平行的，而是呈现出层次性，在不同历史时期和社会经济条件下，财政能力的重点并不相同，并且呈现出一定的发展规律。财政能力可分为现实的能力和潜在的能力。影响财政能力的因素较多，既有经济水平与结构、社会结构及力量对比、经济社会的主要矛盾等客观的因素，也有对财政及其能力理论的认知，以及由此而实行的财政政策和制度等主观性因素。随着经济社会结构和关系的日益复杂化，人们的需求层次和公共风险就会相应发生变化，财政的能力也必然要求随之改变。

财政能力的延展呈现出不均衡向均衡动态发展、协调性日趋增强等基本趋势。财政能力由最初的注重某一层面的能力，逐渐向政府治理、市场治理和社会治理等层面延展，逐渐呈现出动态发展的趋势。每一个阶段，财政能力的重心是不一样的，并随着经济社会的发展和公共风险的演化不断转换。即使在每个层次的内部，也会发生重心转变，但财政能力重心的转换是在前一个重心完成的基础上转换的，但不能脱离前一个重心，而是以这个重心为基础和前提。例如，在政府治理领域，无论是政府的横向控制，还是纵向的控制，都是以财政汲取能力和公共产品的供给能力为基础。

财政能力的协调性日益增强，也是财政能力延展的一个趋势。从人类社会发展的大趋势上来看，人类社会的发展呈现经济、政治、社会和生态逐渐协调的趋势，要求财政能力与之相适应，必然也会呈现出协调性日益增强趋势。从风险产生及其复杂性来看，随着风险社会的形成，风险日益复杂化，特别是风险全球化，使各类风险交织、传递，加大了防风险的难度，为此，需要增强财政能力的协调性，以提升防风险的效果。

世界发展史表明，财政能力的突破通常带来国家治理的重大变革进而决定国家的兴衰治乱。推动国家治理现代化，亦即实现公共风险的最小化。随着我国财政改革和财政制度建设，我国的财政能力在提升效率、增强政府行为控制和提升市场运行质量等方面发挥了重要作用，但离公共风险最小化目标还有一定的距离，各地的防风险能力差异也较大，迫切需要进一步加强财政能力建设。财政能力的建构和提升不仅要符合一定的条件及其内在的逻辑，而且要与国家的其他改革、能力建设相协调。提升财政能力，不能要求财政能力在政府治理、市场治理和社会治理等各方面齐头并进，而只能依据经济社会形势，结合能力作用的条件和环境，逐步提升。

从我国现实看，总体而言，我国财政制度的建立和发展，以及财政能力提升的基本逻辑是：围绕公共风险的演化，按照建立和发展计划经济、建立和完善社会主义市场经济以及全面深化改革三个阶段推进，从放权、分权到治权不断演进，基本符合了我国经济社会发展的需要，其财政能力由弱到强的发展趋势，能力的作用范围不断拓展。但仍然存在财政相对不足及不平衡等问题，为此，需要通过财政改革和制度建设，尽快解决能力提升的技术性层面的问题，加快提升控制层面的财政能力，循序渐进地提升社会治理层面的财政能力。

第八章　从公共风险看财政政策：目标重构与转型研究

本章导读

当前，传统财政政策面临着现实困境，特别是为防范和应对风险所设计的政策往往只起到了转移或拖延风险的效果。本章从政府"理性"和经济运行不确定性的视角，对目标短期化、机制确定性的财政政策有效性进行了反思，认为由于政策实施主体的"理性"选择与影响经济运行的诸多不确定性因素，传统财政政策效果在弱化。在人类已进入后工业社会的条件下，公共风险正在加速迭代变化，财政政策应凸显其"防范风险"的目标定位，从聚焦总量调节转向更加关注结构调节与利益调节。我国社会主要矛盾已发生重大变化，国家治理面临的公共风险也呈现升级与变异的态势。对此，应推动财政政策的转型，一方面以风险管理为主线、以公共风险最小化为价值取向；另一方面，强化财政政策的综合平衡功能，重视对市场主体和社会个体行为与利益的调节。

一、引言

2020年初突如其来的全球性新冠疫情，是进入新世纪后人类共同面对的一次前所未有的危机。面对重大的公共性危机，公共财政理所当然地首当其冲，各国不仅投入了巨量公共资金承担防疫与救治的公共责任，还以扩张性财政政策应对疫情带来的经济紧缩。往前追溯，2008年起始于美国进而波及全球的金融危机，导致世界主要经济体均出台了庞大的财政刺激计划，尽管大大缓解了金融危机对经济社会发展的杀伤，也使得一些负面效应至今仍未完全消解。近年来，不少经济体致力于降低政府债务水平，重塑被金融危机冲击的财政秩序，新冠疫情的暴发与延续势必会暂缓财政政策正常化的步伐。政府是公共风险的最终承担者，财政作为政府应对公共危机的主要手段，在历次经济社会危机中发挥了中流砥柱的重大作用，但也使得自身伤痕累累。随着经济社会的发展，公共风险与危机的杀伤力不是降低而是增大了，应对危机的财政政策张力也越来越大，财政可持续性正在面临越来越大的挑战。在政府债台高筑情况下，还能否再一次经得起重大的经济社会危机？公共财政需不需要为潜在的公共风险与危机留下弹性与空间？财政政策应不应该总是在公共风险演化成危机后才扮演“事后兜底”的角色？

现代主流财政理论中，财政政策被赋予了弥补市场失灵、促进经济增长、实现充分就业、维护社会稳定的重大使命。出于对经济危机、社会动荡的恐惧，以凯恩斯主义为圭臬，各个国家普遍运用财政手段承担起各种各样的社会责任。自“大萧条”以来西方国家没有再发生类似强度的经济危机，无孔不入的“全能政府”确实起到了重要的防范和化解作用。但另一方面，一些学者也注意到，用财政扩张来防范危机，不过是把分散的经济与社会危机，集中到了政府身上。美国经济学家詹姆斯·奥康纳就提出，尽管政府职能的扩张一定程度上弱化了经济危机，降低了社会风险，但没有也不可能消灭经济危机；虽然表面上看破坏性危机离人们越来越远，但政府却陷入了越来越严重的“财政危机”或债务危机。法兰克福学派代表人物沃尔夫冈·施特雷克也认为，西方国家每一次为遏制危机蔓延、防止危机发生的措施，都预留了下次危机的种子；扩张性财政政策其实是在“购买时间”。

尽管实践中运用财政政策应对经济周期性波动是世界主要经济体的普遍做法，但理论界对财政政策有效性却存在较大争议。纵观国内外相关研究，财政政策有效、无效两种观点皆存。古典经济学和新古典经济学认为，由于财政政策具有挤出效应，市场主体理性预期有限，税收与举债支出在一定条件下效果相同，利用财政政策调节经济是无效甚至有害的。凯恩斯主义基于菲利普斯曲线、价格刚性等假设，认为财政支出具有乘数效应，是有效调节宏观经济运行的重要工具。库兹涅茨和汉森、伍德福德、保罗等相关研究表明，财政政策对于缓解经济周期性波动、稳定经济增长具有明显的作用；另一些学者如泰勒、科恩和福利特等研究则发现，财政政策不仅未能在稳定经济增长方面发挥作用，一定程度上还导致了宏观经济更剧烈的波动。针对我国财政政策有效性，郭庆旺等研究表明，我国积极财政政策对于稳定经济增长起到了一定作用。经济增长前沿课题组、刘霞辉、吕炜和刘晨晖、刘金全等相关研究则在肯定积极财政政策有效的同时，也指出了政策实施的负面作用。张维迎的研究认为，凯恩斯主义式财政政策把市场竞争中正常的经济周期人为削平，与其说是在解决危机，不如说是在延缓和恶化危机。这些研究主要是从财政政策运行机制层面进行分析的。刘尚希和武靖州则从公共风险的视角论证了传统宏观经济政策效果弱化的问题，强调在风险社会背景下，包括财政政策在内的宏观经济政策目标应转向不确定性与风险。

综上所述，财政政策存在现实的困惑与理论的缺失，即为防范风险所设计的财政政策往往只起到了转移或拖延风险的效果；作为国家治理工具的财政政策，理论的解释却多是从经济理性与确定性思维出发的。当前，已有部分国内外学者开始从社会学的角度及国家治理的层面研究财政政策问题。本章进一步深入探讨了财政应该如何化解风险，而不是转移风险；如何防范潜在的危机，而不是拖延危机；基于此，提出了财政政策目标重构与转型的思路，并提出了我国社会主要矛盾与风险变化下的财政政策优化调整的方向。

二、经济理性与确定性思维下财政政策有效性的反思

主流经济学理论中，财政政策是政府通过财政收入、支出、债务等的变化调控经济社会活动的手段，它与货币政策一道被当作宏观经济调控的两大核心工具。尽管目前对财政政策的作用机制和有效程度还存在争论，但是在理论和实践中，各国政府都将财政政策作为干预和管理经济的重要手段。

（一）财政政策的现实困境

根据定义、防范和应对公共风险的理念与方式不同，本章将历史上的财政形态概括为封建式财政、斯密式财政、凯恩斯式财政和新公共管理式财政。

封建式财政主要是古代社会的一种财政形态。在古代社会，执政者也会提供一系列公共产品来应对公共风险，比如根据河流的定期泛滥规律来治理河道，根据对未来饥荒的预期来兴建粮仓。但古代社会的执政者无法预测天气变化、瘟疫流行等现象，更多情况下，执政者不得不运用财政手段来被动地应对从风险转化而来的现实危机。在古代中国，除了自然灾难诱发社会危机外，人口的不断增长、寄生阶层的繁衍、游牧民族的入侵也持续挑战国家财政体制的极限。社会生存危机与财政危机之间陷入恶性循环，并最终以刚性、激烈的战争冲突方式爆发出来，以人口大量死亡、土地大量抛荒、执政者更替为结果实现风险出清。封建式财政制度下，执政者虽然通过宗法、宗教和封建契约等方式管控社会，但与当今相比，其对底层社会的渗透与嵌入并不算强大，以至于在古代中国有“皇权不下县”之说。在封建关系更为典型的西欧，国王与底层农奴或农民之间更是难以直接形成风险责任关系 。所以在封建社会，人身依附关系虽然强烈，但封建共同体为底层群体提供的风险庇护仍然是薄弱的。封建共同体应对风险的能力极其有限，而农民和农奴为此承担的经济和道德义务却十分沉重。

资本主义时代的到来与现代化元素的出现，使得人类社会风险形态发生了转变，执政者要面对的公共风险也发生了深刻变化。一方面，医学的发展使得人们寿命延长，瘟疫传染带来的危机逐渐远去；市场机制在地理上的扩张使得物资可以运输到各个偏远角落，自然灾害带来的饥荒风险也逐渐消失。另一方面，资本主义制度打破了封建共同体中的等级依附关系，广大底层人口在获得了人身自由的同时也失去了共同体的庇护，不得不沦为靠出卖劳动力为生的无产者。在资本主义社会初期，代表资本家利益的政府奉行“守夜人”角色，采取了斯密式“小政府”的财政形态，没有承担起为社会中下阶层防范风险的责任。公共风险的自然色彩淡化，社会色彩越来越浓厚，经济危机这种“人造风险”及其带来的社会动荡，成为有可能颠覆资本主义制度的重大风险。

作为斯密主义革命者的凯恩斯主义的产生，为政府干预社会和市场提供了理论支持，“全能政府”应运而生。凯恩斯主义基于菲利普斯曲线、价格黏性等假设，认为财政支出具有乘数效应，是有效调节宏观经济运行的重要工具。与传统社会和资本主义社会初期被动应对危机的财政形态相比，凯恩斯主义注重运用财政手段把可能的经济危机消灭在萌芽状态。资本主义的经济危机，可以理解为生产相对过剩造成的社会危机。经济波动本身不可怕，可怕的是经济大起大落造成的大量失业以及食不果腹、无家可归等社会惨状。所以，政府一方面为劳工阶层提供社会福利保障，使其即使处于失业状态仍能够维持基本生活需要；另一方面，通过扩张的财政政策来人为熨平经济波动，防止经济衰退，减少失业现象。凯恩斯式财政最大的问题是，政府对经济危机及其造成的社会动荡存在一种“风声鹤唳”的恐惧心态。这反映出政府在判断经济危机风险时的困境。经济危机固然与经济波动密切相关，但并非所有的经济波动必然发展成经济危机。可是，又没有人能够准确预测某一次经济波动会不会演变成为经济危机。所以，政府为保险起见，不得不运用同样的手段把所有的经济波动一并防范。在现代社会中，财政支出的增长快于经济增长成为常态，对任何一个群体削减社会福利支出都会引发激烈的抗议浪潮。在人们心目中，财政不再仅仅是风险的“保护伞”或“保险基金”，而是政府必须定期派发的“蛋糕”或“红利”。财政已经远离了其防范公共风险的本质，政府对某个领域是否“高度重视”，一个重要标准就是财政拨款是不是每年递增，递增幅度是不是快于其他领域。财政工作的主要任务一定程度上成为在各个部门、领域之间划分预算蛋糕，至于这些部门、领域中究竟存在哪些风险，这些风险有多大概率会转化为公共风险，则考虑得相对较少。

20世纪80年代后，为应对凯恩斯主义和“全能政府”所导致的“滞胀”，英美等西方发达国家纷纷开始了“新公共管理运动”。政府在不推卸公共责任的同时，改变提供公共产品的方式，由过去的“划桨”改为“掌舵”，在公共服务中大量引入社会组织和市场主体，运用市场竞争手段提高公共服务效率，试图形成既跨越“小政府”局限又防止“大政府”后遗症的“企业家政府”（奥斯本和盖布勒，1996）。但这种有限改良型的财政形态不可能从根本上扭转财政制度所面临的困境，近些年来西方主要国家政府债务占GDP的比重不断攀升的事实证明了这一点。

当前各国财政所面临的困境，其实是政府职能定位面临的困境，也是资本主义政治和经济制度面临的困境。在后现代社会或风险社会，以信息化和全球化为特质的社会化进程和以核心家庭、邻里关系、农业社区消弭为特质的个体化进程同步进行且相互强化，使得当代社会呈现出巨大的张力。与此同时，政府在财政工作中的理念还停留在工业社会时期，以防范传统意义上的经济危机为己任，试图用财政手段对所有风险承担“兜底”责任，对导致私人风险大量转化为公共风险的社会机制是否存在问题考虑较少，对已露苗头甚至已十分严重的劳动力减少、老龄化等社会风险，以及生态危机、重大传染病危机、信息安全危机等非传统安全威胁带来的风险尚未做好充分准备。可以说，当代财政面临的主要困境，是通过财政手段，不但没有有效化解公共风险，反倒使政府背上沉重债务，使得政府财政自身成为一种风险。因此，“新公共管理”式财政最大的问题在于，虽然改变了政府供给公共产品的方式，但没有改变政府干预市场和社会事务的逻辑。当社会风险从工业社会时期向后工业社会时期转化时，政府职能调整相对滞后，作为政府干预市场和社会重要手段的财政作用方向的调整也未同步，这是包括我国在内的世界各国财政所要面对的重大课题。

经济危机产生的基本动因是生产社会化导致的供需脱节，生产社会化主要表现为生产与消费之间的分离以及分工的不断细化。同样，后现代社会背景下，社会危机产生的重要原因是知识分工的高度专业化与个体对传统的叛逆。“仅仅坐在家中，我就已经被卷进了我所依赖的一种或一系列专家系统中”，[①]专业知识编织了我们所处的整个世界，建筑师、律师、会计师、医生以及各行各业的专家几乎主宰着我们的生活，使得我们前所未有地依赖于数不清的各个系统。比如，掌握某种知识的专家们通过设定“安全标准”的方式来说服人们，食物添加剂、重金属含量等只要不超过规定标准就是安全的，水坝、排水管道可以抵御多少年一遇的洪水或者暴雨。普通人并不具备对各类食物中所含添加剂进行检测的能力，也不具备

① 安东尼·吉登斯：《现代性的后果》，译林出版社2011年版，第24页。

对城市排水管道质量进行判定的能力，但人们“不得不”相信专家系统所构建的每一个专业世界。专家告诉我们，每次乘飞机有几十万分之一的坠机风险，每次打疫苗有几万分之一的死亡可能，这些的确都是个体风险，可某个专家系统的可信度一旦因为某些事件而坍塌，就成为公共风险。

无论是经济危机还是社会危机，背后潜藏的都是公共化与社会化之间的不适配。生产分工的精细化、知识分工的专业化都是社会化的具体表现。政府要成功地化解这些风险，就需要把造成这种风险背后的社会机制进行重构，而不是满足于把风险本身作为公共治理对象。这就需要政府把相当多的精力放到培育社会的自我治理、自我运行能力上，让社会具备自我防范化解不断演化的风险的能力，从而降低其演变为公共风险的概率。财政政策不仅仅是政府经济政策的重要工具，也应该成为政府社会政策的关键手段，这也是理解“财政是国家治理的基础和重要支柱”的一个不可或缺的视角。

（二）政府“理性”视角下传统财政政策的局限性

从现有文献看，在分析财政政策效果时，基本都是从财政政策工具的选择、财政政策的传导机制等方面出发的，假定政府行为是既定的。然而，对于结果的分析，如果忽视了政策主体的目标与行为，显然是未触及根本。无论是政策工具的选择还是传导机制，都受政策主体目标与行为的影响。财政政策所呈现的效果弱化与负面效应强化，不在于财政政策本身，而是外部环境变化与政策主体行为所致。基于社会福利最大化的行为假定，即使传统的财政政策目标追求短期的经济运行平稳，财政政策也能够取得相对较好的效果。然而，无论是理论研究还是实践都表明，社会福利最大化的行为假定本身存在问题，由具体的机构所代表的政府，也有着自身的经济理性追求。理性的政府官员或机构，在短期政策目标的约束下所呈现的行为特征，是制约财政政策正面效果和强化财政政策负面效应的重要因素。

1. 政府行为的“内部性”

福利经济学认为，由于公共产品具有正的外部性，由市场供给将导致严重的不足，因此政府有必进行干预。公共选择学派则运用个人主义的分析方法，把经济学中关于个体追求自身利益最大化的行为假设运用于政治“交易过程”，认为由于政治家及官员追求自身利益的行为，会导致公共产品供给的低效。也就是说，政府行为目标常常会偏离公共目标，使政府行为的公正性并非必然。政府作为公共利益的化身，本应公正无私地矫治市场失灵，以优化资源配置和促进社会福利最大化。但现实生活中的政府，无论是政府官员，还是政府机构都有各自的行为目标，致使政府干预经济的公正性与超脱性并非必然。正如其他经济主体一样，政府为指导、规制和评估机构的行为及机构人员的行为，也需要设立明确的规则和标准。因为缺少类似市场组织那样来自消费者行为、市场份额和盈亏底线等直接的市场运行指示器，政府机构便会发展一些脱离公共职能的规则和标准，用以谋求内部利益。

我们可以把“理性”的政府机构在通过财政支出解决市场外部性的同时，也会追求机构或个人利益最大化的行为称为“内部性”（内部经济性），用以与外部性（外部经济性）相对应。政府行为的内部性是指政府机构在向公众提供公共产品或服务的过程中的内部经济或内部不经济的问题。由于内部性的存在，政府在公共产品和服务供给中存在以下倾向：一是预算最大化。由于不能把利润作为评估机构运行的标准，公共组织倾向于将其预算规模作为主要的评价标准，也就是说，公共组织往往根据机构成员和下级单位对扩大预算和保护预算免受削减所做出的贡献来对它们的行为做出评价。二是职能强化。公共机构存在夸大其担负任务重要性的倾向，并在具体活动中尽量使自己的职能发生最大的作用。这就要求公共机构不仅要善于维护自己的职能，也要善于制造工作以强化自己的职能。三是内生性扩张，即公共机构在外部公共产品和服务供给任务不变情况下的扩张行为，主要表现为雇员规模的不断扩大和支出的不断增加。四是技术选择的非适用性。由于公共产品的价值难以估量，且公共组织的目标也具有不确定性，在选择生产和管理技术时就不能保证是经济意义上最有效的。五是信息控制，即公共机构缺乏获取信息的积极性，并具有内外部的信息控制动机。

2.政府行为“内部性”对财政政策实施的影响

基于政府行为特征及财政政策的短期目标约束，在财政政策实施中会出现以下问题：一是政策实施的高成本。与企业追求利润最大化过程中的成本与收益权衡不同，政府机构在实施政策时缺少必要的成本约束，为了达到目标而支出而不是为了控制成本而支出，这就会导致财政政策的成本很高。二是政策实施的低效率。市场上生产效率由价格机制调节，生产效率低必然受到市场的惩罚，导致厂商收益递减。而政府机构具有双重垄断的特征，即使政策效率不高，虽有着法律的惩罚机制，却缺少相应的激励机制。三是政策实施的非均衡。由于机构的预算最大化与职能强化倾向，在没有预算及其他约束的情况下，公共产品将供给过剩；在有约束的情况下，有形公共产品将优先于无形公共产品，导致有形公共产品过剩与无形公共产品的不足。四是政策的路径依赖。公共组织的演进过程存在着路径依赖。一个特定的公共组织刚建立起来时，它看起来似乎就是生产一种并不明确的最终产品的合理代理人。由于对最终产品的不明确，机构工作人员往往通过纵向观察或横向观察来确定当前的行为。通过观察并总结经验，组织形成了自身的生产和运作标准。此后，它们可能把这些标准常规化为组织程序，即标准的操作过程，一开始是被接受，然后作为组织运行的一种主要过程而保留下来。20世纪90年代以来，我国财政政策变迁在某种程度上具有强调收入功能、对经济常态适度调节、倚重国债和财政赤字的路径依赖特征。溯其根源，财政政策变迁路径依赖的原因在于政府对财政目标的偏好与财政压力的叠加影响、政府主导的财政政策博弈的结果和较高的政策变迁成本。

（三）确定性的财政政策目标与经济运行的不确定性

关于财政政策的目标，目前理论界争论不多，一般认为宏观经济政策的四大目标（经济增长、就业充分、价格稳定和国际收支平衡）就是财政政策的目标，有些学者基于财政社会发展功能，也把资源配置、收入分配、社会稳定等作为更加广义的财政政策目标。毫无疑问，这些目标大部分都是相对短期化的，同时也是比较确定的。基于短期化、确定性目标的财政政策，以确定性的经济运行结果为目标，采取确定性的政策工具，通过明确的传导机制，力图达到确定性的目标。但现实中影响经济运行的因素远比数据、指标所反映的要多得多，确定性的经济数据与指标背后其实是不确定性的因素在发挥作用。以确定性的财政政策应对经济运行的不确定性，政策应对贴近实际便不是常态。

自然界的演化充满了偶然性。现代量子力学证明，微观世界没有什么是确定的，整体宇宙的演化可以说是“上帝掷骰子”的结果。人类社会的发展虽然有一定的规律可循，但不确定性仍是主导。现代物理学的发展实际上就是遵循了从确定性到不确定性的演化。在牛顿力学建立之前，人们对客观世界的认识主要基于神话和宗教，从迷信和半迷信中寻找并坚持确定性。牛顿力学的出现，使我们对宏观世界有了更加确定性的认识，但对微观世界的认识仍然是模糊的。现代量子力学证明了微观世界的不确定性，进而推演出宏观世界也可能是不确定的。对于个体来说，除了出生和死亡，其他都是不确定的。个体所作的一切，无非是在不确定性中追求确定性，我们受教育、组建家庭、选择职业发展等都是在追求一种确定性。一些确定性的追求超出了个体的能力，于是个体便结成共同体，以集体之力追求确定性，这种共同体进一步深化，就形成了国家。在特定的历史阶段，以国家的形式追求确定性仍显不足，于是国家间又结成共同体，共同追求确定性，欧洲联盟的成立便是一例。

实践表明，财政政策制定过程中对经济形势的误判普遍存在，就是因为决策者很难把握经济运行的不确定性。如当常规的经济增长回落发生时，决策者可能会判定为经济衰退，这就会使财政政策反应过度，导致财政政策过于宽松；即使真的面临经济衰退，处于对经济社会动荡的恐惧，决策者所采取的财政政策宽松度也可能过大；而在经济繁荣或过热时期，决策者的判断也不一定完全准确，受制于各种因素也很难实施紧缩性财政政策。传统财政政策可以类比传统的“感冒”治疗：科学表明，一般性的感冒在七天左右会自愈，外部的干预治疗只是缓解症状，不可能加速感冒痊愈的过程。经济危机其实是经济体结构性失衡超过临界点所致，是经济体的“系统性疾病”。市场经济条件下，即使没有政府干预，通过经济体的自我修复也能够重新走上正轨。只是现代政府基于社会稳定的目标，经受不起危机的巨大冲击，只能通过相应的政策干预来缓解危机所造成的负面影响。一定意义上，应对危机的财政政策就是一种权衡，在公共风险与财政风险之间的权衡，它是对风险的再分配，而不是消除风险。当这种权衡的“度”没有有效把握，导致过多地把公共风险转移到财政风险，使得财政风险成为经济运行与社会稳定的威胁时，财政政策的“购买时间”特征就凸显了。

三、风险社会背景下的财政政策目标重构

既然在现代社会政府是公共风险的最终承担者，那么人们关于财政职能定位及财政政策作用认知的分歧，就在于如何定义“公共风险”。必须指出的是，凯恩斯主义及其批判者在财政政策方面争论的背景，是资本主义时代的工业社会。在前工业社会不存在典型意义上的经济危机，自然也不存在这种争论。但无论从长期还是短期看，人类社会的风险总是不断演进变化的。当人类社会从工业社会脱身而出，进入到“后现代社会”或“后工业社会”，公共风险形态发生了重大变化，私人风险向公共风险的转化过程呈现全新特征时，人们关于工业社会背景下凯恩斯主义财政政策的争论是否已经失去了意义？随着全球化、信息化的深入，在公共风险不断迭代变化的形势下，传统财政政策目标是否应做出调整？

（一）私人风险与公共风险

在物竞天择的自然系统中，风险对于所有生物来说都无处不在，但这些风险都是个体风险，充其量是种群风险。人类也时时刻刻面临着各式各样的风险，其中有些风险需要个体承担，比如疾病及一些意外危险。但当人类形成了团体、群体、宗族、种族等共同体和社会结构后，人们所面临的风险就不可避免地出现社会化、共时化以及系统化等特点。

从物理形态上看，人类社会的风险主要有自然风险与社会风险两大类。前者是自然界施加于人类的危险，比如因地震、洪涝、干旱等自然灾害造成的人身安全风险；后者是人类社会运行自身所产生的风险，比如战争、种群冲突、阶级矛盾、经济危机等。随着人类改造和利用自然能力的进步，自然风险与社会风险的界限逐渐模糊，出现了自然风险社会化以及社会风险自然化的趋向。前者指的是由于人类活动的影响，使得本来对人类社会影响很小的自然界的物理、化学运动，形成了对人类安全的严重伤害，比如人们在地震带上建设城市，在滞洪区形成人口密集的定居点等。后者指的是由于人的社会关系和生产关系变化，一些“人造风险”通过自然规律的形式表现出来，比如环境污染，是人类社会“公用地悲剧”在自然界的反映。

人们所面对的风险既有个体风险又有集体风险，既有自然风险又有社会风险，人类社会文明发展的过程，其实是个体风险与集体风险、自然风险与社会风险之间不断转换、迭代变化的过程。当个体风险转变为集体的、群体的甚至社会的风险，人们凭借自我力量以及自发合作方式无法应对时，公共性质的风险应运而生。所以，公共风险是由私人风险转化而来，是私人风险异化的结果，它是“因某项活动未来结果的不确定性对群体（或社会）产生不利影响，依靠个人和企业无法承担而只能由政府承担的风险”[①]。可见，公共风险是超出个体承担能力之外的，应当或必须由政府来承担的系统性风险。

私人风险向公共风险的转化是一个主观判断过程，中间存在着对风险程度认知的难题。何种情况下才算“单个风险承担者难以承担”或者个人（企业）承担能力之外的风险？谁有权力、有能力完成这个判断？政府在承担转变为公共风险的私人风险时，应该承担多大的责任、多大程度地投入公共资源？不同的人针对同一种风险，基于自身利益考量会有不同的理解，政府根据自身执政理念以及对形势的研判，也会对同一类风险在不同时期做出不同的应对。

（二）工业社会与风险社会

随着人类社会的进步，风险形态会发生变化。古代社会由于生产力不发达、科学技术落后，人们面对的主要风险是饥荒、瘟疫、自然灾害等。这些“马尔萨斯陷阱”[②]式的风险过多累积，就可能影响统治者的执政稳定，从而成为执政者心目中的公共风险。统治者会为人们应对风险提供一些帮助，如赈济灾民、疏浚河道、安置流民等，但总体上看，承担风险代价的主要是个体及其所在的共

① 刘尚希：“论公共风险”，《财政研究》1999年第9期，第13页。

② 按照马尔萨斯的观点，人口增长按照几何级数增长，而生存资料是按照算术级数增长的，多增加的人口总是要以某种方式被消灭掉，人口不能超出相应的农业发展水平，这被称为“马尔萨斯陷阱”。无论东方还是西方，在漫长的古代农业社会都不同程度地呈现出马尔萨斯所总结出的特征。只有人类进入到工业社会后，传统农业被工业化农业所替代，“马尔萨斯陷阱”才成为过去。

同体。封建社会形态中，从国王（皇帝）到贵族（诸侯）再到骑士（大夫）最后到农民或农奴，形成了层层人身依附的封建关系。这种生产关系中，最高执政者不必对底层农民或农奴承担过多的公共责任，农民或农奴主要通过与上一层领主的依附关系获得庇护，同时向领主承担相应的义务。

进入工业社会后，由于生产力发展和生产关系的变化，基本上消除了“马尔萨斯陷阱”式风险。一方面，经济发展保证了人类社会创造的物质总量足以满足整个社会的基本需要；另一方面，技术进步消除了地理隔绝及由此产生的交通和信息孤岛，使得信息和物资更加迅捷地传输到各方。更重要的是，近代以来个人权益的增长和民主政治制度的形成，使得政府构建最低保障制度成为可能。阿马蒂亚·森就认为，现代经济的富裕和增长使得总体粮食短缺成为历史，现代世界已不可能存在真正意义上的饥荒，所有的饥荒都是人为的，都与特定地区一个或多个行业群体的权益丧失有关。

资本主义社会及其所构建的市场机制为跨越“马尔萨斯陷阱”提供了基本条件，但同样是市场机制，也把资本主义社会带入了另一种风险——经济危机之中。马克思把经济危机看作是资本主义制度的固有缺陷，熊彼特把经济危机看作是“创造性破坏”的过程。无论如何理解，经济危机给整个社会带来了巨大杀伤，成为资本主义国家必须要面对的主要风险。对于执政者来说，经济危机未来发生是确定性事件，但何时发生、规模及程度多大不确定。人类社会风险从“马尔萨斯陷阱”向经济危机的转变，意味着风险自然属性的消弭和社会属性的增强。资本主义经济制度把传统社会的人身依附关系转变成为雇佣关系，个人的风险保护伞也由封建等级共同体缩小为“核心家庭”。[1]对个体来说，自然风险变小了，人们不必再过度担心饥饿和瘟疫带来的人身安全危机，但失业等社会风险对个体及其家庭来说变成一种致命风险。在核心家庭中，劳动者的工薪收入是唯一的经济来源，其不可能再像封建社会那样从土地耕种中获得自给自足的口粮，也很难从过去的封建共同体中得到同族人士和邻里的帮助。传统社会公共风险碰到的是封建共同体“坚硬”的外壳，而工业社会公共风险会直接触碰核心家庭“薄弱”的外壳。从这个意义上说，工业社会背景下个体抵御风险的能力下降了。

当人类社会进入后工业社会，公共风险形式又发生了深刻变化。首先，随着“全能政府”对市场和社会的深度介入及福利社会的形成，政府通过建立失业、养老、健康等保险制度以及最低保障制度，解决了绝大部分人的温饱和基本生存问题，经济危机对人们生活所造成的影响得到显著缓解。其次，随着妇女进入劳动力市场，工业社会时代的“核心家庭”与等级制逐渐解体，过去被视为家庭问题的性别不平等、婚姻、子女养育、养老等问题纷纷社会化，成为新生公共风险的重要源头。再次，随着人类改造自然的技术和能力不断提升，由此带来的社会风险自然化呈现出不可感知、难以预料以及无处可逃的特征。人们无法凭借自身感官对土壤、水和空气污染进行判断，环境污染对人身的损害在不知不觉中以长期累积的方式进行。环境污染风险扩散过程中展现出了具有社会意义

① 按照贝克的观点，工业社会的基础尽管看起来是表面上平等的雇佣关系，但其另一个基础是性别特征的分派与性别不平等。有了妇女所从事的家务劳动支撑，男人才能够投入到劳动力市场中去。这种工业社会时期的家庭形式就是“核心家庭”。

的“回旋镖效应”：就算是豪门富户，也难逃风险的侵害[①]。此外，随着信息技术的推广应用，人类社会中出现了跨越地域的互联世界，人被符号化，个体往往表现为一个IP地址、一个QQ号，甚至一长串数字。虚拟世界中的实时互联与共时性，使得“蝴蝶效应”有了用武之地。对于政府来说，互联网世界正在成为一个公共风险的策源地。

在贝克看来，后工业社会或者说后现代社会，财富的社会化生产与风险的社会化生产系统相伴，稀缺社会的财富分配逻辑开始向发达现代性的风险分配逻辑转变。随着生产力的指数式增长，风险和潜在自我威胁的释放达到了前所未有的程度。因此，后现代社会其实就是一种“风险社会”。从根本意义上说，风险社会中的风险与瘟疫、饥荒、自然灾害等完全不同，因为后者并不是基于人们的某些决策而产生的。风险社会的风险很大程度上是一种“人造风险”，它源于人们的重大决策，且这些决策往往并不是由无数个体草率作出，而是由整个专家组织、经济集团或政治派别权衡利弊得失后作出的。“但凡风险使人忧虑的地方，危险的根源都不在外部，不在异乡，不在非人之物；相反，危险来自人在历史中获得的能力，人对地球上一切生命的再生产条件的改变、塑造或毁灭”；“危险的源头不是无知而是知识，不是缺少控制而是完美地支配自然，不是由于脱离了人的理解，而是因为工业时代建立了决策和客观限制的体系”。[②]而且，由于分工的细化与知识的专业化，人造风险产生的责任难以准确划分，出现了“有组织的不负责任”。比如核电

① 乌尔里希·贝克：《风险社会：新的现代性之路》，张文杰等译，译林出版社2018年版，第230页。

② 同上书。

站或大型水库的建设，一般都经过了代议制机构的投票通过，还经过了专业的、全面的风险评估，在整个社会上既有大量的支持者，也有一些环保主义的反对者。一旦发生危险，很难把责任归到任何一方。

（三）现代性与自反性现代化

风险社会、后工业社会或者后现代社会，是一个对工业社会或现代社会的否定过程，同时也是一个构建和启蒙过程。吉登斯将这一过程称之为“高度现代性”或“晚期现代性”，贝克更形象地称之为“自反性现代化”①。这里的“现代性”或“现代化”，指的是在后封建时期的欧洲首先形成，在20世纪日益具有世界和历史影响的制度及行为模式，它大致可以被理解为“工业化的世界”。后现代化并不是要取代现代化，也不是“超越了现代化”，而是提供了一种对内在于现代性本身的反思。所以，这种对工业社会时代现代性消解的过程，是一个“自反”的过程。就公共风险来看，工业社会中风险的表现为激烈的、可观察的、对抗性的，危机、社会转型和革命是包括工业社会在内的传统类型社会变化的元素。与此对应，后现代社会中的风险可能是看不见的、难以感知的以及不确定的。

自反性现代化对公共风险的定义产生了根本性的影响。在对传统现代化的否定过程中，个体对集体范畴的依赖变得日益脆弱，人

① 这里的“自反性”其实指的是资本主义社会发展过程中的一种自我否定与扬弃，或可理解为工业社会自身的进化升级，所以贝克认为“经由自反性，以福利国家为保障的现代化进程瓦解了工业社会固有的生活方式之传统，这种“传统”一度替代了前现代性”。吉登斯的“高度现代性”表达了与此相类似的意思。

们加入劳动力市场，行使各种政治权利，社会权利不再以组织或家庭为取向，而是以个人为取向。无论是全球化还是信息化，最终都表现为个体对传统集体范畴的抽离。与此同时，从传统集体中抽离出的个体，又在全球化和信息化过程中进入了另一个更庞大、更复杂的网络之中。这种后现代的制度之网中，人们更依赖于市场规则、教育体系、基础设施以及社会保障政策等政府构造物，人们曾经赖以生活的传统环境（如家庭或邻里）逐渐淡化，这意味着与此相关的补充性收入来源的消失（如工作之余的务农活动），人们的所有生活领域都日益依赖于薪水和消费。自反性现代化过程带给政府最大的挑战是风险的复杂性、多变性、混合性、共时性和隐蔽性。要判断未来存在哪些风险，这些风险中哪些会成为公共风险？公共风险中哪些需要政府进行干预？这些问题变得越来越复杂。比如，妇女进入劳动力市场后的子女托育问题，传统农村社会结构被打破后的养老问题等，在传统社会和工业社会都是私人问题，但当其在现代社会反复出现以至于成为社会问题时，政府就不得不进行干预。

自反性现代化也蕴藏了解决未来公共风险的密码。贝克指出，“风险成为工业社会中现代性的自我政治化的动力”，所以“‘政治’的概念、位置和媒介也在风险社会中发生了分化”。从风险变迁历史以及风险应对技能发展过程来看，人类应对风险能力的进步是由政府组织和民间力量共同完成的，其中来自民间的自发性力量扮演了主导角色，政府更多的是创造条件、提供资助、推广有效的风险防范做法。比如，商业保险公司的出现，是大航海时代冒险家们出于分散风险需要而发明的一种机制，政府将这一机制推广应用到防范失业、重疾、养老等领域；传染病疫苗的出现最早是科学家个体的发明，但大规模研制和推广疫苗并消灭困扰人类数千年的一些瘟疫，只有政府才能完成。既然自反性现代化是对工业社会传统现代化的扬弃和升华，那么自反性现代化结构中必然蕴含着一些应对其自身风险的免疫机制。传统社会中人们用封建共同体来抵御风险，工业社会中人们用核心家庭和市场机制来应对风险，在个体化进一步凸显、核心家庭及集体不断被打破的后现代社会，人们将以何种组织形式来应对风险呢？

针对这一问题，贝克提出了“亚政治”的概念。“亚政治”与“政治”的区别表现在：首先，政治体系和法团主义体系之外的代理人也可以出现在社会设计的舞台上（这个群体包括职业团体和行业团体、企业、研究机构和管理阶层中的技术知识界，熟练工人、公民主动权、公共领域等）。其次，社会和集体代理人乃至个人也可能与后者相互竞争，争夺新兴的政治塑形权。吉登斯则提出了“解放的政治”与“生活的政治”：工业社会把人类从传统和宗教的教条性规则中解放出来，通过理性方法在科技领域及社会生活领域的应用，人类活动逐渐摆脱了固有束缚，这是“解放的政治”；在晚期现代性体系中，由于个体和集体极大地改变了社会活动的存在性参数，出现了在以反身性方式组织起来的环境中进行自我实现的政治；如果说解放的政治是一种生活机遇的政治，那么生活的政治就是一种人们自我选择生活方式的政治，一种在全球化背景下能促进自我实现且在道德上合情合理的政治。

后现代社会日益成为一种人与人之间无限互联的网络秩序。这一秩序中，人的进一步解放，知识的进一步专业化，使得风险迭代变化加速进行，识别风险的施加者和承受者日益艰难。市场作为一种自发的扩展秩序，本身能够提供一些防范和应对风险的手段，比如保险机制；人们通过自我学习和经验增长，也能够通过一些手段来减轻风险，比如投资者对投资方向进行多元化配置。更为重要的是，信息传递的广泛化与社会的个体化，为人与人之间通过互助合作应对风险提供了可能。后现代社会中由于人摆脱了传统的诸多束缚，能够更加无拘无束地进行选择。面对同一境遇，经历过同类风险的人们可以通过社交软件相互联系，结成“抱团取暖”的社团，比如“失独”家长群体、智障儿童家长群体、罹患罕见病的患者群体等。这种自主治理、自我应对风险的社会机制，是亚政治和生活政治的经典表现，也是后现代社会为人们应对风险带来了更多的可能性。当然，这种无限互联的网络秩序在为人们防范风险提供便利的同时，也有可能存在其他公共风险，比如恐怖分子通过网络进行联系，谣言和煽动性言论通过网络迅速传播等。总体上看，身处后现代化环境中的人们通过自我组织、自主治理解决自身风险的程度越高，政府需要面对的从私人风险转化而来的公共风险就越少。因此，一个“精明”的现代政府，不仅要把精力放到解决和应对接踵而来的公共风险上，还应该把精力放到促进、鼓励和维护自主治理的社会结构上。

（三）转向“防范风险”的财政政策目标

与普遍进入后现代社会的西方各国相比，我国当前正处于工业社会与后现代社会元素共存交叠的时代。一方面，由于历史文化原因，我国存在现代性不足的问题，比如市场机制未充分发育，产权观念比较滞后等。另一方面，后现代的一系列特质已深度侵入社会肌理，如虚拟社会、老龄化等。工业社会的经济波动及其带来的社会风险并未因我国的社会主义经济性质绕道而行。与社会保障制度已相当完善的西方发达国家相比，我国因经济波动导致的社会风险更加严峻。显然，我国政府所面对的风险更加错综复杂，社会多元化的挑战与政府治理模式之间的相容性问题也表现得更加突出。

与西方国家的执政者相比，我国执政者还承担了更加繁重的历史承诺和使命。西方国家轮流坐庄的“选票”政治制度，决定其执政目标飘忽不定，执政者对公民未来的生活愿景难以做出明确的承诺，而我国执政党承担着满足人们“美好生活需要”的历史责任。西方选票政治存在竞选者滥开支票以换取选票的弊端，公共财政成为政客们收买选票的“资金池”。这种制度也有其优点，一旦国家财政信用崩塌，财政危机因不可持续而爆发，整个社会不会以过度剧烈的方式来“重建”。执政者的轮换可以成为“解压阀”，缓解社会矛盾，因财政紧缩而福利受损的阶层通过上街游行抗议也可以缓释部分风险。1997年的东亚金融危机直接导致了几个东南亚国家的社会动荡和政权更迭，整个国家付出了巨大的代价；相比之下，2008年发达国家金融危机所带来的社会代价要小得多。这说明西方比较习惯的选票政治尽管存在种种缺陷，但在社会风险缓释方面具有一定的弹性。不过这种风险缓释机制无法从根本上化解资本逻辑支配下的经济社会不平等。与西方政治制度相比，我国政治制度重大优势之一是“一张蓝图画到底”，执政党不存在利用财政手段换取选票的动机，其需要面对的重大挑战是，一旦政府财政不可持续或者出现财政危机，缺少一个能够促使社会风险缓释的“解压阀”。因此，我国政府必须更加严格地遵守财政审慎原则，坚持民生承诺与财政能力相适配的导向，不能因为民粹主义、福利主义的影响而把财政变成“福利”手段。

中国共产党长期执政的政治体制和满足人们美好生活需要的历

史承诺，决定了我国财政不能照搬西方国家的财政理念和制度，而是应该根据我国现实设计与执政目的、历史阶段和人民需求相契合的财政制度。西方经典财政学理论把财政政策的目标定位为促进经济增长、实现充分就业和维持社会稳定，这种“凯恩斯式”的财政政策定位正在饱受批评姑且不论，当由公共风险转化而来的财政风险变成财政危机时，西方的政治制度能够承受这种财政政策定位所带来的代价，我国的政治制度是否具备这种能力？

改革开放后相当长时期内，我国在财政政策设计中接受了经典财政学的理论，把相当多的公共财力用在“保增长、保就业”上。一般认为，我国只要保持一定速度的国内生产总值增长，就能保证一定水平的就业率，从而保证潜藏的社会矛盾不被激化。从各主要国家的政府债务看，美国、日本、意大利等一些西方国家的政府债务占GDP的比重已高达100%以上，日本已经超过200%；截至2020年末，我国政府债务余额46.55万亿元，其中：中央财政国债余额20.89万亿元，地方政府债务余额25.66万亿元，政府债务占国内生产总值的比重为45.82%。[①]从数据上看，我国的公共债务问题与西方国家相比较为安全。但考虑到政府承担着大量潜在偿付义务的或有负债，我国实际的政府债务占GDP的比重可能会更高。仅从政府债务指标看，与一些西方国家相比我国的财政风险并不严重。但反过来思考，西方国家的政府已经债台高筑到此种地步，竟然还保持了社会稳定，这也是值得借鉴和反思之处。其中一个很重要因素是国家信用通过金融手段提供的支撑，如信用货币条件下的

① 财政部：“关于2020年中央和地方预算执行情况与2021年中央和地方预算草案的报告——2021年3月5日在第十三届全国人民代表大会第四次会议上”，《人民日报》，2021年3月14日第002版。

铸币税，成为弥补赤字的重要来源。政治制度、执政目的与财政目标不同，意味着我国与这些国家之间无法进行简单比较，发达经济体的政府债务警戒线、安全线在我国的适用性需要打上问号。更应该思考的是，西方国家传统福利性财政政策与当代“分红式”财政策略，在我国现行政治体制下有没有可持续应用的时间和空间？

党的十八届三中全会提出，全面深化改革的总目标之一是“推进国家治理体系和治理能力现代化”；强调“财政是国家治理的基础和重要支柱，科学的财税体制是优化资源配置、维护市场统一、促进社会公平、实现国家长治久安的制度保障”。要把国家长治久安、可持续发展作为财政追求的最终目标，就不宜完全把财政政策的着力点放在以扩张型财政政策缓解经济波动和以“福利”式财政满足公民短期而片面的社会需求上。“福利”式的财政是西方选票政治下执政者根据任期长短而理性选择的结果，作为长期执政者本质上不应该存在这种不可持续的、短期化的财政行为选择。因此，我国财政政策目标应该定位为“防范公共风险”而不是“购买时间”。进一步说，财政政策目标应该是：把更多的财政资源用于培育市场机制和社会能力，使得市场主体和社会主体形成丰富的自我应对风险的多元路径和防范化解机制，从而使得大量的私人风险不会转化为动摇社会共同体稳定的公共风险。

四、基于防范化解风险的财政政策转型

要实现国家治理体系与治理能力的现代化，财政需要发挥更重要的作用，财政理论自然也需要在传统基础上有所突破，以促进财

政政策在化解风险及应对不确定性方面发挥重要作用，同时防止利用财政政策追求短期利益，简单化地拖延而不是解决问题。近年来，有学者从公共风险的视角研究财政理论与财政改革，认为中国的每一项财政改革，甚至每一项公共支出，都是为了防范公共风险，“公共风险”是引导财政改革的“看不见的手”；但另一方面，基于确定性思维制定财政政策，往往把经济社会风险转化为财政风险，财政风险的扩大，又反过来影响经济社会的稳定与发展，成为经济社会风险的新来源，反而扩大了公共风险，财政政策防范风险的目标取向在现实中却起到了转移或拖延风险的作用。这就意味着，积极财政政策要转型，而如何转型，向什么方向转型，则应取决于公共风险的演化。

（一）公共风险、扩张性财政政策与财政风险

理论与实践中，对扩张性财政政策的必要性，主要是从财政支出扩张对经济总量指标影响的视角进行分析的。对于为什么需要通过财政扩张刺激经济增长、缓解经济波动，也主要是从经济的视角进行分析。经济总量增长的下行与波动，会使潜在的公共风险爆发，各类公共风险的集中爆发会引发经济和社会危机，影响社会稳定。可以说，应对公共风险才是扩张性财政政策的初衷。

1. 财政是政府应对公共风险的基础工具

公共风险主要来自于私人风险的叠加、转移与转化。政府应对公共风险的主要方式是防范私人风险叠加和转化为公共风险，主要手段有：一是法律手段，即政府通过立法禁止或允许个体的行为，把私人风险约束在可控范围内，防止私人风险向公共风险转化；二是行政手段，即政府通过制度或政策安排，约束或激励个体，使个

体按照风险最小化的目标行动；三是市场手段，即政府通过设计市场交易框架，对私人风险进行再分配，以达到均衡、化解风险的目标。但无论采取什么手段，政府都要通过财政收支的安排来实现，财政是政府应对公共风险的基础性工具。

2. 扩张性财政政策是应对经济与金融危机的必要手段

2008年以来各国财政支出的扩张，主要是用于应对金融危机所引发的经济社会风险。向前回溯，各国财政支出的大幅扩张，基本都是在经济衰退或萧条期发生的。国际经验就表明，在经济繁荣时期，政府的债务水平往往是下降的，公共债务爆发式的增长一般是在经济衰退时期，就是因为经济繁荣时期是公共风险消散并积聚的时期，经济衰退期才是公共风险爆发和消退期。公共风险的分散与积聚并不需要政府的应对，最多只是识别与预警；公共风险爆发后，才是政府应对公共风险责任必须履行的时期。政府应通过扩大财政支出，把公共风险爆发的影响降低到最低限度并逐步释放风险。

3. 扩张性财政政策带来了严峻的财政风险

2008年金融危机爆发后，各大经济体纷纷采取扩张性财政政策刺激经济，加之此次危机严重程度较深，很多国家实施的财政政策的力度与时间也比以往更强和更长，这导致财政赤字和政府债务不断攀升，财政风险不断积累，并最终引发了欧洲主权债务危机、美国财政悬崖和中国地方政府性债务风险。如图8-1所示，除印度、土耳其等个别国家外，世界主要经济体2016年的政府债务水平都比2007年有所上升，美国、欧元区、中国和日本这四个最大经济体的政府债务水平提高的幅度尤为明显。与世界主要经济体相比，中国政府债务占GDP的比重并不算高，但纳入统计的政府债务只是直接和显性的政府债务，考虑到或有和隐性政府债务，中国政府债务水平显然要高得多。尤其是中国包括养老金缺口以及银行显性和隐性不良资产在内的或有负债值得关注，一旦经济增长速度长期持续下滑，“或有”负债会不断“实有”化。地方政府债务问题已成为悬在中国经济上方最大的“堰塞湖”，妥善防范和化解地方政府债务风险，是决定中国经济稳定增长的关键。

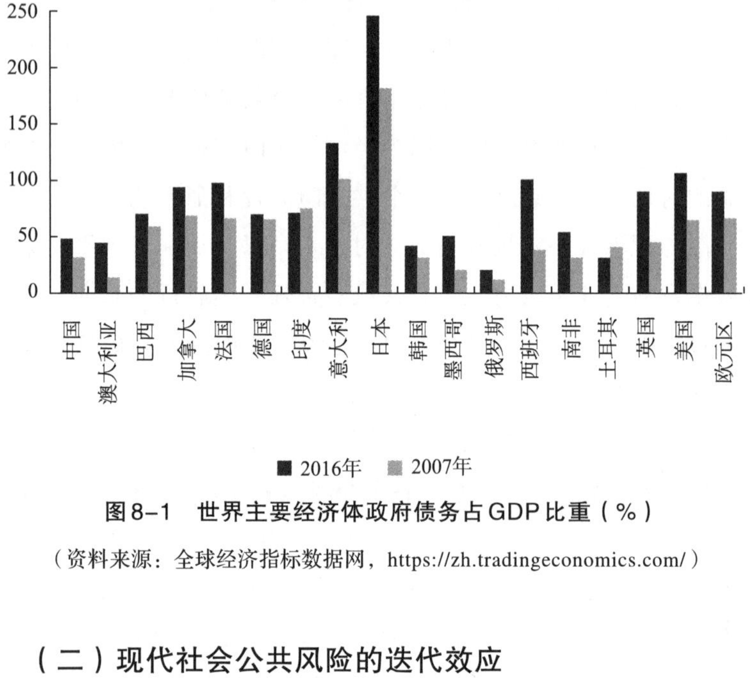

图8–1　世界主要经济体政府债务占GDP比重（%）

（资料来源：全球经济指标数据网，https://zh.tradingeconomics.com/）

（二）现代社会公共风险的迭代效应

公共风险不是静止不变的。公共风险的变化既有内生因素，也有外生因素。公共风险是由个体风险的叠加和异化形成的，个体风险的变化必然导致公共风险的变化，这是内生性因素。另一方面，技术进步、社会分工、社会联系等的强化也在加速或改变着个体风险，进而影响公共风险，这些是公共风险变化的外生因素。内生与外生因素的影响，使得公共风险会以升级、发散、扩散与渗透的形式发生变化，借鉴软件工程学的术语，我们把公共风险的这些变化统一称为“迭代（Spiral）效应”，意在说明公共风险的变化不是线性的，而是在各种因素影响下螺旋式上升的。

1. 个体需求变化与技术进步导致公共风险的升级

按照马斯洛需求层次理论，人类需求像阶梯一样从低到高分为生理、安全、社交、尊重和自我实现五种需求；某一层次需求得到满足后，就会出现另一层次的需求。对应不同的层次，个体所面对的风险也是不同的，需求的升级必然带来风险的升级。一个国家或地区经济社会发展水平的提高，会使得大部分居民的需求层次发生改变，个体风险的升级也就推动着公共风险的升级。不能受教育在古代社会很正常，现代社会儿童失学就是一种个体风险甚至公共风险；在基础教育得到基本满足的情况下，幼儿教育资源不足已成为中国社会重要的公共风险。技术进步在更大程度、更有效率地满足个体需求的同时，也产生了技术应用的风险，且使风险的因果关系不再是简单的线性关系，变得极其复杂且难以控制；另一方面，技术进步也使得人类识别风险的能力增强，使得原来未被识别的不确定性成为风险。

2. 社会主体利益多元化与社会分工导致公共风险发散

经济社会发展不是使所有的个体从某一层次的需求上升到更高层次，而是使个体需求的层次上升有了更大的可能性，需求层次提高基础上的多元化是社会进步的主要表现。多元化的需求使得社会分层和社会利益格局更加复杂，不同利益的交合与冲突构成了社会风险主要源头。“利益之所在、风险之所在”是市场经济条件下的基本规律，市场主体通过利益的交换来实现利益最大化与风险最小化，这种利益与风险的交换也使得个体风险转化的公共风险更加发散。

专业化分工可以实现规模报酬递增，进而提高生产效率促进经济增长。但专业化生产也会带来风险，这种风险源自于市场上的不确定性，包括商品价格的不确定性、生产技术的不确定性和消费者偏好的不确定性等。当经济体仅专业化生产少数产品时，在信息不对称的市场条件下，产品生产就更容易受到需求、价格等因素的冲击，导致经济波动性加大、风险增加。另一方面，社会分工使得一个产品的生产被分成了若干环节，每个环节间都需要衔接与配合，这就产生了新的不确定性。

3. 社会交往与联系导致公共风险的扩散与渗透

技术进步推动之下，人与人之间交往方式在发生着巨大的变化，新的公共风险随之产生。一方面，传统的信息不对称问题在弱化，人们有了更多渠道了解信息，另一方面新的信息不对称问题的产生，信息来源的广泛性使得人们的预期在发生变化。谣言在人与人之间口口相传，传递速度相对较慢，在现代信息社会，通过社会交往工具，谣言大面积传播能够在瞬间完成，虚假信息的广泛、快速传播带来的公共风险日益突出。

企业之间的关系也在发生变化。股份制的组织形式使得企业所有权与经营权分离，委托–代理关系中存在道德风险；交叉持股使企业间关系更加复杂化，企业间风险的传导与扩散导致企业风险更容易转化为公共风险；股权投资、风险投资等融资形式的普遍化使得企业能够在短时期内壮大，也容易在短期内衰败，企业成长的风险对经济社会的冲击日益显现；产品生产分工的细化使得产业链拉长，信息不对称与市场环境的变化在产业链上下游之间的衔接中催生了新的不确定性。

全球化条件下，国家间的交往与联系日益紧密。全球化不仅是经济的全球化，也是文化的多样化、政治的多元化。在各国的交往中，个体行为转化为跨国行为，一方面促进了经济的发展，也使得私人风险和公共风险在国际传导。中国两次扩张性财政政策都是为应对外部冲击，第一次是东南亚金融危机，第二次是美国金融危机，就是经济风险在国际的传导，而中国自身的经济风险对其他国家也产生着越来越重要的影响。

4. 负债社会的脆弱性导致金融领域成为公共风险的主要渠道

负债是现代社会典型的经济特征，无论是居民、企业还是政府，都是在负债的状态下运行。本杰明·富兰克林关于“世界上只有税收和死亡不可避免”的表述事实上可以扩展表述为“世界上只有税收、债务和死亡不可避免”，因为现代社会，不管是居民、企业还是政府，都时刻背负着一定量的债务。居民负债是家庭应对现实风险的需要，企业负债是应对企业生产经营中风险的需要，政府负债则是应对公共风险的需要。一方面，政府通过负债提高了应对公共风险的能力，为居民和企业提供了更加确定的环境，降低了居民与企业所面临的不确定性；另一方面，风险的降低又激发了个人和企业的风险偏好，使得个人和企业在相对确定的环境中追求更高层次不确定性中的收益，进而升级和演化出了新的私人风险，新的私人风险的叠加与异化又形成了新的公共风险，要求政府以更大的投入来应对。也就是说，政府负债一定程度上提高了居民与企业的负债能力与意愿，居民与企业负债的增加产生的新风险，需要更高的政府负债来应对，居民、企业与政府之间形成了债务的相互强化机制。当三者之间的相互强化达到一定水平，整个社会都以债务链条来连结时，负债社会便形成了。负债社会以“信用”作为人与人、企业与企业、国家与国家之间的连结线，而信用又以非实物的、带有主观色彩的、预期性的“信任”为基础，负债社会便天然地具有“脆弱性”特征。整个链条的某一个环节或节点出现问题，都有可能导致系统性、公共性风险。现代金融业的发展是负债社会形成的基础条件，负债社会的脆弱性也就最集中地表现在金融领域，这就使得现代经济社会危机往往最先由金融领域爆发。

（三）财政收入的线性增长难以匹配公共风险的迭代变化

以税收作为主要来源的财政收入的增长受制于经济总量的增长，只能是线性的。而公共风险的迭代变化则在内生与外性因素的影响下，可能线性变化，也可能非线性、跳跃式、指数式变化。这就使得政府财政收入的增长有时难以匹配公共风险的变化。当公共风险大规模爆发时，政府出于防范和应对的需要，就不得不开辟税收之外的筹资渠道，举债便成为政府的必然选择。瓦格纳法则就表明，当国民收入增长时，财政支出会以更大比例增长。超出国民收入增长比例的财政支出增长部分，要么以增税的形式，要么以举债的形式实现。增税受制于税收法定原则与抑制经济增长效应不可行时，举债便是唯一选择。

传统的“凯恩斯主义”财政政策的目标是调节经济总量的波动，二战后西方各国的扩张性财政政策有效阻止了经济衰退，把西方国家的经济增长带入了一个黄金时期，而20世纪70年代“滞胀”的出现宣告了扩张性财政政策的失灵。中国20世纪90年代末期的扩张性财政政策有效应对了东南亚金融危机的冲击，而应对2008

年金融危机的扩张性财政政策则正向效果衰减、负面效应强化。同样的政策模式，为何在不同时期效果有如此之大的差异？以不变的政策应对变化的环境，以同样的手段应对迭代的公共风险，是主要的原因。首先，经济总量在持续增长，支出乘数不变的前提下，意味着财政政策的扩张度要等比例增加，但基于防范公共风险的需要，财政支出始终在扩大，留给财政支出扩张的空间越来越小，以举债为主要形式的财政扩张越来越普遍，而债务本身又带来了新的风险。其次，随着公共风险的迭代变化，影响财政支出乘数和总量波动的因素越来越多，扩张性财政政策需要考虑的因素越来越多，而传统的政策框架难以融入频繁出现的新因素与新风险。可以说，总量调节的财政政策短期效果是与财政政策的扩张度成正比的，其长期效果则与总量的增长成反比。在总量增长与风险变化条件下，传统财政政策的正负效应就出现了此消彼长的趋势。

（四）从总量调节、结构调节到利益调节——公共风险与财政风险之间的权衡

传统经济和财政理论中，财政政策与货币政策是宏观经济调控的两大主要工具，都是用于调节经济总量波动的。但与货币政策的总量调节功能不同，财政政策还具有结构调节与利益调节的功能，因为政府基于经济结构优化与收入分配、资源配置目的的制度与政策安排，归根到底也要反映在财政收支安排上。单纯地把财政政策视为总量调节的工具，实际上是把财政政策狭隘化。根据财政政策实践，我们可以把财政政策分为狭义财政政策与广义财政政策两种类型，前者是指传统的以调节经济问题、缓解经济周期性波动的、作为宏观经济调控工具的财政政策；后者是指一切基于财政收支安

排的公共政策，不仅包括经济政策，还包括基于财政收支安排调节经济社会运行的社会政策、政治政策、生态环境政策等。可以说，财政政策是政府公共政策的重要组成部分，任何一项公共政策背后，都反映了一定的财政收支安排。

1. 财政风险成为公共风险的重要来源

公共风险包括经济风险、社会风险、政治风险、生态风险等，财政作为政府应对公共风险的基本手段，具有兜底的功能，因此所有公共风险都能够转化为财政风险。而财政风险的爆发又会影响到经济、社会与政治的运行，进而产生新的公共风险。财政风险的爆发，往往意味着政府应对公共风险的能力崩塌，比一般性公共风险危害更大，可以说是公共风险的总爆发。回顾世界历史，因财政问题而导致的社会动荡、政府垮台、经济瘫痪的例子不胜枚举。财政风险的直接表现是公共债务水平的提升，而债务风险背后政府应对公共风险能力的弱化才是财政风险的更大危害。扩张性财政政策透支了财政支出，实际上弱化了公共财政应对潜在公共风险的能力，或者把政府应对结构性风险与利益冲突风险的能力转嫁到了应对总量波动风险上，虽然减缓了经济总量的波动，但却缩小了应对结构性风险与利益冲突风险的空间，即使经济总量平稳了，但经济增长的效率与社会的稳定性可能受到影响。

2. 转向结构调节：提高经济运行的效率

在总量规模持续增大、财政支出扩张不可持续的情况下，政府防范和化解公共风险的责任并没有缩小，而是更大了。一方面，政府要履行更大的防范和化解公共风险的责任，另一方面，又要防范和化解财政扩张带来的财政风险。这就要求财政政策要在公共风险与财政风险之间进行权衡。转向结构调节以提高经济运行的效率，就是财政政策在公共风险与财政风险之间权衡的必然结果。通过调节经济结构，把财政经济资源配置到更有效率的领域，能够实现财政风险不增情况下公共风险的转移、转化。

3. 转向利益调节：导向经济主体的行为

结构调节的目的在于解决经济社会发展中的结构失衡问题，但经济社会发展的风险来源不仅在于结构的失衡，还在于利益的失衡。中国经济发展中的很多问题根源于经济结构的失衡，社会发展中的问题则多源于利益的失衡。2017年两会期间中国政府网的抽样调查就显示，网民最关心的五大问题是住房、教育、社会保障、医疗、就业和工资。就住房来说，中国的住房总量基本能够满足居民的居住需求，矛盾或风险在于住房的配置；教育资源的不均衡使得学区房、择校问题凸显，户籍人口与外来人口之间的利益冲突使得基础教育均等化的政策难以有效推进。实际上，中国各个领域资源的稀缺已不是最突出的问题，关键是资源的配置，也就是利益的分配。2008年的美国金融危机，从根本上说是市场主体间利益分配的失衡、金融业利益过于膨胀所致。

市场经济条件下，个体风险的主要来源是不确定性条件下市场主体的决策，公共风险则主要来源于个体风险的叠加、转移与转化。利用财政政策来调节利益，就是运用财政手段来导向市场主体的行为，引导市场主体预期，引导市场主体在不确定条件下的行为，把市场主体的行为风险控制在可控的范围内，进而控制个体风险的叠加、转移与转化。控制了个体风险，控制了个体风险的叠加、转移与转化，也就控制了公共风险；控制了公共风险，使经济社会运行在正常范围内，也就达到了政府公共管理的目标。

（五）行为－风险－治理：财政政策的新逻辑

传统的“补偿性”财政政策是一种“冲击－支出－乘数－总量”的逻辑，即外部或内生的冲击使经济发生波动，根据冲击调整财政支出安排，正向冲击紧缩财政支出，负向冲击扩张财政支出，通过财政支出的乘数效应作用于经济总量，最终平衡经济总量的波动。这种乘数效应得以实现的前提是确实存在乘数效应且具备财政支出调整的空间。抛开是否存在乘数效应及乘数效应的大小不谈，多年的扩张性财政政策已使增加财政支出的空间大大缩小，以扩大财政支出来提振经济增长的路子已不再可行，新时期财政政策的“积极”性应有新的逻辑。

1. 打破公共风险与财政风险的相互强化机制

传统扩张性财政政策下，为应对公共风险的集中爆发，政府以财政支出的扩张来应对，在一定程度上化解公共风险的同时，实际把公共风险转化成为财政风险，公共财政本身的压力持续增加，在达到一定临界点后，财政风险又成为新的公共风险的源头。财政政策的转型需要从打破公共风险与财政风险的相互强化机制为突破，一方面要改造公共财政防范和化解公共风险的功能，另一方面也要控制财政自身的风险，即不单纯以财政支出扩张作为财政政策的主要手段，更多地使用结构优化与利益调节的政策。

2. 基于“行为－风险－治理”的财政政策逻辑

财政是国家治理的基础与重要支柱，基于这一逻辑，应当把财政政策当作国家治理的重要工具而不单单是宏观经济调控的工具。国家治理的主要目标是促进公平正义、激发社会活力与保障人民民主，这些都是实现国家长治久安的长期目标，与传统财政政策目标的短期性存在背离。从国家治理的视角审视财政政策，就必须突破经济理性假设与确定性思维的束缚，重塑财政政策的逻辑框架。作为宏观经济调控工具的财政政策与作为国家治理工具的财政政策在出发点、行为逻辑与目标取向上均不同。推进国家治理体系和治理能力现代化的目的在于实现国家的长治久安。“长治久安”的核心是“稳定”，“稳定”的基本要求是避免大规模的经济社会危机与动荡，这就要求国家治理的基本目标是防范风险，避免风险转化为危机。

作为国家治理工具的财政政策，应能够在识别经济社会发展中的不确定性与风险的基础上，通过政策设计，降低、转移或分散进而化解风险，而不单单是追求短期的经济增长、物价稳定、就业充分与国际收支平衡目标。为防范风险，财政政策的设计应当突破传统的经济学视角，即通过扩大财政赤字，投入基础设施建设，发挥“乘数效应”，带动社会投资，进而促进经济增长。现代社会中来自自然界的风险，在技术与治理进步的条件下越来越少，风险越来越具有“人化”的特征，即“人”的行为越来越成为风险的源头，公共风险来源于个体风险的叠加、转移与转化。财政政策要防范风险，必须关注市场主体的行为，通过行为分析，识别风险，进而通过政策约束、引导与激励，改变市场主体的行为来降低和化解风险。也就是说，应当跟踪市场主体的行为，通过市场主体的行为判断和分析经济社会运行中的私人风险及其向公共风险转化的趋势，根据风险分析提出公共政策的治理策略，根据治理策略优化调整财政收支安排，即遵循“行为－风险－治理－财政收支”的新逻辑。

3. 适应国家治理体系现代化的财政政策：更加重视利益调节

党的十八届三中全会提出，全面深化改革的总目标是完善和发展中国特色社会主义制度，推进国家治理体系和治理能力现代化。随着市场经济的发展、社会结构的变动和利益关系的多元化，当前中国经济社会发展中面临的公共风险也发生了显著变化。与改革开放初期面临的主要是基本生存风险相比，当前的公共风险主要源于社会资源分配不当所引发的社会冲突，反映在财政安排上，就应当从经济建设型财政转向利益调节型财政。当前，发展的不平衡、不充分，发展的质量和效益不高，生态环境问题、民生领域的短板、社会利益格局的固化与冲突等已成为新时期公共风险的主要来源。党的十九大提出，中国的社会主要矛盾已经从改革开放初期的“人民日益增长的物质文化需要同落后的社会生产之间的矛盾”转变为“人民日益增长的美好生活需要和不平衡不充分的发展之间的矛盾”。新的社会矛盾的解决要靠经济总量的增长，更要靠经济结构的优化、利益分配的均衡。财政作为国家治理的基础和重要支柱，财政政策作为国家治理的工具，就应在调节经济总量的同时，更加关注结构与利益的调节。

五、社会主要矛盾与风险变化下我国财政政策的转型方向

改革开放四十多年来，我国经济社会发展成就举世瞩目，经济总量已稳居世界第二位，人均收入水平已进入中等偏上国家行列，预计在“十四五”时期能够达到高收入国家水平。有鉴于此，党的十九大做出了我国社会主要矛盾已发生重大变化的战略判断，指出：中国特色社会主义已进入新时代，我国社会主要矛盾已经转化

为人民日益增长的美好生活需要和不平衡不充分的发展之间的矛盾。社会主要矛盾的变化意味着人民群众及国家发展所面临的风险也发生了根本性变化，传统的生存风险已经转变为发展的风险，国家的传统安全威胁仍存，非传统安全威胁日益强化，2020年初爆发的全球性新冠疫情更加凸显了非传统风险对个体、对国家乃至对全人类的极大威胁。党的十九大把“防范化解重大风险”放在全面建成小康社会“三大攻坚战”之首，习近平总书记更是多次就防范化解重大风险提出要求，意味着风险思维与风险管理已成为党治国理政的重要理念与抓手。社会主要矛盾与风险的变化要求我们的经济社会发展战略与国家治理策略都要做出相应调整，作为国家治理基础和重要支柱的财政也应顺势求变。

（一）以风险管理为主线

传统财政政策实际上是以“危机管理”为主线的，经济萧条时实施积极的财政政策以刺激经济增长，经济繁荣时实施紧缩的财政政策以平复经济过热，通过财政支出的扩张与收缩缓解经济波动。这种模式在传统工业社会具有一定的效果，但随着后工业社会乃至风险社会的到来，应对经济周期性波动的财政政策张弛度越来越大，效果则呈现边际递减的趋势。第二次世界大战以来，为应对潜在的或已经发生的经济危机，西方国家财政政策越来越“积极”，以致主要经济体都背负了高额的政府债务，但经济周期性波动乃至经济危机并没有消失。另一方面，危机管理是一种事后管理，经济危机出现了，才实施扩张性财政政策，正如病症出现了才去治疗，所付出的代价大小姑且不论，其副作用在所难免。经济社会越发达，人民生活水平越高，越经不起风险的冲击。以我国的巨大经济体量和人民对美好生活的向往，事后应对式的公共政策代价将越来越大。为此，财政政策的主线应当从“危机管理”转向“风险管理”，不是经济波动发生了才去应对，而是有前瞻性地识别和预警风险，进而提前做出政策性安排。

（二）以公共风险最小化为价值导向

以市场失灵为逻辑起点的财政学，目标是通过弥补市场失灵，优化资源配置，实现帕累托改进，进而追求社会福利的最大化。以此为逻辑，通过优化资源配置，在其他个体福利不变的情况下改进部分人的福利就可以了，现代福利国家就是因此而生。事实上，很多福利国家都出现了问题。是理论出问题了，还是实践中出现了偏差？实际上是在公平与效率间权衡时忽略了风险因素。社会公平出现了问题，提高社会公平度，结果是牺牲了效率；经济效率出现了问题，提高经济效率，结果社会公平又出现了问题。二者之所以无法做好权衡，就在于没有一个权衡的标准，谁多谁少谁也说不清。我们曾提出要追求公平与效率的有机统一，如何有机统一也是个问题。但如果把风险的权衡融入其中，公平与效率的权衡就有了标准和依据。公平和效率哪个应该多一点，以公共风险最小化的标准来衡量。因此，确立公共风险最小化的价值理念，有助于财政政策摆脱公平与效率的争论。以公共风险为逻辑起点，财政制度应为个体及共同体注入确定性，既通过财政政策、制度与规则设计，调配财政资源，为个体及共同体增加确定性；财政制度还应当以公共资财为主线，统筹各领域的政策、制度与规则，为个体及共同体的选择构建确定性。

（三）强化综合平衡功能

在“以经济建设为中心”的条件下，解放和发展生产力，把社会财富的“蛋糕”做大，尽快摆脱生存与贫困的风险，需要财政通过放权与分权，调动市场主体与各级政府的积极性，需要财政政策以收支为工具，调控好经济总量的稳定。但在发展不平衡不充分问题成为社会主要矛盾的主要方面时，放权与分权还能不能起到原有的效果？调控好总量是不是有助于解决不平衡和不充分问题？公共财政核心是“财”，我们在强调其“公共性”的同时，还应注意到“政”，为国理财的同时不应忽视其为国理政的功能。要发挥公共财政为国理政的功能，就应强调财政政策的综合平衡功能。财富分配的关键是平衡，风险分配的关键更是平衡。发展不平衡意味着风险分配是不平衡的，有的地方大有的地方小，财政政策应当通过公共资金与政策的优化配置，平衡各地区、各群体间的风险，使得风险分配大致均衡，而风险的均衡趋势就是整体风险的收敛；发展不充分意味着某些领域风险还比较大，也需要公共资源的配置向这些领域倾斜，通过弥补短板，扎牢风险向危机转化的篱笆。因此，强化综合平衡功能是社会主要矛盾变化和风险社会条件下财政政策的必然选择。

（四）重视行为与利益调节

通过作用于总需求而稳定经济增长的总量型财政政策很大程度上是作用于“实体”的物质资源配置，对于“虚拟”的风险分配作用并不显著。物质资源分配能够产生风险，但风险来源远不止物质资源分配，更多地来源于利益导向市场主体行为。以进入新世纪以来的两次重大危机为例，美国金融危机的爆发是否是物质资源分配的问题？新冠疫情出现是否与物质资源分配紧密相关？显然，前者是金融业发展与监管导致的市场行为异化，后者很大程度上是人类过度干预自然且防疫协调不力的结果，这些都涉及风险分配的问题，都与市场主体或人类个体的行为有关，是个体追求自身利益进而异化为公共成本的结果。以财政政策应对金融危机和疫情带来的巨大杀伤，是政府作为公共风险兜底者不得已的选择，但不应作为财政政策的根本性逻辑。如果以风险管理为主线，以公共风险最小化为目标，财政政策就不能再一味地作公共危机的事后兜底者，而是将政策前置，利用资源与规则，引导市场主体与社会个体更加包容性地追求利益，把自身行为纳入“公共理性”的范围，促进个体行为选择与共同体目标的激励相容。这是在风险社会条件下，财政政策摆脱自身困境的同时更好地履行社会公共责任的必然路径。

六、结语

市场作为一种自发扩展秩序，已经内含了一系列分散风险的工具和机制。政府要通过包括财政在内的机制和政策，完善市场机制分散、化解风险的功能，也要关注财政与市场机制耦合中可能引发的风险；同时，还要考虑与发展阶段相匹配的社会自治能力提升对公共风险的化解作用。分散、规避风险是人的本能，每个社会个体都会千方百计地把风险外部化，并寻找自己的风险庇护所。与市场机制类似，自主治理的社会也内含了分散化解风险的工具，比如宗族、邻里、同事等群体之间的互助措施。传统的封建共同体和宗族村社虽然可以提供一些庇护，但已无法适应现代社会；计划经济时代的“单位制”可以提供风险庇护，但在市场经济条件下已不具有普遍性。未来具有普遍性的风险庇护所，应是个体基于共同的风险与利益，通过协商共治构建的各类群团组织。在社会化与公共化相互推进，传统的集体结构不断被解构的形势下，政府应通过重塑公共性，为后现代社会个体提供新的公共风险庇护，并为社会个体自我应对风险提供激励相容的制度安排。

经济波动本身并不可怕，可怕的是经济波动产生“蝴蝶效应”引发的社会动荡。要防止这种风险情景发生，一方面，要完善社会保障体系，使得失业者在失业期也能够维持一定的生活水准；另一方面，要减轻劳动者对某一岗位、某一身份的过度依赖，这同样需要高度发达的自治社会来支撑。比如，当一个家庭只有一名成员在固定岗位就业时，就面临着较大的风险，失业会成为整个家庭的致命打击。这类单一就业的家庭结构很容易引发公共风险。假如这个家庭有两个甚至更多的劳动者就业，且在工作之余还能兼职，此时家庭风险就大为降低。灵活就业、新就业形态的增加使劳动者对雇佣就业的依赖度进一步下降，失业风险就会大大降低，劳动者个体的风险便不会转化为公共风险。

可见，随着社会发育和市场完善，经济增长速度、失业率等政策目标就可以淡化。经济增长和就业数据是风险社会中市场和社会自主运行的结果，政府应该关注的是市场和社会运行的过程及其内在机制。政府通过财政所建构的一整套公共风险防范体系，不应该成为每个社会成员的个体风险的庇护所。财政政策的基本目标，应该是为所有社会个体和市场主体构建防范化解个体风险的制度安排，避免对政府的过度依赖。因此，在风险社会中，追求国家长治久安的财政政策应该关注以下几个要件：

第一，不断完善市场规则。政府应通过财政成为市场规则的制定者、维护者和仲裁者，通过基础设施建设来形成物资、信息、人才充分流动的格局，通过构建信息化和大数据平台来降低信息传递成本，为企业家和创业者充分获取信息、自主决策、创业创新提供制度条件。这要求政府财政保持中性，避免扭曲市场。向国成和曾祥炎研究表明，如果财政政策偏袒厂商，会引起产能过剩，严重时会导致大量产品积压、失业率上升与经济衰退；如果财政政策偏袒居民，则可能引起过度需求，严重时会导致急剧的通货膨胀、资本外逃、财政危机与经济衰退。无论过度偏向哪一方，事实上都会对市场规则构成破坏。

第二，促进社会发育。如上所述，无论是从传统社会到工业社会，还是从工业社会到后现代的数字社会，都是人类不断获得自我解放的过程。在当代全球化与个性化两个维度不断向纵深扩展的背景下，如何既保证人的自主性与自我选择权利，又保证社会公共风险可控，是政府面对的重大课题，也是后现代社会中“亚政治”和“生活政治”所要解决的问题。在自反现代性的新场域中，面对新的公众议题，不论是多元化的日常生活需要，还是复杂的公众事务，都应塑造由风险承受者（公民、团体、社会组织）自下而上参与的方式；也就是说，把直接面对公共风险的政治转变为个体或集体直接解决风险的过程。新的政治要从多元的日常生活领域到繁复的公众事务皆由风险承受者（公民、团体、社会）自下而上地参与、决定，政治转变为个体或团体直接解决风险的过程。这种自主治理的社会发育成熟的过程，就是社会化基础上的公共化过程。这既是社会化中的个体解放过程，也是政府公共责任和义务的转型过程。

第三，引导人的预期。一定意义上说，现代风险是一种虚拟现实，既是主观的，又是客观的；既是实在的，又是被社会感知和建构起来的。或者说，很多现代风险与人们对未来情景的预期及其行为选择有关，与人们对风险事件的自我解释有关。当大量的个体陷入“羊群式”恐慌，或者当人们都“认为”不久的将来会发生某些事时，某些危机就会真的发生。因此，财政政策有必要从“实体”来调节总量、结构、利益转向从“虚拟”来构建“行为-风险-治理”的新逻辑，前者着眼于“已然”，后者更注重“未然”。关注“未然”才能防范化解公共风险，构建经济社会发展的确定性。

参考文献

Beck, Ulrich, "Politics of Risk Society", from Jane Franklin (ed.), *The Politics of Risk Society*, Cambridge: Polity, 1998.

Buchanan, J. M., *The Demand and Supply of Public Goods*, Chicago: Rand McNally & Company, 1968.

Charles, Tilly, *From Mobilization to Revolution*, Reading, Mass.: Addison-Wesley Pub. Co., 1978.

Cohen, D. S., Follette G. R., *The Automatic Stabilizers: Quietly Doing Their Thing*, Social Science Electronic Publishing, 2000.

Kuznets, S., Hansen, A. H., "Fiscal Policy and Business Cycles", *The Review of Economics and Statistics*, Vol.24, No.1, 1942.

Lorenz, E. N., Deterministic Nonperiodic Flow. Springer New York, 2004.

Malthus, Thomas, *Principles of Political Economy*, 2nd ed., 1951; reprint, New York: A. M. Kelley, 1986.

Minsky, Hyman, P., "Effects of Shifts of Aggregate Demand Upon Income Distribution", *American Journal of Agricultural Economics*, vol.50, no.2, 1968.

Musgrave, R. A., "Provision for Social Goods", Margolis, J. and Guitton, H., *Public Economics*, London: McMillan, 1969.

Musgrave, R. A., *The Theory of Public Finance*, New York: McGraw-Hill, 1959.

Paul van den Noord, "The Size and Role of Automatic Fiscal Stabilizers in the 1990s and Beyond", *OECD Economics Department Working Papers*, 2000.

Samuelson, P. A., "The Pure Theory of Public Expenditure", *The Review of Economics and Statistics*, Vol. 36 (4), 1954.

Schumpeter, "Crisis of the Tax State:An Essay in Fiscal Sociology", *Journal of*

Evolutionary Economics, (1992) 2.

Schumpeter, Joseph A., "The Crisis of the Tax State", *International Economic Papers*, New York: Macmillan, 1958.

Sen, Capability and Well-Being, *The Quality of Life*, ed. M. Nussbaum and A. K. Sen, Oxford: Clarendon Press, 1995.

Smith, Adam *An Inquiry into the Nature and Causes of the Wealth of Nations*, New York: G. P. Putnam' s Sons, 1877.

Taylor, J. B., "Reassessing Discretionary Fiscal Policy", *The Journal of Economic Perspectives*, Vol.14, No.3, 2000.

Woodford, M., "Price Level Determinacy Without Control of a Monetary Aggregate", *Carnegie-Rochester Conference Series on Public Policy*, Vol.43, No.1, 1995.

阿伦·威尔达夫斯基、内奥米·凯顿:《预算过程中的新政治学》(第四版),上海财经大学出版社2006年版。

阿马蒂亚·森:《以自由看待发展》,中国人民大学出版社2013年版。

爱伦·鲁宾:《公共预算中的政治:收入与支出,借贷与平衡》,中国人民大学出版社2001年版。

安东尼·吉登斯:《现代性的后果》,译林出版社2011年版。

安东尼·吉登斯:《现代性与自我认同:晚期现代中的自我与社会》,生活·读书·新知三联书店1998年版。

贝尔特·T. 麦卡勒姆:《合理预期理论的意义》,载《现代国外经济学论文选》第7辑,商务印书馆1983年版。

陈清秀:"财政宪法的基本原则——从比较法的观点探讨",《人大法律评论》,2016年第2期。

陈少英:"财税法的法律属性——以财税法调控功能的演进为视角",《法学》,2016年第7期。

陈曦、刘尚希:"经济学关于不确定性认知的变迁",《财政研究》,2020年第7期。

戴维·奥斯本、特德·盖布勒:《改革政府:企业家精神如何改革着公共部门》,上海译文出版社1996年版。

恩格斯:"英国状况——18世纪",《马克思恩格斯选集》(第一卷),人民出版社1995年版。

傅志华、陈龙："财政本质的"多重性"与集中体现——兼论财政学的学科属性"，《财政研究》，2018年第8期。
傅志华、李成威、陈龙："社会主义市场经济是中国政治经济学的核心命题"，《财政研究》，2022年第10期。
傅志华、李成威："百年大党人民财政观的形成与现代意蕴"，《财政科学》，2022年第5期。
甘行琼、赵兴罗：《西方财税思想》，高等教育出版社2014年版。
郭庆旺、贾俊雪、刘晓路："财政政策与宏观经济稳定：情势转变视角"，《管理世界》，2007年第5期。
H. 赖欣巴哈：《量子力学的哲学基础》，商务印书馆2018年版。
亨利·勒帕日：《美国新自由主义经济学》，北京大学出版社1985年版。
黄宝玖："国家能力：涵义、特征与结构分析"，《政治学研究》，2004年第4期。
靳继东："财政政治学的缘起、发展与问题"，《中国管理信息化》，2015年第8期。
靳澜涛："财税法定位的视域延展与当代变迁"，《税收经济研究》，2017年第3期。
凯恩斯：《就业、利息和货币通论》，商务印书馆2007年版。
李成威、武靖州："'财政基础理论与学科建设'分论坛观点综述"，《财政科学》，2017年第6期。
李嘉图：《政治经济学及税赋原理》，彼罗·斯拉法主编：《李嘉图著作和通信集》第一卷，商务印书馆1962年版。
李炜光、任晓兰："财政社会学源流与我国当代财政学的发展"，《财政研究》，2013年第7期。
李扬等：《中国国家资产负债表2015：杠杆调整与风险管理》，中国社会科学出版社2015年版。
刘涤源、谭崇台：《当代西方经济学说》，武汉大学出版社1983年版。
刘剑文、熊伟：《财政法学》，北京大学出版社2009年版。
刘剑文：《财税法专题研究》，北京大学出版社2007年版。
刘剑文：《走向财税法治——信念与追求》，法律出版社2009年版。
刘金全、印重、庞春阳："中国积极财政政策有效性及政策期限结构研究"，《中国工业经济》，2014年第6期。
刘尚希，李成威："基于公共风险重新定义公共产品"，《财政研究》，2018年第

8期。
刘尚希、李成威、杨德威："财政与国家治理：基于不确定性与风险社会的逻辑"，《财政研究》，2018年第1期。
刘尚希、孙喜宁："论财政政策的有效性——基于公共风险分析框架"，《财政研究》，2021年第1期。
刘尚希、武靖州："财政改革四十年的基本动力与多维观察——基于公共风险的逻辑"，《经济纵横》，2018年第11期。
刘尚希、武靖州："风险社会背景下的财政政策转型方向研究"，《经济学动态》，2021年第3期。
刘尚希、武靖州："宏观经济政策目标应转向不确定性与风险——基于经济周期视角的思考"，《管理世界》，2018年第4期。
刘尚希："风险社会与财政转型"，《财政科学》，2021年第9期。
刘尚希："公共化与社会化的逻辑"，《学习与探索》，2008年第5期。
刘尚希："公共支出范围：分析与界定"，《经济研究》，2002年第6期。
刘尚希："建设法治中国与税收法定"，《中国财经报》2014年12月2日。
刘尚希："理解把握'全面建设社会主义现代化国家'的三个维度"，《国家治理》，2020年第41期。
刘尚希："论公共风险"，《财政研究》，1999年第9期。
刘尚希："人的现代化与共同富裕"，《财政研究》，2022年第11期。
刘尚希："人民财政观"，《财政研究》，2022年第1期。
刘尚希："以公共风险的结构和强度重塑财政政策体系"《财政科学》，2021年第3期。
刘尚希：《公共风险论》，人民出版社2018年版。
刘尚希：《公共风险视角下的公共财政》，经济科学出版社2010年版。
刘守刚、刘雪梅："财政研究的政治学路径探索"，《江苏教育学院学报（社会科学）》，2010第3期。
刘霞辉："为什么中国经济不是过冷就是过热？"，《经济研究》，2004年第11期。
刘志广："财政社会学视野下的财政制度变迁与社会经济转型——兼论20世纪末社会经济转型的实质及其发展趋势"，《经济与管理研究》，2007年第2期。
刘志广："中国改革顶层设计的具体指向、着眼点与主要任务——基于财政社会学的研究"，《上海行政学院学报》，2014年第5期。
刘志广：《新财政社会学研究》，上海人民出版社2012年版。

罗伯特·D. 李、罗纳德·约翰逊:《公共预算系统》(第6版),清华大学出版社2002年版。
洛克:《政府论》下篇,商务印书馆1964年版。
吕冰洋:"大国财政与社会治理",《财政监督》,2015年第10期。
吕铖钢:"公共财产与私有财产分离下的财税法一体化",《财政研究》,2018年第12期。
吕炜、刘晨晖:"经济转轨中的财政干预与政策效应——基于两次积极财政政策的评述与比较",《财政研究》,2013年第11期。
马骏、於莉:"公共预算研究:中国政治学和公共行政学亟待加强的研究领域",《政治学研究》,2005年第2期。
马珺:"公共物品问题:文献书评",《中华女子学院学报》,2012年第1期。
马克·威尔斯:"'理性预期':反凯恩斯革命的革命",载丹尼尔·贝尔等主编:《经济理论的危机》,上海译文出版社1985年版。
《马克思恩格斯选集》第1卷,人民出版社1995年版。
马歇尔:《经济学原理》(上卷),商务印书馆1981年版。
曼瑟尔·奥尔森:《集体行动的逻辑》,上海三联书店,上海人民出版社1995年版。
《毛泽东文集》,人民出版社1999年版。
梅拉妮·米歇尔:《复杂》,湖南科学技术出版社2008年版。
孟德斯鸠:《论法的精神》,商务印书馆1961年版。
米尔顿·弗里德曼、安娜·J.施瓦茨:《美国货币史:1867—1960》,北京大学出版社2009年版。
诺斯:《制度、制度变迁与经济绩效》,上海三联书店2008年版。
乔治·霍兰·萨拜因:《政治学说史》,商务印书馆1986年版。
萨缪尔森、诺德豪斯:《经济学》(上),中国发展出版社1995年版。
神野直彦:《财政学——财政现象的实体化分析》,南京大学出版社2012年版。
史锦华:"基于财政社会学中'中国困惑'的深度思考——兼论中国财政学的构建",《地方财政研究》,2016年第3期。
斯蒂芬·霍金、列纳德·蒙洛迪诺:《大设计》,湖南科学技术出版社2011年版。
斯蒂芬·霍金:《时间简史》,湖南科学技术出版社2007年版。
斯蒂格里茨:《经济学》,中国人民大学出版社1997年版。
苏长和:《全球公共问题与国际合作:一种制度的分析》,上海人民出版社2002

年版。
王桦宇："论财税法的法律性质——以公共财产权为中心"，载北京大学财经法研究中心：《财税法论丛（第13卷）》，法律出版社2013年版。
王宇："太过复杂的监管规则会扼杀经济活力"，《当代金融家》，2016年第5期。
沃尔夫冈·施特雷克：《购买时间——资本主义民主国家如何拖延危机》，常晅译，社会科学文献出版社2015年版。
乌尔里希·贝克："从工业社会到风险社会（下篇）——关于人类生存、社会结构和生态启蒙等问题的思考"，王武龙编译，《马克思主义与现实》，2003年第5期。
乌尔里希·贝克：《风险社会：新的现代性之路》，译林出版社2018年版。
武靖州："防范化解重大风险前提的积极财政政策转型"，《改革》，2017第11期。
武靖州："公共物品供给问题：一个内在性的视角"，《河南社会科学》，2008年第2期。
西斯蒙第：《政治经济学新原理》，商务印书馆1964年版。
向国成、曾祥炎："从英国第一次经济危机到欧债危机：一致性的理论诠释"，《经济学家》，2013年第2期。
谢庆奎、单继友："公共预算的本质：政治过程"，《天津社会科学》，2009年第1期。
熊伟："财政法基本原则论纲"，《中国法学》，2004年第4期。
休谟：《人性论》，商务印书馆1997年版。
亚里士多德：《形而上学》，商务印书馆1997年版。
亚里士多德：《政治学》，商务印书馆1965年版。
伊利亚·普里戈金：《从混沌到有序：人与自然的新度化》，上海译文出版社1987年版。
伊利亚·普里戈金：《确定性的终结时间、混沌与新自然法则》，上海科技教育出版社2018年版。
尹音频："公共财政的社会职能探讨"，《云南财贸学院学报》，2004年第5期。
约翰·H. 霍兰：《隐秩序——适应性造就复杂性》，上海科技教育出版社2019年版。
约翰·罗尔斯：《正义论》，中国社会科学出版社1988年版。
约翰·罗尔斯：《政治自由主义》，译林出版社2000年版。

詹姆斯·奥康纳:《国家的财政危机》,上海财经大学出版社2017年版。
詹姆斯·布坎南、戈登·塔洛克:《同意的计算》,中国社会科学出版社2000年版。
詹姆斯·布坎南:《民主财政论》,商务印书馆1993年版。
张朝举、祁毓:"转型期中国公共风险指数测试及财政治理效应评估",《财政研究》,2015年第9期。
张广利、王伯承:"西方风险社会理论十个基本命题解析及启示",《华东理工大学学报(社会科学版)》,2016年第3期。
张守文:《财税法疏议》,北京大学出版社2016年版。
张维迎:"理解经济危机",《读书》,2009年第5期。
赵文贵、王冠宇:"论财税法学的逻辑起点",《重庆理工大学学报(社会科学)》,2010年第7期。
中共中央马克思恩格斯列宁斯大林著作编译局:《马克思恩格斯全集》第21卷,人民出版社2006年版。
中国社会科学院经济研究所经济增长前沿课题组:"高投资、宏观成本与经济增长的持续性",《经济研究》,2005年第10期。